U0772860

志愿者管理与服务技能培训研究

陈　盼◎著

吉林出版集团股份有限公司

图书在版编目（CIP）数据

志愿者管理与服务技能培训研究 / 陈盼著 . — 长春：
吉林出版集团股份有限公司 , 2020.4

ISBN 978-7-5581-8314-0

Ⅰ . ①志… Ⅱ . ①陈… Ⅲ . ①志愿者－社会服务－管
理－研究－中国②志愿者－职业技能－职业培训－研究－
中国 Ⅳ . ① D669.3 ② C975

中国版本图书馆 CIP 数据核字 (2020) 第 047752 号

志愿者管理与服务技能培训研究

著　　者　陈　盼

责任编辑　齐　琳　姚利福

封面设计　李宁宁

开　　本　787mm×1092mm　1/16

字　　数　278 千

印　　张　15

版　　次　2020 年 5 月第 1 版

印　　次　2020 年 5 月第 1 次印刷

出　　版　吉林出版集团股份有限公司

电　　话　010–63109269

印　　刷　炫彩（天津）印刷有限责任公司

ISBN 978-7-5581-8314-0　　　　　　　定价：65.00 元

前　言

　　近年来方方面面的志愿服务活动蓬勃发展，在公益活动和大型活动中，其成果和影响尤为突出，成为我国经济和社会发展中一朵绚丽多姿的精神文明之花。但是，有关这一领域的基础性研究仍不多见，因此志愿服务工作不仅大有可为，也大有文章可做。

　　毫无疑问，志愿服务是一个需要重视、需要研究、需要建设的课题。

　　从当前现状来看，专业化、规范化和常态化是志愿服务事业发展的方向，专业化的志愿者培训是其必由之路。志愿者培训既需要广大志愿者的热情参与，也需要各级党政部门和社会机构的高度重视与大力支持，更需要越来越多的专家学者、专业人士关注志愿者、参与志愿服务、传播志愿精神，为推动志愿者培训工作的发展提供智力支持。

　　从近年来各类大型社会活动的志愿服务情况来看，参加志愿服务工作的人数众多，服务的领域非常广泛。在服务过程中，由于岗位性质、岗位工作量不同，每一个志愿者在自己的岗位上都有不同的体会，其中难免造成一部分志愿者存在心理反差等情绪因素。尤其是大学生志愿者，有着大学生和志愿者双重身份，处于学校共青团和实践单位的双重管理之下，在服务过程中由于各方面的主观和客观原因，容易产生心理预期和实际情况不符的心理落差，容易出现消极情绪、动机不够端正和中途退出等多种实际问题。为避免和减少志愿服务过程中的种种问题，我们借鉴国内外志愿者服务的理念、方法和技能，引入志愿者培训，以提高志愿者培训工作的有效性和科学性。

　　由于作者水平有限，不妥之处在所难免，恳请专家、领导、基层科普工作者以及读者朋友给予批评指正。

目　　录

第一章 志愿者管理

第一节 志愿者管理概述

一、什么是志愿者管理

（一）什么是管理

关于管理的概念，从不同角度出发，可以有不同的定义。单就字面上理解，"管理"是管辖和处理；从广义上讲，管理是人类的一种有意义的、有目的的行动，即为人类的一种文化活动；从功效角度上讲，管理是通过一系列有效活动，提高系统功效的过程；从职能上讲，管理就是计划、组织、人员配备、指导与领导、控制；从资源利用角度上讲，管理是有效分配和利用组织中的人力、物力、财力、时间、信息资源，以达到组织目标的过程；从决策立场上讲，管理就是决策。

目前，国内外管理界对于管理的含义公认的观点认为：管理是一个过程，即管理者让被管理者与自己共同去实现既定目标的活动过程。这包含三层意思：第一，管理的目的是实现组织目标；第二，管理者要有效地协调人、财、物、时间、信息和技术等资源；第三，管理者要通过计划、组织、人员配备、领导和控制等管理过程来实现组织目标。

当有着不同目的、不同个体特征的人为完成同一任务"聚合"在一起时，必须有人对这些个体进行协调与分工，合理安排每个人的工作任务，以使整个组织能够有效地运转起来，发挥"1+1 > 2"的团队作用。这些对有关成员进行协调、分工和合理安排的工作就是管理工作。管理工作的重点是对人进行管理。在任何组织中，都同时存在人与人、人与物的关系，最终仍表现为人与人的关系。任何资源的分配都是以人为中心的。所以，管理最重要的是对人的管理。

（二）什么是志愿者管理

志愿者管理与人力资源管理有着某些共通之处。人力资源管理指的是为实现组织的战略目标，组织利用现代科学技术和管理理论，通过不断地获得人力资源，并对所获得的人力资源进行整合、调控及开发，给予他们报偿并有效地开发和利用。而志愿者管理也是对人的管理，是为处理人与工作、人与人、人与组织的互动关系而采取的一系列管理活动。

志愿者管理与人力资源管理又有着不同之处。人力资源管理主要的管理对象是组织中的正式员工，而志愿者所从事的工作是一种自觉自愿的工作，志愿者组织的管理对象可以是正式组织的正式成员或非正式成员，也可以是非正式组织中的成员，组织的约束力不强。在此，我们可以把志愿者管理定义为：通过计划、组织、实施，对志愿者进行招募、培训、监督、评估、激励，使其志愿行为发挥最大化作用的过程。显然，志愿者管理是一个包含于人力资源管理中的子系统，人力资源管理与志愿者管理是一种包含与从属的关系。

（三）志愿者管理的必要性和特殊性

自从西奥多·W.舒尔茨在其经典著作《人力资本投资》中提出"人力资本"概念以来，古典经济学中资本的概念得以扩大，人力资源的作用和人力资本的投资收益率也开始受到人们的广泛重视，人力资源的地位日益凸显。在当今世界里，无论从何种意义上说，人力资源都已经成为组织中最重要的资源之一。志愿者组织同样也不例外。然而，长期以来，志愿者组织一直忽略了对志愿者的管理。

志愿者组织的管理者认为，自己从事的是具有爱心的公益事业，组织成员与企业的雇佣员工不同，所以，他们避讳谈人力资源管理。大多数志愿者组织将管理重心放在组织物质资源和资金资源的处理上，而忽略了对人力资源尤其是志愿者的管理。然而，这种长期以来所形成的错位，以及由此导致的对人力资源管理的忽略，给志愿者组织带来了种种问题，如志愿者流动率高、组织效率低下等。非营利组织的管理者们不得不承认，这些问题的有效解决需要在组织内部引入人力资源管理。从实践经验来看，对志愿者进行管理，有以下几方面的必要性。

（1）从志愿者服务机构的发展看，工作越来越多，社会期望也越来越高，需要不断提高效率，因此需要对志愿者进行管理。

（2）社会越来越关注志愿者服务所带来的负面效果，志愿者组织也有责任仔细选择、培训和督导志愿者。

（3）从志愿者的发展看，志愿者组织的管理有利于更好地激励志愿者的服务意识，通过管理也可以更好地向社会展示志愿者的形象。

此外，志愿者又是较为特殊的人力资源，不能简单套用企业的人力资源管理。志愿者管理与人力资源管理的区别点主要在于价值观和责任感的不同，志愿者管理更为强调对社会和他人的关怀。志愿者进入非营利组织，更多的是抱有一种责任、信念和使命感，而不仅仅是为了利润动机驱使下的物质利益和金钱报酬，他们对非营利组织抱有比企业组织更高的期望，非营利组织的失败或丑闻更加令人难以接受。因管理不善导致的不法行为、不善经营会严重削弱志愿者对非营利组织的信任，损害志愿者对该类机构的信心。同时，非营利组织的管理不善不仅难以吸引高素质的志愿者，而且也导致对社会资源的浪费。因此，非营利组织在进行志愿者管理时，应充分考虑志愿者的特殊性。一般来说，营利组织中只存在有酬员工，而非营利组织除有酬员工外还有志愿者存在。志愿者对于志愿者组织来说，显然并不意味着免费劳动力或廉价劳动力，而是组织内的一项重要资源。若不能进行良好的志愿者管理，不但是人力资源的浪费，更是社会资源的浪费。

二、志愿者管理的基本过程

志愿者的管理过程一般包括以下基本环节：制定志愿者工作规划、招募与选拔、入职辅导与培训、监督与评估、激励。各个环节之间的关系是相互联系、相互影响、相互制约的。

（一）制定志愿者工作规划

志愿者管理从志愿者的规划便开始了。作为志愿者管理的第一步，规划是志愿者管理的基础，也是招募志愿者的前提条件，是志愿者组织根据自身的使命和目标，或者根据所要实施的项目的性质，对所要招募志愿者的岗位和项目进行工作规划和设计，以确定招募志愿者的数量、类型和技术要求。实践经验表明，恰当的规划能起到最大限度的动员作用，每个人都可能被说服参与志愿工作。一个良好的工作计划能够扩大志愿者招募过程中的潜在目标。合理的、有系统的规划能保证组织的下一步工作顺利进行，从而取得预期效果。

（二）招募与选拔

志愿者组织的日常管理和志愿服务项目能否获得成功，还要看能不能招募到合适的志愿者。志愿者招募工作主要包括两方面的内容：一是依据志愿者项目规划的内容，对志愿者的数量需求、素质需求、专业需求、工作时间需求、来源需求等做出进一步的细化和明确，明确志愿者的来源途径，适时启动招募计划，有针对性地开展招募宣传工作，对外发布志愿者的需求信息，并做好前期的其他准备工作。二是为志愿者项目的运行选拔符合要求的志愿者，需要根据项目对志愿者的具体需求，设计相应的招募条件、招募方式和招募程序，最终选拔出符合要求的志愿者，实现招募选拔目标。

（三）入职辅导与培训

当合适和足量的志愿者被招募进组织之后，在参加服务项目之前，志愿者组织需要对志愿者进行前期培训。志愿者培训是指给志愿者传授其完成本职工作所必需的知识、技能、能力和态度。培训是志愿者管理流程中非常重要的一环。志愿者加入组织以后，一方面需要增强知识和技能，以便更好地提供服务；另一方面，他也期望在提供服务的过程中满足自己的需要。因此，组织培训便有双重作用，即在满足志愿者需要的同时，通过培训让志愿者了解志愿者组织或者项目的使命及目标，明确志愿者的岗位责任，促进志愿者更好地为组织和项目服务。

（四）督导与评估

志愿者经过培训后才可以上岗提供志愿服务。在志愿者从事志愿服务期间，志愿者组织应当通过定期的督导以帮助志愿者发现工作中存在的问题和不足，并能找出导致工作失误的原因，制订工作的改进计划，采用新的工作方法，保证志愿者从事志愿服务的效率与质量。在志愿者提供志愿服务时，志愿者组织还应当对志愿者进行考核，以保证志愿者提供志愿服务的质量。

（五）激励

志愿者提供志愿服务是在志愿精神的引导下进行的，对志愿者的激励有利于激发志愿者提供志愿服务的热情，保证志愿者提供志愿服务的长效性和持久性。由于志愿者的流动性强，志愿者组织面临的一大问题就是志愿者不足，所以减少志愿者流失是保证志愿者充足供应和减少培训经费的有效途径。为了留住志愿者，志愿者组织需要在提供志愿服务的前期、中期和后期对志愿者进行激励，以保证志愿者工作的积极性，从而让志愿者感到成就感和归属感，进而留住志愿者。

以上五个环节构成志愿者组织进行志愿者管理的基本流程。在这五个环节中，志愿者组织应及时与志愿者进行沟通。根据志愿者的反馈，及时调整管理方式，对志愿者进行激励，以便提高志愿者的工作热情，保证志愿服务的质量和水平。

第二节 志愿者规划

一、志愿者规划的概念和内容

（一）志愿者规划的概念

"规划"即全面而长远的发展计划。规划是人力资源管理的一项重要职能。作为志愿者管理的第一步，规划也是招募志愿者的前提条件。实践经验表明，合理的、有系统的规划能保证组织的下一步工作顺利进行，从而取得预期效果。

志愿者规划指的是根据志愿者组织的项目服务宗旨，科学预测在未来内外环境变化中志愿者的供给与需求状况，制定必要的志愿者获取、利用、保持和开发策略，确保志愿者组织对志愿者在数量上和质量上的需求，使志愿者供应与志愿者组织对志愿者的需求相适应。志愿者规划是一个综合性发展计划，其主要目的是使志愿者组织在适当的时间、适当的岗位获得适当的志愿者，从而实现志愿者资源的有效配置。

（二）志愿者规划的内容

志愿者规划是做好志愿者管理工作的基础。志愿者规划的内容主要包括志愿者服务可行性分析与志愿者工作设计。

1. 志愿者服务可行性分析

志愿服务可行性分析用于评价志愿者组织使用志愿者服务的必要性、效用，以及可能产生的问题。一方面，志愿者组织引入志愿者能够弥补人员的不足，降低组织的劳动力成本，缓解组织经费压力。同时，志愿者能从"局外人"的立场去发现志愿者组织在服务和管理方面的不足，并将服务对象的诉求及时、有效地反馈给相关人员，从而使志愿者组织的工作得到改进。因此，志愿者工作使志愿者组织与社会的关系更加贴近，有助于提高志愿者组织的社会形象。另一方面，使用志愿者也存在一些潜在的问题，如志愿者难以控制和信任、志愿者服务时间不固定、公众很难区分志愿者与专职人员等。另外，对志愿者工作的监督需要花费时间，招聘到适合的志愿者存在一些困难。因此，志愿者组织应根据自身的实际情况和需求，对志愿者服务的利弊和成本效益进行权衡，决定是否引入志愿者服务。

2. 志愿者工作设计

志愿者工作设计是志愿者组织招募志愿者，志愿者工作开展、监督与评价，以及志愿者激励的依据。志愿者组织在招募志愿者之前，首先要确定哪些部门需要志愿者、每个岗位需要的志愿者人数，并规定志愿者在每个岗位中的具体责任、工作范围和要求，建立工作内容标准，以此作为志愿者服务的目标和绩效评估的依据。可以把志愿者工作设计内容做成志愿者工作手册，对志愿者的活动进行指引。志愿者工作设计是帮助志愿者了解工作中要达到的目标、要完成的任务及所需要的技能的一个有效工具。在志愿者工作设计中要注意的是，志愿者的服务应是志愿者组织专职职员常规工作的补充与辅助，而不能是替代。

二、志愿者规划的基本流程

志愿者规划需要按照一定的程序进行，这个过程包括调查分析、供需预测、制定规划及实施评估这几个阶段。

（一）调查分析阶段

本阶段主要是调查收集有关志愿者规划所需要的信息资料并进行分析研究，为后续的志愿者供需预测分析做准备。调查不仅要了解现状，更要认清战略目标方向和内外环境的变化趋势。该阶段主要需要搜集的信息如下。

1. 外部环境信息

外部环境信息分两类。第一类是与组织环境相关的信息，如社会环境、政治环境、经济环境、文化环境及法律环境等，由于志愿者规划同志愿者组织的发展目标是紧密联系在一起的，因此这些影响志愿者组织发展的因素都会对志愿者的供给和需求产生影响。第二类是直接影响志愿者供给和需求的信息，如志愿服务事业所得到的社会支持、社会公众对志愿服务的态度与评价、社会公众对志愿服务的认知度等，这些因素决定了志愿者组织需要的志愿者的可获得性。志愿者规划的负责人可以通过在当地实施小范围的社会调查了解当地民众的志愿者参与意愿。

2. 内部环境信息

内部环境信息也分两类。第一类是组织环境的信息，如志愿者组织的目标和使命、发展战略、活动领域、人力资源现状及成长机制等。志愿者组织的活动领域、人力资源现状、成长机制是对组织现实状况的简单描述，能帮助组织识别现实的优缺点，而组织目标和使命、发展战略等关注的焦点是组织未来的发展方向，它可能对组织未来需要的志愿者的数量和种类产生影响。第二类是管理环境的信息，如组织结构、组织文化、服务内容、服务对象等，这些因素都直接决定着志愿者组织对志愿者的需求和供给。

（二）供需预测阶段

这一阶段的主要任务是在充分掌握信息的基础上，选择使用有效的预测方法，对组织未来一段时期的志愿者供给和需求做出预测。志愿者组织应对现有志愿者状况进行透彻了解，包括志愿者的人数、动机、年龄和知识结构、技能和基本素质等，在此基础上，做出组织对志愿者需求的基本状况评估，看是否有必要借助志愿者来完成工作，哪些工作和服务需要借助志愿者的力量来完成。在确定有必要借助志愿者完成的工作后，对所需志愿者的知识、技能、数量等情况加以初步预测。下面介绍两种最为实用的预测方法。

1. 趋势分析法

该方法首先分析志愿者组织在过去几年时间中的人员雇用趋势，然后以此来预测组织未来的人员需求。该方法要求每年的志愿者人数发展应具有一定的规律性，中间没有跳跃式变化。如对某些定期、连续举行的大型活动，志愿者人数的预测可采用此方法。

2. 比率分析法

这种方法是以某些原因性因素和所需要的雇员数量为依据进行的预测。在具体操作中，可首先由各志愿者需求部门根据活动期间本部门职能范围，参考以往活动的经验，提出本部门的志愿者需求计划，然后经过自下而上的需求统计、汇总，得到总体需求数量。

需要指出的是，不管用什么样的方法来对志愿者人数进行需求预测，都不可能一成不变地延续许多年，所以负责志愿者规划的相关人员的判断能力也很重要，需要及时发现发生变动的因素，并据此对预测结果进行修正。

（三）制定规划阶段

在供给和需求预测出来后，就要根据两者之间的比较结果，通过志愿者资源的总体规划和业务规划，制定并实施平衡供需措施，使组织对志愿者资源的需求得到正常的满足。志愿者的供需达到平衡，是志愿者规划的最终目的，也是志愿者项目实施过程中的重点和难点：志愿者数量过多容易产生机构臃肿、人员冗余、效率低下及成本过高等不利影响，而志愿者数量过少又会造成志愿者工作强度的增加和志愿服务质量的下降，影响志愿服务项目的顺利开展。为了实现这一目的，在制定相关的措施时要注意，应当使志愿者资源的总体规划和业务规划与组织的其他计划相互协调，使总量平衡与结构平衡相协调。

（四）实施评估阶段

志愿者规划的最后一个阶段就是对志愿者规划的执行及志愿者规划整体有效性进行评估，包括对各项业务规划的评估和对志愿者开发与管理政策的评估两方面。规划如果不应用到实践过程中，那么制定这些综合性的规划就没有意义。由于志愿者规划是一个长久持续的过程，组织内外诸多不定因素的存在，必然造成组织战略目标的不断变化，也使得志愿者规划不断随之变更。因此，为了确保志愿者规划符合工作实际、具有指导性和可操作性，规划应该保持灵活，并适时进行修改调整。志愿者规划的调整伴随着组织机构调整和工作内容调整而进行，一般有三种调整方式：局部调整、集中调整、紧急调整。

1. 局部调整

局部调整就是各个用人部门的分散调整，根据用人部门的实际需求，在综合考虑运行成本负荷和实际工作需要的基础上，由志愿者管理部门进行宏观调配，并进行及时的补充和调整，满足各部门的人力资源需求。

2. 集中调整

集中调整比较适用于一些大型活动。按照国内外大型活动举办的惯例，大型活动在举办前都要进行测试演练，此时可以对志愿者规划的主要内容进行较为全面的测试，并总结评价测试结果，根据测试情况，集中对计划进行调整。

3. 紧急调整

在志愿者活动的开展过程中，可能会因为活动的临时需要、志愿者流失或突发意外事件的发生，而对志愿者产生一些临时性的紧急需求，这部分需求要在人员计划里做出相关预案，并根据需要进行及时调整，确保志愿者活动的人力资源供给。

实践中，组织一般只注重志愿者规划的制定与实施过程，而忽视了志愿者规划的评估工作，即评估志愿者规划的有效性。下面是一份志愿者规划评估清单。

（1）知道为志愿者提供什么工作。

（2）有一位（多位）人员专门负责协调志愿者的全部工作。

（3）编制一份志愿者工作规划的预算。

（4）有灵活的、有条理的志愿者招募程序。

（5）对志愿者进行面试，并记入登记表。

（6）寻求具有专业技术及某些爱好的志愿者以满足工作需要。

（7）拥有不同年龄段和社会各部门的志愿者。

（8）准备一份清晰的书面文件，列明志愿者可以选择的工作。

（9）为志愿者列出确切的工作内容及职责范围。

（10）制作一份工作导向说明，列出机构的情况，供新志愿者参考。

（11）为志愿者提供培训机会，帮助他们完成任务，使志愿者感到满意。

（12）提供多种有利于志愿者个人成长、发展及学习新技术的机会。

（13）为志愿者提供机会，使之担任领导工作，肩负更大的责任。

（14）让每位志愿者都明确知道在服务单位中对谁负责。

（15）在志愿者规划中，对工作考核和个人鉴定均有明确规定。

（16）工作考核按规定的标准进行。

（17）对志愿者的贡献给予表扬及奖励。

（18）鼓励志愿者发表意见，并参与制订本人的工作计划。

（19）志愿者及工作人员都明确了解各自的职务和责任。

（20）工作人员应了解与志愿者共事中的责任。

第三节 志愿者的招募与选拔

一、志愿者的招募、选拔流程

简单地讲，志愿者招募与选拔，就是一个确定志愿者并把他们安排到适当位置以达到组织目标，同时通过志愿者岗位满足志愿者自身发展目标的过程。具体操作时，需要通过一定程序在若干应募者中选择出适合项目目标和活动岗位要求的志愿人员。

二、志愿者的招募

进行志愿者招募时，需要经历以下五个阶段。

（一）进行工作分析，形成岗位说明书

任何组织中的任何成员都有一定的工作，而且所有的工作都是为了一个共同的目标，所有的工作必须相互衔接成一个整体——没有缺口、没有摩擦、没有不必要的重复劳动，因此需要清晰地界定岗位对工作人员的要求及衡量标准。工作分析是完成这一任务的必要手段，进行工作分析时，需要对组织中各个工作职务的目的、任务或职责、权力、隶属关系、工作条件、任职资

格、人员结构（包括数量的比例和质量的配合两个方面）等信息进行收集与分析，以便对该职务的工作做出明确的规定，并确定任职者的资格。

工作分析是项目人力资源管理的基本作业流程，也是对志愿者进行科学管理的基础。志愿者工作分析包括志愿者的工作描述与任职说明两方面。其中，志愿者的工作描述，即该工作岗位要求志愿者完成的任务及其职责；志愿者的任职说明，即志愿者为适应该工作岗位所要具备的知识、技能和能力。

工作分析的结果是岗位说明书。岗位说明书是记录工作分析结果的文件，它把所分析岗位的职责、权限、工作内容、任职资格等信息以文字形式记录下来，以此作为志愿者招募及其他管理活动的基础。一份合格的志愿者岗位说明书应包含以下内容。

（1）岗位的名称和需要承担的义务

确定志愿者的岗位，指出该岗位所基于的职能领域（例如电话接待、文档处理）及声明工作时间承诺（例如一周工作几天、一天工作几小时）。

（2）与岗位相关的酬劳安排

志愿者尽管不以有偿为目的，但是作为组织来讲还是应该给予一定的补贴，比如提供交通补贴、免费工作餐等，同时也可以考虑免费产品（如内部的参观券、限量发行的纪念品）、免费门票和活动聚会结束后的福利。这些酬劳能够增加志愿者在活动过程中的工作兴趣。

（3）与活动管理组织内外其他岗位的关系

与岗位相匹配的权限也是需要做出说明的，比如应汇报哪些岗位的工作、工作应当向什么职位的人员汇报、该岗位需要与什么样的外部组织联系以便令人满意地开展工作。

（4）岗位所需要的资格

资格包括技能、知识、经验、个人态度等。在某些情况下，尤其是基础工作，通过培训很快就可以使志愿者掌握工作技能。然而，对于更复杂的工作，每位应募者在申请之前都需要有经验、技能或知识。

（5）志愿者岗位的设定

设定必须与目标及项目计划相协调，必须使志愿者组织、志愿者及服务对象都受益，从而使招募目标与服务要求相配合，以达到最佳效果；否则，会把志愿者引入他们不愿意的方向。

（二）确定招募需求和计划

在工作分析的基础上，各种信息经过分析和汇总，就形成了志愿者招募需求，表现为对志愿者数量上和质量上的需求。

1. 招募数量

招募数量一般按照志愿者规划中的志愿者需求预测程序即可确定：各志愿者需求部门根据活动期间本部门职能范围，参考以往活动的经验，提出本部门的志愿者需求计划，并进行上报，在整个组织的志愿者规划的限制和约束下，经上级领导审批，最终决定需要招募的志愿者数量。

在招募数量的确定上，需要考虑以下两个比较重要的问题。

（1）充分考虑志愿者的流失问题。纵观不同类型、不同规模的志愿者活动，志愿者流失都给活动举办方造成过不利影响。因此，招募数量要严格根据规划阶段编制的志愿者需求计划来确定，同时要参考以往类似活动的志愿者流失率，增加机动志愿者的数量。

（2）由于在整个招募过程中的每一个筛选阶段都要辞退一些应聘人员，所以组织最终需要录用的人数应该位于"招募筛选金字塔"最高端。为此，在进行志愿者吸引的时候，要根据本招募职位的历史筛选数据预测最初需要的应募人数，这在一定程度上还决定了后续招募工作的渠道选择、方式选择等工作的进行。

2. 招募标准

在人力资源管理中，招募标准有基本标准和关键标准两大类。基本标准是确定人能不能做这项工作，而关键标准是确定人能不能做好这项工作。两者相互补充，层层递进。制定好这两个标准，志愿者组织才能按图索骥，找到符合要求的人员，招募才会成功。对于志愿者招募甄选工作来讲，同样重要。

（1）志愿者的基本标准：三个匹配度

志愿者的基本标准是指志愿者胜任应募岗位的最基本要求，主要从三个方面来定义：人员技能与岗位职责相匹配；人员个性与团队角色相匹配；人员价值观与组织价值观相匹配。只有志愿者的三个匹配度都符合志愿者组织的要求，他才有可能适应志愿者组织的工作。

第一，人员技能与岗位职责相匹配。一些志愿者组织在招募志愿者时，盲目追求数量，而忽视了志愿者与岗位职责和任职要求的匹配情况，这不仅会打击志愿者的参与积极性，而且也为以后的志愿者流失埋下了隐患。志愿者人员技能与岗位职责匹配，主要是指若要胜任岗位要求，志愿者需要具备哪些基本技能，包括学历、专业、经验等。具备这些技能，是做好工作的前提。要了解这些，对志愿者组织来说，就需要进行工作分析，明确岗位职责，把招募职位的工作内容、特点和人员的技能要求等编制成岗位说明书，让应募者知道岗位的任职条件及具体工作内容。这样做，也能让招募者做到心中有数。

第二，人员个性与团队角色相匹配。人员个性也是志愿者招募中要考虑的重要因素。由于志愿者组织从业人员的参与程度各有不同，他们各自的需求、兴趣及个性特质也就不同。因此，招募前一定要清楚把志愿者放在哪个位置，该岗位对人员个性等有哪些要求，还要考虑志愿者在将来的工作中可能扮演的角色，这样招来的志愿者才能"对号入座"，发挥自身的价值。凯瑟琳·海德里希给出了志愿者自己认定的四种角色。

①领导。人们意外地发现，许多被调查的应聘者都想从事领导工作。然而，根据多年的经验观察，具有从事领导工作能力的志愿者少之又少。其差异之大实在出乎人们的意料。虽然如此，还是有两点值得注意：一是与几年前相比，志愿者的时间少了许多，因此他们对心无所属的工作没有兴趣，只有那些真正富有创造性的、有实质成效的工作内容才是他们的兴趣所在。二是已有许多较年轻的人担任了志愿者领袖的职位，他们后来转到企业或其他领域发展，而志愿者的经历让他们终身受益。凯瑟琳·海德里希认为，志愿者有兴趣从事的领导岗位包括业务主管、理事、委员会主席、项目负责人及募款人员。

②直接服务人员。提供直接服务与担任志愿者领袖不同，它的优势在于直接接触目标群体，从帮助对方并使其受益中获得成就感。比如一个企业人士志愿为盲人阅读书报、一位律师每周抽出一个晚上为残疾儿童服务，都属于这一类直接服务的志愿者。

③一般支持人员。一般支持人员愿意提供既不是志愿者领导，也不是直接服务的辅助性工作。他们可能在某些项目中协助电话沟通、文书处理、跑腿、打扫卫生、维护楼层与环境清洁等。

④赞助会员。赞助会员愿意从外围为志愿者组织提供方便性的服务，随机行事，但是并不愿意从事持续的日常服务。

第三，人员价值观与组织价值观相匹配。了解应募者的价值观也是一个重要内容。价值观支配个体行为，员工对组织忠诚度的高低与其对组织价值观的认同度有密切关系。认同组织价值观的员工能够与组织文化更好地融合，提高组织绩效。对于志愿者来讲，由于其自身与志愿者组织并不存在经济契约和从属关系，也不存在强制性和约束力，他们之所以从事志愿活动更多的是基于对志愿精神的认同和对志愿者组织、志愿工作的认可。所以，向应募人员开诚布公地讲明本组织的宗旨和使命是什么、提倡什么、反对什么、组织文化的特点是什么、服务对象和服务内容是什么，让应募者权衡选择。这样，志愿者组织虽然有可能失去一些优秀人员，但更能增加志愿者的稳定性。

（2）人员的关键标准：岗位胜任能力

按照同样标准选来的志愿者，实际绩效可能相差甚远。经验表明，会干与干好并不一定画等号。导致志愿者绩效差异有很多非技能方面的因素，如系统思考能力、决策能力、激励能力、人际交往能力和自我控制能力等，这些能力就是岗位胜任能力。岗位胜任能力决定了志愿者能不能出色地完成某项工作，它的设计步骤如下。

第一步：定义岗位的关键胜任能力，发掘志愿者的潜能。岗位的关键胜任能力是工作所需要的核心能力。通过与在职志愿者及其关联职位负责人访谈，对该职位典型的成功与失败案例进行分析，再加上经验积累和同行参考，就能了解各岗位的关键胜任能力。对职位胜任能力进行定义分级、界定，依据胜任能力甄选志愿者，可以有效避免学历、性别、年龄诸因素对甄选者的影响，更容易发现应募者的潜能。如志愿者领袖需要协调各类关系、处理突发事件等，因此，沟通能力、组织协调能力、灵活性、主动性就成了它的关键胜任能力；对提供直接服务的一般志愿者来说，奉献精神、服务意识、责任心就成了关键胜任能力。

第二步：权重设计，突出最重要的胜任能力。对于一个职位来说，各项胜任能力的重要性往往不同，因而对各项胜任能力设定一定的权重会使甄选结果更为合理。对志愿者领袖来说，协调能力、沟通能力、灵活性是最重要的，因此它们的权重可以加大，而冲突管理、团队合作能力相对不如前者高，权重可适当减少。只有对各项胜任能力设定不同的权重，才能保证所选人员是在最重要的胜任力上表现最优秀的人。

（三）发布招募信息

在确定了招募计划即招募志愿者的数量和质量后，就要发布招募信息。在发布招募信息时，需要撰写一份内容丰富、信息有效的招募公告，并选择行之有效的宣传工具。

1.确定招募公告内容

招募公告的内容主要包括以下五部分。

（1）简单介绍志愿者组织的使命和背景

志愿者之所以来应募，是因为他们的工作成果可以通过志愿者组织对社会的奉献而放大，因此在招募公告中应该以简洁的语言突出志愿者组织的宗旨、使命，以及其他有特色和吸引力的内容。同时，在公告中最好能突出志愿者组织的标志，并提供志愿者组织的网址，以便让看到公告的人浏览志愿者组织的网页，获取进一步的信息。

（2）详细描述志愿者项目

一个界定清晰的项目，对吸引志愿者应募非常有帮助。由于担心实际投入时间可能超出预期，很多人不愿应募含糊不清的项目。即使需要投入的时间很明确，志愿者也会倾向于用更短的时间和精力来完成任务。所以，在招募公告中，必须对项目做详细描述。

（3）详细介绍工作情况

招募公告中对志愿者工作的介绍，应包括需要完成的任务、主要工作职责、项目目标、项目所需技能、需要投入的时间等。起草招募公告时，应参考一下志愿者项目计划书，但招募公告中的工作情况介绍应该从志愿者的角度出发，以应募者能够理解和感兴趣为标准，且不可照搬项目计划书。

（4）明确应募者需要准备的材料

在招募公告中，应该注明应募者需要准备哪些材料，如简历、证件复印件、身份证及复印件、照片等。具体需要哪些信息，视志愿者项目而定。

（5）注明应募方式和联系方式

应募者大多采用将简历和应募材料通过邮寄、电子邮件、传真发送到志愿者组织的方式去应聘志愿者岗位，因此需要在应募公告中提供志愿者组织的通信地址、传真号码或者电子邮箱。如果需要的话，还应该留下所在机构负责这个项目的联络人的联系方式，以便应募者查询、沟通。另外，还应该提供应募的时间范围或截止日期。

2. 招募公告的撰写要求

在撰写招募公告时，需要把握以下几点。

（1）保证招募信息的真实合法。这是撰写招募公告的首要原则，志愿者组织必须保证招募公告内容客观、真实，否则要对虚假广告承担法律责任。公告中所涉及的针对志愿者的劳动合同、待遇、安全保障、福利等政策必须兑现。

（2）遵循清楚、简单的原则。信息明确简洁，说明什么事、什么地点、希望志愿者参与的原因、希望找什么样的志愿者，以及相关的联系人，等等。

（3）说明志愿者的收获。如为自己居住的社区的贡献、感受到更多的快乐、结交新的朋友等。

（4）将志愿者组织的标志放在上面，表明这是一个正式的活动，而不是个人的活动；同时列出志愿者组织的使命，使志愿者能更加了解志愿者组织和志愿行动的意义。

（5）出于对现有资源的考虑，对志愿者的承诺不要超出组织的能力范围。

3. 扩展宣传

在前期工作准备就绪后，应视活动大小或志愿者需求数量确定招募公告的发布范围和具体的宣传工具。一般来讲，招募公告发布的范围由招募志愿者的规模来决定。发布的信息面越广，接受信息的人就越多，应募者也就越多，这样可能招募到合适人选的概率就越大。而采用何种宣传工具，则与招募公告发布的范围密切相关：如果宣传面比较大，则最好选取网络、电视等这种目标受众广泛的媒介；如果招募公告只是面向某个社团或某一部分人，则可以采取内部通知、散发传单等成本较低的宣传方式。

（四）确定招募方法

志愿者招募方法有暖身招募、目标招募、同心圆招募三种基本方法。招募志愿者采用何种方法取决于招募条件。

1. 暖身招募

一般来说，有两种情况可以采取暖身招募的办法：一是短时间内需要大量志愿者（如某次特别事件）；二是对招募对象专业性要求不高，不需要特别的资格认证，只要经过简单培训大多数人都可以完成工作。暖身招募的基本方法包括以下四种。

（1）散发机构宣传品，张贴招募启事。

（2）利用大众传媒——电视、广播、报纸和公告进行宣传。

（3）组织社区成员开会宣传。

（4）口头宣传。

2. 目标招募

当志愿者组织准备招募的志愿者完成志愿服务工作需要一些特别技能，或者需要志愿者具有一些不常见的特长时，就需要采用目标招募的方法。目标招募通常用来招募具有特定技能的志愿者或者具有特定心理特征的人，例如有心理辅导经验的人、法律专长者。因此，在开展此类招募时，志愿者组织管理者必须首先周详考虑如下问题。

（1）这种岗位需要什么样的志愿者？

（2）对志愿者有什么特殊的技能需求？

（3）什么样的人愿意承担这样的志愿工作？

（4）在什么地方可以招募到这样的志愿者？

（5）志愿者组织如何与这样的志愿者沟通？

（6）这样的志愿者需要什么样的激励机制？

3.同心圆招募

同心圆招募也被戏称为"懒人招募"，它的指导思想是与组织已经有联系的人是最好的招募目标，其方法是通过志愿者推荐或介绍亲友来加入志愿者组织。这种招募方式成本较低，且较为简单、有效。同心圆招募的目标人群如下。

（1）组织的志愿者及其亲友。

（2）组织的服务对象及其亲友。

（3）因为组织正在解决的问题而受影响的公众。

（4）志愿服务活动周围的人。

在确定招募方法时，应根据工作实际做出判断，并上报组织审批，审批通过后才能付诸实施，让申请者登记注册。如果不能通过审批，则需要对招募方法进行修订，直至审批通过。

（五）确定甄选方式

当公布招募公告以后，也许会有很多人积极报名想要参加志愿服务活动，但并非所有的应募者都有机会参与服务，对于志愿者组织而言，应该对应募者做适当筛选，选拔出最合适的志愿者，这一步骤称为甄选。甄选就是对申请者进行甄别、筛选，以确保最合适的候选人得到这一职位。

从甄选程序看，一般采用以下两种方式甄选志愿者："金字塔式"与"倒金字塔式"。所谓"金字塔式"，就是在招募之前建立一个职能分级程序，然后按照级别由高到低的顺序选拔志愿者。而"倒金字塔式"就是先接受所有的申请者，然后经过甄选，逐渐淘汰不符合要求的志愿者，如巴塞罗那奥运会与亚特兰大奥运会志愿者的选拔采取的就是这种方法。这两种方法互有优劣，在实际应用中，主要看组织方对志愿者的招募是否有足够的时间。如果有足够时间，可以选择"倒金字塔式"；如果没有足够时间，可以选择"金字塔式"，先从核心志愿者选拔开始，这也是一个很切合实际的办法。

从甄选标准的制定看，如果采用"倒金字塔式"甄选程序，那么开始的甄选标准就要宽泛，应采用最低级的标准，然后随着时间的推移，对人员不断培训和考核，把那些既具有专业才能，又能从事专业岗位工作的志愿者和那些处于关键岗位的核心志愿者选拔出来。如果甄选程序采用"金字塔式"，一开始对处于关键岗位的核心志愿者的甄选标准就要相对严格，而随着志愿者数量的增多及志愿者所处岗位层级的降低，对那些越来越多的普通志愿者的甄选标准就要降低了。

从甄选考核办法看，志愿者甄选考核办法和一般人力资源考核办法差异不大，通常包括应募者申请表分析、笔试和绩效模拟测试、面谈等，除普通志愿者所应具有的体格要求外，对某些特殊岗位的志愿者还要进行专门的身体检查。

三、志愿者的选拔

在招募过程中，志愿者组织一般会遇到两种类型的问题：一种是招募不到足够的志愿者；另一种是非常难以捉摸也非常普遍的问题，就是难以招募到合适的志愿者，经常的情况是应募者不符合项目需要或组织的目标。所以，在招募公告吸引来申请者后，需要确定谁是该职位最合适的人选。

志愿者组织只有挑选出合适的志愿者，才能满足具体服务对象的具体要求，才能使志愿者发挥出自身的优势，而对志愿者进行筛选的主要方式就是面试。

（一）面试准备

面试是在管理者与应募者之间进行的有目的的、面对面的、双方互动式的信息交流过程。面试的过程是面试官与应募者进行双向判断、评价的过程。为了保证面试的顺利进行，并在应募者心目中形成对组织的良好印象，管理者在面试前需要做好以下准备工作。

1. 选择面试官

这是决定面试成败的关键之一，面试官必须具备以下条件。

（1）应具有广博的学识

面试官既要具有较深厚的专业知识，又要熟悉各类相关学科和交叉学科知识。面试官必须是一个专业上的通才，最起码在面试小组中，面试官的知识结构不应有缺口。

（2）必须具备良好的个人品格和修养

面试官必须有公正、公平、客观的品质，能倾听与自己不同的意见，并给予客观的评价。

（3）必须具有丰富的社会经验

在面试评价过程中，定性评价往往多于定量评价，所以要求面试官具有丰富的社会工作经验，能借助工作经验的直觉来正确判断应募者。

（4）熟练地掌握面试技巧

面对各类应募者，面试官能熟练运用各种面试技巧控制面试的进程。在面试过程中，主面试官应能察觉出面试对象心理上的变化，如恐惧、焦虑等，并能妥善疏解面试对象的紧张，制造轻松的气氛，同时应具备某种过程驾驭能力，把面试主题和进度控制在组织的要求范围之内。

（5）应具有公正的态度

面试官应能公正、客观地评价应募者，不受应募者的外表、性格或背景等各种主观感受的影响。

（6）了解组织的状况

面试官必须接受相关知识的培训，了解组织状况及职位要求，这样才能帮助组织选出真正需要的人才。

2. 做好面试的物质准备工作

为保证面试工作的顺利进行，组织方还应该提前做好以下几项面试的物质准备工作。

（1）合适的面试地点

合适的面试地点是保证面试有效性的一个重要因素。面试应安排在便于进行私下谈话的地方；面试的环境应有助于消除面试官和应募者之间因地位不同而存在的隔阂；面试的环境不应该过分庄严，也不应该过分随便。

（2）面试物品

检查面试中所需要的物品是否齐全，包括记笔记用的纸和笔、介绍组织的小册子、应试者的求职申请表、工作说明书和人员招聘标准、测验时所需的物品等。

（3）应试人员名单

确保面试接待人员有一张应试人员名单，并知道名单上的人分别在什么时间接受面试，以及应募者到来时他们应该做些什么。鼓励面试接待人员在接待中称呼应募者的名字，这将有助于提高组织的形象。

3. 对应募者进行初步筛选

初步筛选就是以招募计划中的工作分析和服务要求为标准，阅读所有收集到的应募者的申请材料，选择符合志愿服务要求的应募者。管理者在操作中要做好以下工作。

（1）全面利用应募者申请材料中所包含的信息

这些材料包括应募者准备的申请信或履历表、志愿者组织预先印制好的由应募者填写的登记表。一般来说，让应募者提供申请信和履历表，往往比仅让应募者填写一份预制表格，能提供更多的信息，而且通过阅读应募者的背景材料，招募小组成员一般就能够对应募者做出初步的判断。

（2）核查应募者材料信息

面试官如果发现应募者材料中有含糊不清或自相矛盾的地方，应仔细辨别并去伪存真；而对于在材料中反映出来的应募者的其他才能，如文艺特长、文笔流畅等，应该予以重视。

（3）分析应募者材料中的隐含信息

隐含信息包括应募者的年龄、性别、受教育程度、职业资格证书、接受培训情况、特殊技能、健康状况、兴趣爱好，以及应募者自我陈述中所包含的信息。

（4）通知合适的志愿者

与通过初步筛选的志愿者建立联系，并根据双方要求确定面试的时间、地点；给在初步筛选中被淘汰的应募者写信表达歉意及感谢，这样可以体现组织对应募者的尊重。

初步筛选只是把符合组织要求的应募者挑选出来，而不是去寻找最符合组织要求的、最优秀的志愿者。筛选的标准通常有完成工作需要的才能、受教育程度、工作经历。总之，对应募者进行初步筛选可以把那些明显不符合要求的应募者提前排除，提高志愿者选拔工作的效率。

4. 确定面试方式

一般来说，面试方式的安排，应由组织规模、组织结构及应募者的岗位性质等因素决定。通常情况下，很多组织都是由一个负责志愿者工作的人员单独进行面试的。如果有可能的话，在组织内建立一个长期且相对稳定的志愿者面试小组，这是相当有效的办法。面试小组的成员除了志愿者管理人员，还可以包括员工、已经相对固定的志愿者及其他所有对志愿者感兴趣的组织内外部成员。

5. 设计面试评价量表和面试问话提纲

（1）面试评价量表

如果可能，应该印制面试评价量表。对于大规模志愿者招募活动或高级专业志愿者招募活动，更应该如此。面试评价量表由若干要素构成，它是面试过程中对面试者现场表现进行评价和记录应募者各项要素优劣程度的工具，它应能反映出工作岗位对人员素质的要求。在设计评价量表时要注意，表中的评价要素必须是可以通过面试技巧进行评价的。同时，为了使评价量表具有客观性，设计评价量表时应使评分具有一个确定的计分幅度及评价标准。

（2）面试问话提纲

面试问话提纲要根据所选择的评价要素及从不同侧面了解应募者背景信息的要求来设计，具体应包括以下几个方面。

①应募者为了完成任务需要掌握的技术。需要志愿者在哪个领域工作就询问应募者以前在该领域的工作经验。需要注意的是，有些应募者能够在工

作中学习，尤其是当他们已经有一定的专业技术背景或是正在学习相关课程时。所以，如果一名应募者拥有足够的学习能力，但现有经验略低于职位的要求，也是可以接受的。

②应募者是否能够在"非营利"的背景下工作。许多应募者来自于公司，应询问他们是否曾经在非营利组织中工作过，相关的经历是怎样的。如果应募者没有在志愿者组织工作的经验，则要向他们解释志愿者组织的工作方式，包括机构预算、组织成员的能力水平和工作环境，还要询问应募者在志愿者组织这样资源有限的环境下工作是否能够适应。

③应募者是否能够清晰地描述他们的工作。应募者应该可以用非技术人员能够理解的方式解释技术问题。如果应募者用到了非技术人员不能够理解的专业词汇，还需要考查他／她能否清晰地解释这些词、是否愿意定期报告项目的进展。

④应募者的时间投入情况。应确保应募者愿意做出具体的时间承诺，并且能够在指定的日期完成项目。做背景调查，是了解候选人是否能坚持到底的最好方式。

（二）面试过程

面试过程是在连续的提问对话中进行的。为保证面试过程按计划顺利进行，并获取足够的、准确的应募者信息，面试应分为五个阶段。

1. 预备阶段

在面试开始时多以社交话题为主，主要是帮助应募者消除紧张、戒备心理，建立和谐、宽松、友善的面试气氛。当应募者情绪平稳后，就可以进入下一阶段。

2. 引入阶段

这个阶段应围绕应募者的履历情况提出问题，目的是给应募者一个真正发言的机会。同时，面试官根据应募者的发言对应募者进行实质性评价。在此阶段，一方面要了解面试对象的情况，判断其是否符合组织需要，以作为录用与否的依据；另一方面要让面试对象对组织及服务对象有所了解，作为其是否应募的参考。

3. 正题阶段

此阶段是面试的实质性阶段，是面试过程中最重要的一环。面试官通过广泛的话题从不同侧面了解应募者的心理特点、工作动机、能力、素质等，评价内容基本上是"面试评价量表"所列各项要素。在这个阶段，需要注意以下面试提问技巧。

（1）提一些普通的、开放式的但不暗示特定答案的问题

如问"能否告诉我，你如何看待志愿者工作？"这样的问题，你将会从应募者那里了解到他对志愿者工作的态度，这比你问对方"你喜欢志愿者工作吗？"这样的问题更有效果。另一个有用的提开放式问题的技巧是顺着答案提出问题，如"你为什么愿意参加志愿者活动？"等。

（2）提短问题

你在一个问题中使用的字越多，越有可能影响答案。如果应募者说"我认为我很适合这项志愿者工作"，你可能会问"是什么因素使你更适合这项志愿者工作"，但更好的提问应是"怎样理解"或"为何如此"。

（3）仔细倾听对方的回答，然后决定下一个问题

一个好的面试官，大约要把80%的时间用于倾听。只有那些没有经验的面试官才急于提出一个一个问题，以致他们漏听了应募者的回答。应聚精会神地倾听每句回答，应募者的回答往往决定了下一个问题，而且可以从下一个问题里得到更多的信息。

（4）探究应募者的专业技能范围

面试官应向应募者询问有关他们专业技能的基础的和基本的问题，尽量避免在应募者面前表现出自己等同于或高于对方的相关知识水平（即使面试官具有这种水平），因为最好的回答是自由发挥的回答和正常情况下的回答。

（5）鼓励价值判断

问应募者如何看待奉献、为什么从事志愿者工作，以及对一些任务的个人责任或与服务对象的关系等问题，这些都是有助于提供洞察个人价值观的信息。评价应募者时，这些信息比面试官的假设更有价值。

（6）探究"选择点"

"选择点"是指要求应募者回答"为什么选择这样的行为，而不是那样的行为"的原因。倾听应募者做这个选择的原因，有助于洞察应募者的个人价值观。

（7）有效使用沉默

当面试期间出现沉默时，有些面试官会感觉不舒服，觉得有必要讲话。沉默给面试官提供时间思考（经常考虑应募者正在做什么），沉默结束后，面试官会用期待的目光看着应募者，应募者感觉应提供更多的信息，结果往往提供了比期望更多的相关信息。

（8）做出反应性评论

针对应募者的不同情况做出反应性评论，这也是一项很有用的技巧。它表示你正在倾听，并愿意鼓励应募者做详尽回答。这样做时要自然，以显示

关心或兴趣。

4. 确认阶段

这是面试的尾声阶段，此时面试的主要问题已经谈过了，面试官可以提一些更尖锐、更敏感的问题，以便能更深入地了解应募者，但要注意尊重应募者的人格和隐私权。

在面试进入尾声的确认阶段，双方可以针对志愿服务活动本身进行讨论。这时，面试官可以给应募者一份该志愿服务活动的详细说明，并回答应募者的问题。

5. 结束阶段

在这个阶段，应该给应募者留下自由提问的时间。这个阶段还有一项不可忽视的工作，就是对应募者进行评价，它是面试官根据应募者的面试表现，运用独立的评价标准，在评价量表中对应募者的能力、素质、工作动机及工作经验等进行评判的过程。每位面试官的评价结果是独立完成的，最后综合众人的意见，做出是否录用的建议。

（三）志愿者岗位匹配

当志愿者组织通过严格的面试选拔出合适的志愿者以后，下一步就应该进行志愿者岗位和人员的匹配工作。在这里需要强调的是：这项工作一定要放在对志愿者进行培训之前。因为那样便于在培训时做到有的放矢，使培训更具针对性。

匹配工作岗位时，应该考虑以下因素。

（1）按志愿者的兴趣和专长，安排适当的工作岗位。

（2）要考虑志愿者的技能、知识、态度、经验和兴趣是否与工作岗位的要求相匹配。

（3）尽快安排服务。这是志愿者工作热诚正高之时，倘一时没有空缺，可以请志愿者参加各项短期训练。若缺乏短期训练，可请新志愿者参加机构内其他活动，在可能范围内让志愿者根据其兴趣和能力选择合适的服务。

（4）应向志愿者详细说明工作的性质和需求、志愿者的职责与权利、所需设备、问题报告程序等。

（5）安排志愿者从事某项长期服务前，最好能与志愿者商议一个试用期，以便进一步观察志愿者的工作表现及态度。

（6）志愿者最初担任的工作必须相当简单，以确保任务的完成，使志愿者能从工作中得到成就感。

四、志愿者招募选拔工作的评估和总结

组织者还应该从应募者、招募成本和招募部门工作等方面对志愿者招募选拔工作的效果进行评估。志愿者招募选拔工作的效果评估主要涉及以下5个方面。

（1）应募者数量

由于一个好的招募计划可以引来大量可供选择的应募者，因此应募者数量应作为评价招募工作的基础。应考核应募者的数量是否足以填满岗位空缺。

（2）应募者质量

除了应募者数量以外，另一个应关注的事项是应募者中符合工作规范要求者是否足以填满岗位空缺，应募者的质量比数量更加重要。

（3）工作水平

负责招募的人员应花时间与其他部门一起讨论他们对应募人员的要求。合格的招募人员会花相当多的时间来了解服务对象的情况，同时用人部门应该明确提出本部门所需志愿服务的关键技能和条件。

（4）反应速度

真正高效的招募部门应该了解其他志愿者组织，并随时拥有各种志愿者的资料。这就需要组织内部各部门在平时就注意搜集各种信息。

（5）能否及时安排面试

当今的志愿服务领域竞争异常激烈，许多志愿者常常需要在很短的时间内决定选择哪项具体的志愿服务活动，如果总是推迟面试，会使应募者觉得自己并不是组织关注的人选，也使招募人员觉得自己的工作没有受到重视。

需要特别强调的是，组织者不能将眼光仅仅局限于某一次的短期招募上，而应该开拓志愿服务领域，制订较长远的服务计划，组织经常性的服务，增加志愿者的参与机会，增强志愿者与志愿者组织之间联系的延续性，制定清晰的工作方向，建立招募志愿者的系统并完善志愿者档案，从而使以后的招募工作变得更为便利。

第四节 志愿者的入职辅导与培训

一、志愿者的入职辅导

（一）入职辅导的定义与必要性

入职辅导指的是为使新志愿者能够圆满地完成他们的工作而提供给他们

基本的背景知识。入职辅导是志愿者社会化过程的一个重要组成部分，是将组织的工作标准、价值观及组织行为模式灌输给新加入组织的志愿者的过程。招募工作完成之后，新招募的志愿者会因多种原因选择离开组织。志愿者组织管理者可以通过多种活动，让新志愿者全面认识工作内容、工作场所与组织环境。对于志愿者来说，入职辅导环节不仅可以确保所有的志愿者了解组织使命、组织目标及组织对他们的期待，而且还可以借此使志愿者认识到自己想做的事情与整个组织在做的事情的关系，以及在这里当志愿者的感觉，使新加入组织的志愿者消除对组织的陌生感、与其他志愿者或者员工相处的焦虑感。

（二）入职辅导的内容

志愿者的入职辅导内容一般应包括以下两个方面。

1. 职前培训

职前培训主要是帮助新加入组织的志愿者了解志愿者组织的宗旨、信念，熟悉工作流程，掌握基本业务知识等。其主要目的是让志愿者对机构的工作性质与内容有最基本的了解，并拥有与工作直接相关的知识及初步的工作技能，使他们可以做好志愿服务。

职前培训内容主要有：介绍组织的发展历史及使命；介绍组织的相关规章制度；说明志愿者的工作内容和工作职责；介绍工作场所及周边环境；介绍组织内相关成员及志愿者工作注意事项等。

2. 熟悉工作环境

这方面培训的主要目的是，使志愿者能在最短的时间内熟悉环境，然后自在、安全地提供各项服务。刚加入组织的志愿者，或多或少都有陌生感，让志愿者尽快熟悉工作环境，是留住人的重要措施之一。

二、志愿者的培训

（一）志愿者培训的内容

在志愿者入职辅导结束后、正式上岗前，还需要对志愿者进行专门培训，使志愿者能通过培训掌握志愿服务的基本知识、志愿服务的理念，拥有良好的沟通能力、合作精神及专业的服务技能，更好地投入到志愿服务中去。因此，所谓志愿者培训，是指通过各种组织志愿者参加学习的手段，提高志愿者的工作能力和知识水平，使其具备完成各自服务任务所需的知识、技巧和能力等。志愿者培训是志愿者上岗服务前的必要环节，也是志愿者组织管理的核心内容之一。

根据人力资源管理的相关理念，志愿者培训的内容主要包括：通用知识培训、专业技能培训、素质拓展培训、管理方法培训等。

1. 通用知识培训

通用知识培训的主要目的是使志愿者对志愿服务的基本知识、服务对象的情况有所了解，并掌握一些基本的常识性知识。通用知识培训的内容比较简单，易教易学，主要包括以下三方面的内容。

（1）服务对象的基本情况，包括服务对象的基本需求、服务注意事项等。

（2）志愿服务、志愿精神的相关知识，包括志愿服务与志愿者的基本概念、志愿者参与的意义和价值、志愿者的角色和责任、志愿服务的目的及内容、志愿者的权利和义务等。通过这部分的培训，让志愿者领悟志愿精神的实质，更好地投身志愿服务工作。

（3）具体工作的有关情况，包括志愿服务项目的具体计划、工作设备及有关岗位安排等，使志愿者对工作内容及流程等有基本的了解。

2. 专业技能培训

专业技能培训是建立在通用知识培训基础上的，是针对志愿服务活动所需的专门技能所做的培训，是对志愿者的进一步要求，如会议服务技巧、健康护理知识、如何面对临终病人或死亡等。另外，还需要志愿者根据活动需要，了解不同服务对象的不同需求，如精神病患者、伤残人士、行动不便的老人、小孩及长期病患者等。

3. 素质拓展培训

素质拓展培训有利于进一步提高志愿者的服务和沟通能力，可按实际需要在志愿服务活动的初期或具体过程中提供。素质拓展培训内容包括解决基本问题的技巧、沟通及聆听的技巧、建立关系的技巧、社会资源的运用、自我了解及自信心提升、培养人际交往能力和突发事件处理能力等，目的是使志愿者面对各种突发情况都能够有效地开展工作。

人际交往能力培训是素质拓展培训的重点内容之一。志愿者要和各种各样的被服务群体打交道，他们可能会面对有着不同心理的人群，如果不懂得如何去应对其间复杂的人际关系，可能会给志愿者和被服务群体带来很多不必要的麻烦。

素质拓展培训还应培养志愿者处理突发事件的能力。志愿者在提供服务的过程中会遇到各种意想不到的突发事件，这些突发事件极易造成麻烦，如果不加强对志愿者的应急能力培训，一旦出现突发事件，志愿者很可能手足无措，丧失应急救助或自救能力。

4. 管理方法培训

管理方法培训包括对志愿服务管理人员和志愿者领袖的培训两个方面。

（1）对志愿服务管理人员的培训

对志愿服务管理人员的培训甚为必要。目前，我国志愿服务事业的发展仍处于初级阶段，志愿服务管理问题丛生，其主要原因在于很多志愿服务管理者未能支持及认同志愿者参与的重要性，并缺乏必要的管理技巧和知识。实际上，在志愿者组织中，志愿服务管理人员担负非常重要的责任。因此，需要在组织内举办管理方法培训活动，以便志愿服务管理人员学习与志愿者合作和有效沟通的技巧。具体方法如下：

①向各级管理者灌输志愿者重要性的观念；

②志愿者、服务个案研究或专题讨论；

③定期为志愿服务管理人员和志愿者举办咨询会、服务总结会；

④邀请培训讲师举办讲座，讲课题目包括工作分配、监督及团体合作等；

⑤举办联谊活动，鼓励志愿服务管理人员和志愿者分享服务得失方面的心得体会。

（2）对志愿者领袖的培训

对志愿者领袖的培训，是对一部分志愿者提供的进一步提高其管理水平的培训。在一般活动中，不需要做此要求，培训可以在部分有能力且有兴趣的志愿者中进行。通过培训，让他们学习志愿服务管理方法、志愿服务项目设计等，为推广志愿服务做出贡献。

（二）志愿者培训的流程

从动态的角度来讲，志愿者培训是一个系统化的工作，不但包括培训的实施过程，也应考虑到培训前的设计和培训后的评估反馈工作。

1. 培训需求分析

所谓培训需求分析，是指在规划与设计每项培训活动之前，由培训部门、主管人员、工作人员等采用各种方法与技术，对组织及其成员的目标、知识、技能等方面进行系统的鉴别与分析，以确定是否需要培训及培训内容的一种活动或过程。它既是确定培训目标、设计培训活动的前提，也是进行效能评估的基础，因而成为培训活动的首要环节。

培训需求分析是一个复杂的系统，组织、任务和人员三个层面的培训需求分析构成了此系统的主体部分。

（1）组织分析

培训需求的组织分析主要是指通过对组织目标、资源、环境等因素的分析，准确找出组织存在的问题，即现有状况和应有状况之间的差距，并确定培训是否为解决这类问题的最有效办法。明确、清晰的组织目标，既对组织的发展起决定性作用，也对培训规划的设计和执行起决定性作用。

组织目标决定培训目标。但是，如果没有可以利用的人力、物力和财力等资源，那么就难以确立培训的目标。组织的资源分析应该包括对组织的资金、时间、人力等资源的分析。资金是指为志愿者组织培训所能提供的经费，它将影响培训的深度和广度。培训需要相应的时间保证，如果时间紧迫或安排不当，就会影响培训效果。人力状况包括志愿者的数量、年龄、技能和知识水平，以及志愿者对工作的态度及工作绩效等。

组织分析还包括分析志愿者组织内部氛围和外界环境中是否存在影响培训成果转化的因素。志愿者组织内部成员互相鼓励、支持、学习，能够促进志愿者将培训中获得的新技能和行为方式应用到工作中，形成有利于培训成果转化的氛围。另外，社会的认可、管理层的重视和支持，对最大限度地实现培训成果转化，也起到关键性的作用。

（2）任务分析

任务分析的目的决定培训内容应该是什么，对任务进行分析的最终结果是对有关任务的详细描述，包括对志愿者执行的培训任务和完成培训任务所需的知识、技能和能力的描述。进行任务分析时，须明确任务分析的重点，具体包括以下几方面。

①任务分析不仅要知道志愿者在实际工作中做些什么，还要知道他们应该怎么做。

②任务分析首先要将工作分解成职责和任务。

③使用两种以上的收集任务信息的方法，以提高分析的有效性。

④为使任务分析更有效，应从专门项目专家那里收集信息，专门项目专家包括熟悉该项工作的在职人员、管理人员和普通志愿者。

⑤在对任务进行评价时，重点应放在能实现志愿者组织目标和个人现实岗位目标的任务上。

（3）人员分析

人员分析可帮助组织确定哪些志愿者需要培训、哪些志愿者可以接受培训，通过分析志愿者目前的实际工作绩效与预期工作绩效的差别，可以判断是否有必要进行培训。通过人员分析，需要了解以下内容：志愿者是否具有顺利完成工作的基本技能；志愿者是否对自己能够胜任一项工作或学习一项培训内容有信心；志愿者是否对培训需要、工作兴趣和目标有清醒的认识；志愿者是否对自己的技术优势和弱点有清醒的认识，以及以前是否受过培训。

尽可能地避免内容相同的培训。

在确立了培训需求信息之后，应根据实际工作需要对需求分析方法进行选择。以下列举了一些培训需求分析方法，供参考。

①访谈法。通过与待培训的志愿者进行面对面的交谈来获取培训需求的信息。

②问卷调查法。以标准化的问卷形式列出一组问题，要求被调查对象就问题进行打分或做是非选择。当需要进行培训需求分析的志愿者较多、时间较为紧迫时，则可精心准备一份问卷，以信函、传真或直接发放的方式让被调查对象填写。

③观察法。通过到志愿服务工作现场，观察志愿者的工作表现，了解实际工作需要，获取信息数据。

④经验预计法。有些培训需求具有一定的通用性或规律性，可以凭借丰富的培训经验进行预测。

⑤文献调查法。通过对往届类似活动志愿者培训和服务项目的相关资料进行分析研究，从而了解培训需求。

⑥自我分析法。志愿者个人通过对活动有关信息及岗位所需知识技能的掌握程度来分析和判断自己的培训需要。为了使志愿者更好地分析自己的情况，并将这些情况提供给培训部门，可以设计一些自我分析表和能力分析表。

⑦工作绩效评价法。对志愿者的当前工作绩效与要求的工作绩效间的差距进行考察，并确定是通过培训来纠正这种差距，还是通过其他方式来纠正。

需要指出的是，以上每一种培训需求信息收集方法都不是尽善尽美的，各有其侧重及不足。在收集培训需求信息时，可以挑选两种或多种方法混用。此外，各种方法都会对被调查对象形成某种程度的控制，应降低控制程度，提高使用各种方法的自由度，允许被调查对象就他们认为重要的问题发表意见。

2. 制订培训计划

"凡事预则立，不预则废"。培训计划，作为组织培训的组成部分，决定了整个培训过程的成功与否。因此，制订一份规范、详细且实用的培训计划，可以确保培训工作的顺利开展和培训质量的提高。

（1）制订培训计划的原则

在制订志愿者培训计划时，首先需要明确把握如下原则。

①培训计划制订以培训发展需求为依据。

②培训计划制订以志愿者组织的发展计划为依据。

③培训计划制订以各部门的工作计划为依据。

④培训计划制订以可以掌握的资源为依据。

以上四项原则是培训组织管理者在制订培训计划时要着重注意把握的关键原则。

（2）制订培训计划时需要考虑的因素

制订培训计划时，需要对影响培训计划的各种具体情况做出具体分析，以最终确定培训计划的各个细节。

①培训对象。培训对象解决对谁进行培训和进行哪方面培训的问题。显而易见，志愿者类型不同，承担的职责、工作任务不同，培训的内容自然也有所差别。一般情况下，志愿者可以分为以下三类。

a. 管理型志愿者（专业型志愿者）。管理型志愿者是指长期参加志愿服务，具备某些专业特长，具备一定组织协调能力，在非营利组织中参与或承担领导、决策、指导、顾问等工作角色的志愿者。这类志愿者承担的责任大、个人素质高、社会经验丰富，是志愿者组织的核心成员。

b. 日常型志愿者。日常型志愿者是指参与或承担非营利组织的日常性事务工作，并在非营利组织中承担特定任务的志愿者。他们一般参与志愿者组织各项活动的策划、协调、组织、实施等工作，并和其他志愿者一起参与志愿者组织的日常事务性工作，他们是志愿者组织的中坚力量。

c. 项目型志愿者。项目型志愿者是指参与或承担非营利组织各个项目或活动的志愿者。他们一般为项目提供技术支持或知识支持，他们的志愿服务主要集中在项目开展期间，项目结束后，志愿服务也随之结束。

因此，如果培训是针对所有志愿者的，那么在这个层次上设计培训计划时，必须重视规模，注意战略的正确运用；如果培训是针对组织内的某一部分人群，例如，大多数组织的管理技能培训都是在这个层面上进行的，则培训内容主要涉及机构的基本情况介绍，如使命、愿景和机构历史等；如果培训是针对某个项目的全体志愿者，主要是没有工作经验的志愿者，如岗位培训，则培训的主要内容是介绍岗位的基本情况、工作任务、业务流程和工作场地的相关情况，以及紧急情况的处理措施等。另外，有些培训计划还可以跨部门、跨岗位来设计，如技术培训往往涉及外语听、说、读、写能力，以及信息获取、处理、管理能力等。

②培训规模。培训规模受很多因素的影响。比如，它可能由实施培训的志愿者组织的规模、志愿服务的方向决定，也可能由培训本身的性质、培训力量的强弱、培训场所的大小、培训工具的性质和培训费用的多少来决定。对于集体培训，培训组织管理者必须考虑 3 个因素：受训生源、培训的费用和培训策略。针对像北京 2008 年奥运会这样庞大的志愿者队伍而言，首次培训可以举办大型的培训活动（1500—3000 人），随后为了保证质量可以进行

30—50 人小班授课。

培训策略是决定培训规模的一个重要因素。例如，运用网络远程教育手段进行培训，在提高效率、节约资源方面所表现出来的优势是显而易见的，适用于大规模集体培训；使用面授、讨论、个案分析等方法进行培训，要求志愿者人数适中；网络覆盖不到又不能参加集体培训的人员，由培训部统一发放自我培训资料或提供视听材料，使不能参加课堂面授的人能够通过观看视听光盘来完成培训。

③培训地点。培训地点主要解决在哪里进行培训的问题，要因事而异，如针对个人的岗位技能培训，一般都安排在具体的工作岗位进行；其余的培训既可以安排在具体的工作岗位进行，也可以安排在特定的场所进行。另外，实际活动场地也是培训计划所应考虑的内容。

④培训时间。培训时间受培训内容、培训费用和受训生源的影响。例如，专题报告一般安排半天到一天的时间即可；培训内容较为复杂的，一般要进行集中培训，时间也比较长；以提高岗位技能为特点的培训常常需要分阶段来进行。影响培训时间的因素还有志愿者的工作时间和业余时间的分配，如能得到志愿者的同意，培训也可安排在业余时间或者夜间、周末等进行。另外，培训时间长短也在一定程度上受培训经费的制约。

⑤培训教师。培训教师主要解决由谁进行培训的问题。对于个人自我发展训练，有工作经验的组织管理者或者志愿者均可作为培训教师；其余培训一般要请专兼职教师或经验丰富的管理者、督导、相关专家担任培训教师。

培训教师担负着志愿者培训的重任，其素质的高低直接影响志愿者培训的效果，甚至影响着整个志愿者培训工作的成败。

⑥培训费用。培训费用可采用分解法估算。首先将培训费用分为几大块估计算，例如，培训教师劳务费、教学用具费用、培训场地费用、培训材料费用等，再将这些培训费用加在一起，得到总的培训费用。虽然这种方法精度不高，但优点是简单、易于操作。

3. 选择培训方法

随着培训类型和内容的不同，培训方法和技术也应有所不同。为了达到志愿者培训目标，培训方法应符合志愿者组织人力资源管理的基本特征，符合志愿者人员特征，注重实效。应充分利用人力、物力、财力资源，有效采用现代科学技术，以低成本完成高效益的培训项目。

在实际操作中，培训者应根据培训需求、培训目标和现实情况灵活选择培训方法。但需要注意的是，在选择培训方式时，应尽量选择生动活泼、有利于互动的形式；要营造气氛，激发志愿者的积极性和创造性。下面列举几种常见的培训方法，供参考。

（1）研讨培训法

研讨培训法可以让志愿者积极地从事学习，鼓励志愿者提问、探求并做出反馈；可以让志愿者进一步理解知识，训练志愿者的思维方式，有助于培养志愿者的综合能力。

（2）讲授培训法

这是一种比较经济、有效的培训方式，可以使众多志愿者在较短时间内学到一些基本知识，有利于发挥集体的作用，志愿者之间可以相互激励、相互学习。其特点是操作性强，培训教师易于掌握培训的进度。

（3）场景模拟培训法

这种方法常用来培训人际关系能力和紧急情况应对能力。模拟的工作场景要具有与现实环境相同的因素，以便把培训融入具体岗位的实践中，可以使志愿者对一些可能出现的问题做到有备无患。

（4）网络培训法

这种方法可以减小空间上的距离，节省时间及场地费用，而且可以在一个特定的时间段内不定期地持续进行。

（5）案例培训法

案例培训法又称个案分析法，它的特点是围绕一定的培训目标，对真实情景加以典型化处理，形成供志愿者思考、分析和决断的案例，通过让志愿者独立研究和相互讨论的方式，来提高志愿者分析问题和解决问题的能力。采用案例培训法对志愿者进行培训，能明显地增加志愿者对志愿者组织各项工作的了解，培养志愿者间良好的人际关系，提高志愿者解决问题的能力，增加组织的凝聚力。案例培训的主要功能不在于使志愿者了解某一项独特的经验，而在于让志愿者在自己探索及与其他志愿者切磋怎样解决问题的过程中，总结出一套适合自己的思考问题与分析问题的逻辑方法，学会独立地解决问题、做出决策。这种学习是亲验性的，能有效地提高志愿者的分析、决策能力，并使他们在小组活动中通过与其他人的频繁交往，提高其沟通、说服及群体协调等众多有价值的能力。

4. 开展培训

正式的培训是在正确定位培训对象（志愿者）的基础上进行的，培训将使培训对象为承担特殊的责任做好准备。

在开展志愿者培训的过程中，一般要涉及以下两个领域。

（1）志愿者工作的描述

主要是了解志愿者的工作内容对其本身提出的要求，即为完成这项工作，需要志愿者具备哪些方面的能力、技能、素质，以及要求志愿者面对环境的变化如何做出正确的反应。根据志愿者的工作类型，可以确定培训的类型是属于技术性的还是非技术性的。技术性的培训基本上是处理那些工作所必需的过程、程序、一般知识和技能，而不涉及监督、管理和激励志愿者；非技术性的培训则相反，它对志愿者的激励技能、有效管理技能提出了更高的要求。

（2）志愿者的角色和责任

对于志愿者的培训，不论是在哪个阶段，不论使用什么方法，都应该让志愿者明白他们在志愿服务中应承担的社会责任，无论遇到什么情况都应该把自己的本职工作做好。

5. 志愿者培训评估

所谓志愿者培训评估，就是在志愿者培训的过程中，依据培训的目标和要求，运用一定的评估指标和评估方法，检查和评定培训的效果。实际上，志愿者培训评估的过程就是对志愿者培训活动的价值进行判断的过程。

（1）志愿者培训评估原则

培训评估能为组织者提供信息，提供比较、判断的依据；同时，从评估结果可以判断在特定环境和条件下何种培训方案最有效。评估要以一种和谐的方式进行，重在引导志愿者实现培训目标，修正缺失。为确保培训评估有效、公正，评估应遵循以下原则。

①方向性原则。方向性原则是决定并保证培训评估活动正确取向的准则，而要保证培训评估活动的正确取向，首先要求培训评估人员对组织的价值观达成共识，这就要求培训评估人员时刻不忘培训目标和培训评估的基本要求。

②相符性原则。相符性原则是指培训评估活动要与志愿者组织目标相符、与主题资料相符、与教学方针相符、与志愿者的水平相符。

③可靠性原则。可靠性原则是指培训评估结果应该是可靠的，不应具有太大的随机性。

④实用性原则。实用性原则是指培训评估要易于被培训双方接受，所需经费和时间要比较合理。培训方法要方便操作，要有利于降低成本。

⑤连续性原则。培训评估应是长期的连续的过程，只有这样才能真正发挥评估的作用，给管理者、志愿者、培训教师以持续的动力。

⑥客观性原则。培训评估人员在进行评估时，一定要实事求是，真实地反映出培训的客观效果，不能主观脆断。

（2）志愿者培训评估指标

志愿者培训评估指标包括受训人员合格率、受训人员社会贡献、社会对志愿者需求的满足程度、受训者参与情况、受训者满意程度等。

①受训人员合格率。受训人员合格率是指合格人数占培训总人数的比例。显然，受训人员合格率越高，培训的经济效益和社会效益越大；反之，培训的经济效益和社会效益就越小。但是，仅仅考察受训人员合格率，还不能完全说明培训工作的成效，还必须考查其返回服务岗位后的表现，才能最终说明培训工作的成效。

②受训人员社会贡献。受训人员社会贡献主要从社会使用合格率、社会职务聘用等各方面来对培训进行评估。

③社会对志愿者需求的满足程度。社会对志愿者需求的满足程度指的是在一定时期内通过预测确定的志愿者组织对各种工作人员的需求量与所提供的各种受训工作人员数量的差额。差额越小，说明满足程度越高；反之，则说明满足程度越低。

④受训者参与情况。受训者参与情况包括受训者在培训期间是否专注、是否主动提问、是否投入地进行讨论等。

⑤受训者满意程度。受训者满意程度包括受训者对培训内容、培训方式、培训实用性、培训教师表现及各项安排的满意度。

第五节 志愿者的督导与评估

一、志愿者督导

（一）什么是志愿者督导

在志愿服务过程中，由于工作任务繁多、工作时间较长，再加上工作中随时出现的突发事件，志愿者的工作热情难免会有所降低，有时甚至会有不良行为。这样不仅不利于志愿服务工作的开展，更损坏了志愿者自身的形象。因此，为了提高工作效率，同时也为了志愿者自身形象的改善，对志愿者进行督导是十分必要的。

志愿者的督导管理，指的是在具体的志愿服务过程中，与志愿者进行经常性的沟通，对志愿者的服务过程进行监督，以最大限度地满足志愿者和服务对象的需求，保证志愿服务项目或活动的顺利推进和目标实现。

（二）志愿者督导的工作内容

作为志愿者管理的重要组成部分，志愿者督导必须遵循志愿者管理的基本原则。在志愿服务项目的不同阶段，志愿者对志愿服务活动的参与具有不同的特点，而且可能出现不同的风险和困难。因此，在志愿服务活动或志愿服务项目的不同阶段，志愿者督导工作的内容、侧重点也应有所不同。对志愿者的督导工作应该分以下三个阶段进行。

1. 开始期的督导

在志愿服务项目启动之初，志愿者都需要在陌生的社会环境中工作，同时必须在陌生环境中协调与相关机构、群众的关系。但是，由于志愿者可能会对处理人际关系等缺乏一定的经验，极有可能在进入陌生环境时激起矛盾，从而使工作陷入困境，面临认同危机、单兵作战的考验。面对这种困境，如果志愿者的意志不坚定，便会产生离开志愿者组织的想法，造成志愿者流失的现象。此外，由于对陌生环境缺乏全面、深入的了解，志愿者常常对某些不可预测的风险估计不足。鉴于这些特点，在志愿服务项目的开始期，督导人员应该向志愿者传授某些经验，帮助志愿者打通各种关系，给予志愿者情感上的支持，使志愿者打消孤立无援、临阵逃脱的想法，尽快融入当地环境。

2. 实施期的督导

根据志愿者管理的"三分规则"：三分之一的志愿者仅仅通过极少的指导和鼓励就可以主动、热心地工作；三分之一的志愿者只有在不断的动员下才会努力工作，只有在认真的监督下才可能提高效率；三分之一的志愿者无论在什么环境下都不能努力工作。这意味着，在志愿服务项目实施期间，并不是所有的志愿者都能够将兴趣和热情贯穿于服务过程的始终。这时候，督导人员应根据志愿者的基本需求，协助志愿者建立适当的服务价值观，端正工作态度；切实做好工作安排和分配，随时帮助志愿者补充服务技术；加强与志愿者的日常沟通，为志愿者提供更多的支持和鼓励，激励他们继续努力工作；或者给予志愿者一定的休整时间，使其在身心方面得到适度调节。

3. 结束期的督导

在志愿服务项目后期，督导人员的工作重点应转移到对志愿者的激励方面，通过与志愿者保持良好的沟通和互动，坚定他们的服务信念。这一阶段的志愿者督导工作应该注意以下4方面的事项。

第一，把握志愿者督导人员和志愿者双方的角色、职责和期待，建立彼此信任的督导关系。

第二，及时表扬志愿者优良的工作表现，对不良工作表现要给予建设性的批评。

第三，对整个志愿服务项目进行评估，督导人员有义务检验志愿者是否完成既定服务目标、志愿者在服务期间的表现如何、志愿者组织是否按照原来的要求为志愿者提供支持等。

第四，设计某些活动，如邀请志愿者及其家属、服务对象、专家、志愿服务管理人员等举办研讨会、表彰会，对志愿服务活动进行总结，对先进志愿者进行表彰。

（三）志愿者督导的工作方法

志愿者督导的工作方法主要有如下 4 种。

1. 个人面谈

了解志愿者的个人需求，对志愿者出现的个人情况进行辅导，提出中肯的建议及批评。与志愿者的面谈属于个人沟通范畴，只能面对面进行。常见的方式有：个案研讨或讨论个案，自陈报告，书面形式的日志、个案记录、札记，录音带及录像带，角色扮演。

2. 小组督导

可由各个部门的负责人对该部门的志愿者进行督导，定下小组的工作计划，并适时检查计划的完成情况。小组督导属于多人沟通范畴，在沟通时，要注意每个人的表现和发言，这样的小组讨论才是有建设性的。

3. 集体讨论

督导人员与志愿者客观地分析工作中的不足，并寻求改进的办法，通过相互讨论建立志愿者之间的情感支持和凝聚力。这种集体讨论的方法与小组督导有所不同，小组督导侧重于督导者对小组各成员的审核，而集体讨论则侧重于大家各自发言，重视的是一种互动的过程。

4. 现场督导

除了对志愿者进行观察外，与志愿者服务对象进行沟通，使督导人员能够更加准确地掌握志愿服务项目进行情况，并评估其成效。现场督导具有即时性，对于无法事前沟通的问题，随时发现，随时处理，因而更有利于突发性事件的解决。

二、志愿者评估

（一）志愿者评估的含义

在志愿服务项目开展过程中及项目完成之后，需要对志愿者的服务做出客观的评估。严格地说，评估是督导的继续，对保持志愿者的积极性非常关键，其重要性也是不容忽视的。对志愿者的评估，就是指收集、分析、评价和传递有关志愿者在其岗位上的工作表现和工作结果方面的信息的过程。简单地说，志愿者评估就是对志愿者在志愿服务项目中对非营利组织的贡献做出评价的过程。志愿者评估可分为非正式评估与正式评估两种。

1. 非正式评估

非正式评估是指经常性地、不间断地对志愿者的行为提供反馈，包括赞扬志愿者的行为并鼓励其保持、对志愿者行为的偏差提出建议、询问"进展如何"、访问志愿服务对象并把意见反馈给志愿者、与志愿者一起研讨解决问题的思路等。非正式评估基本上是一个激励过程，具有私人特征，需要花费时间，但对志愿者的影响很大。

2. 正式评估

正式评估是在项目结束后，对志愿者的工作进行正式鉴定，对志愿者的优缺点进行记录和评价，如召开工作总结大会，对志愿者的工作表现进行奖励和惩罚。

（二）志愿者评估的必要性

对于志愿者组织而言，对志愿者进行评估是一件非常敏感的事情。正如有学者所指出的，公共和非营利性组织中工作表现评估系统的唯一共同点就是：被评估者和进行评估工作的人一般都不喜欢参加到评估过程中来。在这种情况下，就需要透彻理解志愿者评估的目的。一般来说，志愿者评估有两个基本目的：一是提高志愿者的服务品质，二是增强志愿者的参与感。但是，对于管理者来说，评估对于组织的重要性主要表现在以下几个方面。

1. 总结经验，为志愿者的选拔与任用提供参考和规范化模式

志愿者评估与其招募、培训、组织管理是一个连续且完整的过程，管理者通过了解评估结果，可对志愿服务活动中出现的问题及时纠正。在志愿服务项目即将结束之时，对整个项目的志愿者招募与甄选、培训、配置与协调、督导、评估等流程进行系统评估，对于今后举办类似志愿服务活动或项目将非常有借鉴意义。

2. 通过评估有利于提高志愿者队伍的素质

评估的过程就是发现问题、解决问题的过程。评估就像一把标尺，用来衡量志愿者在工作中的优点和缺点。并不是每个志愿者的工作都是尽善尽美的，他们中某些人可能存在一些问题，如服务意识不强、服务技能不够等，这些问题可以通过评估反映出来，组织管理者可据此来发现问题，逐步提高志愿者队伍的整体素质。

3. 通过评估可以对志愿者进行激励，提高志愿者的素质，增强志愿者与其他人员沟通的能力

这方面的作用主要体现在以下三个方面。

（1）激励。通过正确评价志愿者的行为和绩效，给予志愿者恰当的激励，

如工作认可、颁发荣誉证书等。

（2）开发。绩效评估可以发现志愿者所欠缺的岗位技能和知识，通过设计有针对性的培训课程，提高志愿者的工作绩效，提高志愿者的素质。

（3）沟通。绩效评估面谈可以加强管理者与志愿者之间的沟通与协调，使双方为改进志愿者的工作绩效达成共识。

4. 通过评估便于改进今后志愿者管理工作计划

志愿者管理工作是一项计划性很强的工作，好的管理工作计划能够使工作顺利进行。通过正确地评估志愿者的工作，可以找出计划中存在的漏洞和不足，及时地对志愿者管理工作计划进行修正，使得计划更加周密和完整，这样志愿者管理工作才能顺利进行，并使质量得到保证。

5. 通过评估可以获得各个志愿者的评价资料，有利于对每个志愿者进行有效的指导

在志愿者评估过程中，志愿者组织拥有每个志愿者的档案，了解他们每个人的具体情况。所以在志愿服务项目 / 活动进行过程中，当评估结果反馈给组织管理者后，督导人员应立即根据具体的评估资料来对志愿者的工作进行有效的指导，特别是改进志愿者身上存在的不足之处，使得志愿者在接下来的工作中很好地完成自己的任务。

（三）志愿者评估的原则

为了保证志愿者评估工作的正常进行，使志愿者评估达到预期的效果，在评估过程中要坚持以下几个原则。

1. 客观评价原则

对志愿者工作的评估应以考评指标为标准，对考评资料进行客观评价，尽量避免掺入主观的感情色彩。对志愿者的评估应以评估标准为准绳，而不是在志愿者与志愿者之间进行比较。评估要做到定量与定性相结合，严格按照指标体系的标准进行，避免主观臆断，应该以客观的立场评价优劣，以合理的方法评价绩效。

2. 公开的原则

由于志愿者具有自愿、不以营利为目的的特殊性，所以公开的原则在实际操作中则显得尤为重要。

3. 及时反馈原则

评估的结果要及时反馈给被评估的志愿者，否则就起不到评估的激励作用。在反馈的同时应当就评估结果进行解释说明，对成绩和进步给予肯定，对工作中有欠缺的地方及时进行说明，为志愿者今后的工作指明方向。通过

及时将评估结果向组织的有关部门和上级反馈，使他们掌握对志愿者考评的结果，可以为相关部门调整培训计划提供决策依据。

4.发展性与激励性原则

对志愿者进行评估的目的在于促进志愿者个人和团队的发展与成长，而不是惩罚，所以在实际评估工作中要始终坚持发展性原则和激励性原则，否则会致使志愿者评估偏离激励、开发、沟通的目的。因此，发展性与激励性原则是对志愿者进行评估的指导性原则，也是进行评估的最终目的。

5.开放与沟通原则

志愿者与志愿者组织的管理者之间通过评估这个平台可以及时地进行沟通。因此，在评估过程中应始终坚持开放与沟通的原则，志愿者在实际工作中会遇到各种问题，有些问题如果得不到有效的沟通，积累到一定程度就可能会影响志愿者工作的绩效。另外，评估往往是不受欢迎的，在志愿者队伍中也无法避免有些志愿者对评估持反对态度。在这种情况下，管理者就需要时刻与志愿者保持沟通，在评估开始前进行宣传，在评估过程中坚持开放与沟通原则，只有这样才能使评估工作更好地开展。

（四）志愿者评估的内容与方法

1.志愿者评估的内容

考核与评估往往是与一系列的指标紧密联系在一起的，这也是志愿者评估的科学性之所在。根据指标的属性不同，志愿者评估指标可以分为两类：定量指标和定性指标。

（1）定量指标

志愿者组织可以设计一些意见表或问卷让服务对象和志愿者填写，根据收集的多项数据进行分析，据此设计定量指标。例如，志愿者的工作服务时间、迟到的次数、技能的多少、服务态度、言行是否礼貌、形象是否端庄等。定量指标用直观的数据来表达评估的结果，看起来一目了然。但它的缺点是：常常为了量化，使本来比较复杂的事物简单化、模糊化，而且有的指标被量化以后可能被误解和曲解。

（2）定性指标

定性指标主要是以志愿者访谈个案记录为基本资料，通过一个理论推导演绎的分析框架，对资料进行编码整理，一条条地原汁原味地反映志愿者的思想和意见，在此基础上得出调查结论。访谈的内容包括：你认为自己有何进步、你和其他志愿者与正式员工是否相处融洽、你在志愿服务时遇到了什么难题、难题是怎么解决的等。定性指标可以避免上述定量指标的缺点，可以挖掘出一些蕴藏很深的思想，使评估的结论更全面、更深刻，但它的缺点是主观性很强、需时较长、资料也难于归纳，而且志愿者人数较多，不可能对每个人都进行访谈。

2. 志愿者评估的方法

来自企业的实践表明，有效性和可靠性是企业绩效评估系统存在的两大主要问题。志愿者组织同样也面临着这两大挑战。为了应对这两大挑战，选择恰当的评估方法就显得尤为关键。常见的志愿者评估方法主要有两种：分等评价法和实地评估法。

（1）分等评价法

分等评价法是一种简单、实用的方法，它将志愿者的人格特质、才能及其工作绩效分为多个考核项目，在每一个考核项目内给予不同等级的工作绩效评价标准。

分等评价法是一种简单、实用的方法，设计起来比较容易，只需稍加指导便可应用。但是此方法也有缺陷。首先，操作时容易敷衍了事，很多管理者习惯性的高评价将使评估失去意义；其次，评价等级的描述相对而言比较模糊、抽象。

（2）实地评估方法

由志愿者组织或相关机构派出一些社会工作督导或管理专家到志愿者工作或服务的岗位上进行观察，并与其直接主管进行交谈，系统且全面地收集志愿者工作绩效材料，然后撰写报告，并将报告提交志愿者的主管。实地评估法的优点在于客观、公平，且兼具权威性；缺点在于耗费时间过多，投入成本高。

第六节 志愿者激励

一、志愿者激励的含义

（一）激励的定义与表现形式

激励是管理的核心。美国哈佛大学教授詹姆斯在多年研究的基础上指出，如果没有激励，一个人的能力发挥将仅为20%—30%；如果施以适当的激励，通过其自身的努力，一个人的能力将发挥出80%—90%。这里将激励定义为：通过高水平的努力实现组织目标的意愿，而这种努力以能够满足个体的某些需要为条件。也就是说，激励是指激发人的动机的一个心理过程。从激励的方式看，可将激励进一步分为内在激励和外在激励两种。外在激励主要包括提供物质报酬、安全和基本生活保障等；内在激励主要包括精神激励、工作激励和荣誉激励，如获得一定的荣誉嘉奖、获得培训和晋升机会、实现自我价值等。

（二）志愿者激励的内涵

按照激励的一般表述，志愿者激励就是指志愿者组织设计出适当的激励形式和工作环境，通过一定的行为规范和惩罚性措施，借助信息沟通来激发、引导、保持和规划志愿者的行为，以有效地实现非营利组织及其志愿者社会价值的系统活动。简单而言，志愿者激励就是通过调整外因来调动内因，从而使志愿者的行为向预期的方向发展的过程。这一定义包含以下几个方面的内容。

（1）激励的出发点是满足志愿者的各种需要只有以满足志愿者的各种需要为出发点的激励，才能真正发挥激励的激发和约束作用。

（2）激励必须贯穿于志愿服务的全过程。

（3）激励的过程是各种激励手段综合运用的过程。

（4）激励的最终目的是要达到志愿者组织目标和志愿者个人目标的统一。

（三）志愿者激励的特点

志愿者作为一种特殊的人力资源，其激励特点与一般经济组织中的人员有显著的不同，具体表现在以下几个方面。

1. 更加注重精神激励

作为特殊的群体，志愿者动机需求分析显示，他们加入志愿服务活动的主要目的是获得物质报酬之外的精神上的满足，并将志愿服务看成公民实现自我价值的一种手段。"奉献、友爱、互助、进步"的志愿者精神成为对志愿者进行激励的最好诠释。所以说对志愿者的激励主要是以精神激励为主。

2. 更加注重激励方式的灵活性和层次性

志愿者参与志愿服务活动的动机是多种多样的，有的想获得参与社会实践的机会，有的想扩大社交面，有的更加注重志愿者组织提供的培训机会。因此，对志愿者的激励，必须根据志愿者的需要制定灵活的激励策略，只有这样才能最大限度地挖掘志愿者的潜力，增强志愿者组织的发展动力。

3. 更加强调组织价值体系和使命感对志愿者的激励作用

志愿者之所以愿意参与志愿服务活动，很大程度上是为了实现自身的社会价值，将自身的价值奉献给社会。志愿者组织的社会责任和社会宗旨使得志愿者自愿加入志愿者组织，志愿者组织与志愿者的共同愿景能够激发志愿者为志愿者组织做出贡献，进而产生巨大的创造力和凝聚力。因此，组织使命的完成对志愿者来说是最大的激励，也是志愿者实现自身价值的体现。

二、志愿者激励的流程

每个志愿者组织在激励流程设计方面都应遵循"以志愿者为中心"的理念。从志愿者招募计划完成到实施招募、培训，从项目实施到效果评估，整个过程中都要理解志愿者的感受，保护志愿者的权益。

（一）志愿者招募、培训阶段的激励

1. 招募阶段激励措施

（1）详述工作条件和相关待遇

志愿者在选择参加志愿服务活动之前，非常希望了解诸如工作条件、工作环境等尽可能详细的信息。比如很多人希望事先了解本次活动或工作有哪些岗位，具体做什么，办公或劳动场所环境状况如何，是否提供交通、餐饮或其他补贴等。因此，在招募广告中详细说明活动和工作内容，包括时间、地点、岗位职责，特别要重点描述将来志愿服务活动或工作的自然环境和人文环境，以及软硬件设施、福利待遇等。只有当潜在志愿者充分了解他所关心的信息，把未知的事项变成可知的信息之后，他们才会产生安全感，进而帮助他们做出是否参加志愿服务活动的决定。

（2）尊重志愿者的选择权

大多数志愿者将参与志愿服务活动视为自己的社会责任和应尽的社会义务，希望利用空余时间做些对社会有意义的事，帮助需要帮助的人。当然，其中也不乏其他主观原因，如想多学点东西、想结交一些志同道合的朋友、想增加工作和社会经验等，但不管动机有什么差别，人们普遍认为志愿服务活动作为一种非常重要的社会活动，自觉自愿是必需的。这就需要给志愿者选择是否参加活动的自由，避免使用强制手段或舆论压力迫使他们参与志愿服务活动。尊重体现的是平等，被尊重者必然会因此而激发出责任感，更加热情地投入到工作中。

2. 培训阶段激励措施

（1）技能激励

志愿者在培训阶段的需求为：渴望掌握工作技能及相关知识，需要培养工作自信，提高对未来工作的把握，即安全感。因此，对志愿者进行岗前培训是必要的。在设计培训课程时，一定要考虑到受训者来自不同行业，他们渴望了解关于这次活动的知识，希望掌握相关技能，所以培训内容要尽量从基础知识开始，重点讲授组织内部政策、习惯做法、组织结构，以及岗位和专业知识，为志愿者开始工作后尽快进入状态打好基础。

（2）目标激励和使命激励

在培训过程中，需要将组织的长期、中期、短期目标向志愿者进行解读，使志愿者对其所参与的志愿服务项目现阶段的发展进程有进一步的了解，从而明确自己在组织目标实现过程中起到的作用，对志愿者进行目标激励和使命激励。

（二）志愿者在服务过程中的激励

1. 服务前期激励措施

在这个阶段，所有人都不可避免地要面对陌生环境和陌生人，而他们都希望能尽快熟悉自己的工作岗位和工作流程，渴望在一个有秩序、流程清晰的工作环境中与彼此熟悉的工作伙伴一起工作。只有熟悉了这些，志愿者才能让自己稳定下来，才能有安全感，才能全身心投入工作。组织管理者在这个环节要做的工作如下。一方面，对志愿者进行综合分析，为志愿者提供与其才能相匹配的工作岗位，在安排岗位时要充分考虑每个人的性格和技能特点，尽量把每个人都安排在合适的位置，减少他们产生焦虑、不安全感的可能。应帮助志愿者正确了解自己的能力与工作的关系，避免出现人员和岗位不匹配现象。另一方面，组织集体活动和一些互动小游戏，帮助志愿者尽快相互熟悉，这也是打造团队精神的前提。

2. 服务中期激励措施

在志愿服务过程中，志愿者大部分时间都是以团队的形式开展工作。一个真正的团队应该有一个共同的目标，成员之间要相互依存、相互影响，并且需要很好地合作，追求的是集体的成功。团队管理者要实施一系列措施，鼓励成员相互倾听他人意见，并且积极回应他人观点，对他人提供支持并尊重他人的兴趣和成就。团队精神是以良好的人际关系为基础的，因此应着力营造良好的合作氛围，让团队成员彼此感受到友情和帮助。

团队管理者要经常组织不同形式的沟通交流活动，向团队成员传递各种信息，比如活动进展情况、相关资料、工作经验等，这样才能激发志愿者的工作积极性，同时也方便他们了解彼此的思想状况和工作状态，使每个志愿者都感受到他是这个团队里的一分子。

同时，志愿者希望被重视、被认可、被表扬，有必要经常性地对他们的工作和付出表示承认和感谢，从而满足他们的这些需要，形成激励效果。

3. 服务后期激励措施

志愿服务活动后期，志愿者考虑的不是经济报酬，而是成就感，比如交了多少朋友、评上了几次先进、得了几个荣誉证书。这种满足可以给这次志愿服务活动画上圆满的句号，并会对参加下一次志愿服务活动产生积极影响，从而形成良性循环。因此，在志愿服务项目结束后，给予志愿者精神上的认可，往往可以起到事半功倍的激励效果。精神上的认可有多种形式，如出具含有工作表现内容的中英文荣誉证书，可以为志愿者将来求学和就业提供帮助，特别是对于计划出国留学或工作的志愿者。另外，发动媒体配合宣传，赠送有意义的纪念品，都可以满足志愿者自我价值实现的需要，形成激励效果。

（三）团队内部的激励

在服务项目完成之后，针对服务项目的完成情况进行评估。通过志愿者团队内部的工作分享会，将工作过程中遇到的问题及针对这些问题的良好解决方案进行梳理。对各个成员在解决问题中的贡献给予认可，形成和谐的团队氛围。和谐的团队氛围不但可以增强团队成员的集体荣誉感、归属感，而且可以使团队更加团结，从而提高团队的工作效率。

三、志愿者激励的机制

激励的出发点是满足组织成员的各种需要。对于志愿者激励，可采用组织内部激励机制、社会激励机制和志愿者自我激励机制。

（一）组织内部激励机制

1. 工作激励

美国心理学家麦格雷戈曾提出关于人性假设的Y理论，认为人不是天性就不喜欢工作，对人来讲工作可能是一种满足。如果能创造一个使人的才能得以发挥的环境，并让其从事有挑战性的工作，则人更容易完成工作，更有利于促进组织目标的实现。因此，志愿者组织应该根据志愿者的专业、兴趣、特长和意愿，尽可能地安排志愿者参与富有挑战性的工作，以充分发挥其潜力，增强其满足感和成就感。

2. 表彰制度

对于志愿者进行激励的表彰制度多种多样，下面简单列举几种，供参考。

（1）根据志愿者服务时数分别颁发奖章。例如，金奖：服务时数达100小时；银奖：服务时数达50小时；铜奖：服务时数达30小时。

（2）根据不同的情况订立不同的表彰奖项，例如，十大杰出志愿者奖、最佳志愿服务策划奖、最佳志愿者组别参与奖等。这些奖项应以评审的方式进行，挑选表现出色的志愿者个人或团队，做特定表扬。

（3）鼓励志愿者长期参与志愿服务的特别表彰。为维持志愿者参与志愿服务活动的持续性，鼓励更多人参与群体性志愿服务活动，应对长期参与志愿服务活动的志愿者进行特别表彰。

（二）社会激励机制

社会激励机制，即从社会方面对志愿者的服务予以承认、进行奖励、提供回报，但志愿者追求回报与社会提供回报有本质区别。作为志愿者，他们是怀着奉献爱心和志愿者精神参与志愿服务活动的，不会计较利益得失；但作为社会方面，对于志愿者的服务应该给予一定奖励和回报。从近年来各地志愿者组织，包括社区志愿者组织探索和实施的激励机制来看，主要有以下两大类。

1. 社会荣誉激励机制

社会荣誉激励机制是对志愿服务最普遍的激励。从国家级机构颁发的"志愿者金奖"到社区机构颁发的"社区志愿者奖励"都属于这种激励机制。通过社会给予的精神奖励、荣誉奖励，使志愿者感受到服务的价值，产生服务的自豪感。

2. 社会回报激励机制

义务献血的回报机制是我国社会回报激励机制的一种早期探索。志愿者提供的服务，绝对不能从服务方面获得回报，否则就违背了"爱心奉献"的原则。可是，非营利组织应该创造条件，让志愿者的服务获得社会的回报。以社区志愿者的激励为例，社区对回报激励机制的探索非常多样，也由此形成了多种不同的模式。有些社区建设"志愿建设银行"，借鉴义务献血的回报机制，制定相应制度，即将志愿者为社区及他人提供的服务折算成小时，储存在"服务银行"里，将来一旦需要，可以获得社区志愿者组织提供的同等时间的服务。有些社区采取"互助服务"的回报激励方式，将志愿者为社区、他人提供的服务项目和效果张榜公布，让广大社区居民知晓，一旦志愿者本人有需求，也能够获得大家的热情服务。有些社区采取"服务转换"的回报激励方式，即对热情在社区提供服务的志愿者进行重点介绍，并且通过服务活动发掘志愿者的各种才能。

（三）志愿者自我激励机制

志愿者自我激励机制是让参与志愿服务活动的人产生自我成就感、自我表现提升感和自我满足感。如果善于从自我激励的角度了解参与服务的价值，那么即使社会激励有欠缺，志愿者仍然能够保持服务的热情。

1. 自我价值激励

志愿者在志愿服务活动中重新发现自己的价值、作用，从而对其自我评价产生正面影响。志愿服务让志愿者重新认识和发挥自己的价值，这是激励他们参与志愿服务活动的重要因素。

2. 自我成就激励

志愿者在参与志愿服务活动的过程中，只要热情、真诚，提供的任何具体服务一般都会得到他人的肯定，容易产生成就感。志愿者组织应该高度重视志愿者的自我成就激励，对于志愿者提供的服务，只要承认服务是有效果的、是受助对象需要的，就能够产生良好的激励作用。志愿者自我成就的感受形式因人而异，大致可以通过以下方式帮助他们实现：合理分配岗位，提供专业培训机会，必要的授权，当众表扬，评选先进，等等。

3. 自我提升激励

志愿者在参与志愿者组织、提供志愿服务之前，大多数都没有想到志愿服务对人的素质提升具有积极作用。但是，许多参加志愿服务活动的人员，在回忆服务过程时就特别强调自我提升的意义。因为，志愿服务可以为志愿者提供职业岗位之外的交往与实践机会，志愿者可以通过参与志愿服务提高交际能力，提高应对矛盾和解决问题的能力，提高非正式团体领袖能力，等等。参与志愿服务活动是一个提升精神境界、完善人格素质的有效途径。

4. 自我快乐激励

志愿者的自我快乐激励机制，是指让志愿者学会在志愿服务中寻找快乐，或者善于将忧愁情绪转化为快乐的体验。只有快乐的志愿者才能长期坚持进行志愿服务，因为他们不仅有付出，也有收获。所以推动志愿者开展志愿服务活动的是奉献精神，但是维系志愿者长期坚持志愿服务的则是快乐激励。虽然责任、事业心、热情、慈善心等对志愿者的影响很大，但是对于志愿者，特别是青少年志愿者，在热情、激动过后就需要快乐激励机制。在现实中我们也发现，很多志愿者善于将志愿服务过程中遇到的各种因素转化为充实人生、调剂人生的快乐因素。

（四）在激励中要注意的问题

在志愿者激励过程中，要注意以下 5 个方面的问题。

1. 激励作用的辐射性

激励不仅仅要激发志愿者的积极性，留住他们，使他们更好地工作，同时也要让志愿者周围的人能够感受到作为志愿者的那份光荣和快乐，吸引他们加入到志愿者队伍中来，这样的激励便真正起到辐射性的作用，起到了留住人、吸引人、扩充队伍的作用。

2.激励措施要尽可能地具有实践性和可操作性

在描述激励措施时，要让志愿者感觉到政策是实在的，是可操作的；或者让志愿者明确地知道，只要自己愿意接受就可以得到什么，以及通过哪些程序得到。

3.制定的激励措施要有普适性

普适性是指所有志愿者都可以享受到激励措施带来的利益。志愿者组织在考虑如何激励志愿者时，要考虑志愿者的所有可能动机。不同动机所需要的激励措施是不一样的，制定出的激励结果，要让所有符合条件的志愿者都有权利得到。虽然不是所有的志愿者都是因为有物质的激励或者可以享受某项政策的优先权而来参加志愿服务活动的，但是只要他们是志愿者，他们就有权享受。

4.志愿者有是否接受激励的决定权

对于各种激励，志愿者有权选择是否接受。不论是否接受，管理者都应该将其记录在案。

5.激励的及时性

在对志愿者进行激励时，要注意激励的及时性。如果在志愿者从事志愿服务很久以后才给予激励，则激励所起的作用会大打折扣。

第二章 志愿团队管理

第一节 团队管理

一、何谓团队

（一）团队定义

不同的学者对团队有不同的定义，但整体来说，要符合以下三项基本条件才能称为团队：有两个人以上；成员拥有共同目标；彼此相互信任。

中国人的一些名句"三个臭皮匠，胜过一个诸葛亮""人多好办事""众人拾柴火焰高""一箭易断，十箭难折"等都明确描述了团队的优秀特质，即成员有共同目标，通过互动协调，发挥更强的效能以完成任务。

（二）团队与团体的分别

学者巴克霍尔兹（Buchholz）等人运用团队的三个发展阶段说明两者的差异。

第一阶段：一群人。没有共同目标，不用分担责任。

第二阶段：团体。寻找和商议共同目标，只承担个人责任。

第三阶段：团队。确立及认同共同目标，共同分担责任，相信团队整体的成果，一定大于个人成果的总和。

（三）高效能团队

具高效能的团队能提升素质及生产力、增加参与者工作的动力及投入感，并且提高解决问题的能力。事实上，并非所有的团队都是高效能，要成为具高效能的团队，应具备以下的特征：能促进团队发展的成员；已建立共同目标，并且能坚持达成这些目标；凡事以"我们团队"取代"我个人"利益出发，促使成员间有效处理争议；提供合适的决策渠道让成员得以充分参与；

有效凝聚成员共同力量以提升团队的效能。

二、志愿者团队

（一）建立志愿者团队

虽然志愿者个人的关怀力量可能微不足道，难以在社会上产生影响，但是近年随着世界各地政府的大力推动，加强了大众对志愿者贡献的了解和肯定，参与志愿者行列的人士也越来越多。要维系志愿者，发挥志愿者的力量，志愿服务组织大多会把来自四方志同道合的人，汇聚起来，发展成以"愿意无偿付出时间，让社会变得更美"为共同目标的团队，通过发挥团队效能，群策群力，做出超乎个人所能达到的效果，以产生更大的社会影响力。

（二）团队类型

不同的团队有不同的功能、目的、时限、工作任务以及所需人才，而团队的类型一般是根据存在的目的和拥有自主权的大小而定。

志愿者团队大致可分为以下五类：

1. 决策团队

决策团队常见于志愿服务或非政府组织中的最高领导层，负责制定从属组织的使命及策略方向，以协助从属组织达成目标，或针对志愿者实际的工作，制订相关的运作方案，使各项志愿工作得以落实。

2. 跨功能团队

跨功能团队多是因特殊任务，从不同的团队中抽调一些成员组成一个团队，以执行特定的任务，譬如规划新的活动计划。此团队能使成员交换信息，发展新观念，贡献不同专长及协调不同意见，有助于整个从属组织的合作。

3. 功能团队

功能团队属于志愿服务组织的各功能分组，这种团队会配合从属组织结构，负责执行从属组织所分配的任务，例如活动组团队、服务组团队等。

4. 方案团队

志愿服务组织根据特定的任务，例如举办大型活动或小区服务活动，召集具有相关专长的志愿者，共同组成规划和执行方案的团队，当方案完成后，此团队成员即返回原有的团队。

5. 自主管理团队

团队以自我管理的方式，自行设计工作目标和方法、筹募经费、掌控工作流程、解决问题，并寻找服务的对象。他们凭着热诚、经验、默契和爱心，协助从属组织完成任务。这一种有高度自主管理能力的团队，从属组织不需要求或指派工作，他们会主动处理各项志愿者事务。

上述五类团队，最普遍及常见的是功能团队、方案团队及自主管理团队，因此，将会集中讲解关于这三类团队的管理。

（三）团队的领袖

志愿者团队成立之初，尽管成员多是在差不多的时期加入，他们的志愿服务经验不尽相同，有些纵有热诚但没有经验，也有一些已有一定的经验。在团队内这些已累积经验的成员会被视作为骨干人员，多会担任领袖，发挥团队发展的潜力，协助团队依循既定方向及目标而行。当团队已累积相当经验，进入拓展阶段，招募新成员时，原有的普通成员便蜕变成新一批的骨干人员，进而分担一定的团队管理工作，带领成员共同实现团队的目标。

骨干人员担任领袖或管理人员不仅能为团队栽培人才，有效拓展团队，而且对骨干人员而言，更是发展及提升潜能的好机会。

三、管理志愿者团队的理念

（一）什么是管理

"管理"意即通过筹划、组织、领导和激励及控制及监察四大项目，有效促使团队达到既定的目标和方向。

1. 筹划

为工作定下短期及长远目标，并就有关的目标厘定各项适切的工作计划，以便能有效按照计划一步一步迈向所定的目标。

2. 组织

充分善用既有资源，使各项工作计划能有效完成。

3. 领导和激励

妥善管理人力资源，使其发挥最大的潜质和效能，若工作计划得到推行人员的支持和配合，将可令各项工作事半功倍。

4. 控制及监察

定期检讨工作计划的进展和效能，积极收集服务对象或推行人员的意见，进一步改善各项工作计划或调整有关的工作目标。

套用在"志愿者团队管理"中，意即指管理人员经过周详的计划，组织齐备所需的资源，执行适切的监督和检讨机制，推行服务计划；善用激励行动的领导方式和奖励，让所属志愿者充分发挥所长，借以达至预期的目标和成果，从而建立和发挥这宝贵的人力资源。

（二）为何要管理

管理的价值便是让一群人能更有效地发挥所长，达成目标。简单地说，如果社会只有一个人工作，是不用管理的。但当一个社会或组织存在很多人，而大家都有不同思想及行为时，就会引起很多问题，而管理就是解决问题或共同去达到一定的目标。管理，是个人或集体有效地运用集合起来的各种资源，去实现特定目标的活动。所谓管理，就意味着组织人力、运用技术，以达到特定的目标。引申而言，"管"包含着制度、奖励、指引等配套硬件，而"理"便是解决问题、执行方案、理顺作业等软技术。

通过运用现代管理学，我们可以从中窥探关键的因素和流程，使一群志愿者发展成一个高效能团队，发挥集体力量，令其效能远超过个别成员能力的总和。

现代管理学涉及的范畴很广，当中的人力资源（所属志愿者）、质量管理（服务素质和检讨）、成本管理（服务费用、志愿者补助）、策略管理及分析（志愿服务数据的收集与分析，例如参与服务的习惯等）、客户服务管理（维系志愿者）、信息管理（服务机会的信息）、作业管理（汇报服务时数系统）等的学问，是可以应用于志愿者团队管理上的。

有效的管理，将有助于志愿者团队的发展和推广，有效响应社会和从属组织的需要，从而促进社会的和谐共融、建立邻舍互助互信的气氛；同时，让志愿者有效提升个人能力，强化学习效果或在职场上的竞争力。

因此，管理志愿者及其团队并不只是志愿组织管理人员需学习和掌握的，作为志愿者团队的骨干更要认识及运用，以便管理团队，使团队发挥高效能。

（三）管理的目标

一般而言，"志愿者团队管理"有三个主要目标：

1. 建立制度，提升效能

能提升团队的管理效能，涉及的项目主要包括：厘定服务内容、招募志愿者及服务配对、风险管理、培训及维系、志愿者表现评估、志愿者嘉许计划、服务记录。

志愿服务组织应为所属志愿者团队就以上项目建立一套清晰的政策、流程和工作指引，让团队骨干切实执行，让团队成员认清工作方向、强化动机、主动分担责任、加强互相联系，不仅能有序达到预期成果，并有助于团队的长远发展。

2. 提升志愿者能力，确保服务素质

志愿者是社会宝贵的人力资源，要有效发挥、推行服务，以及确保服务的素质，团队在志愿者管理工作上，不管是从属组织或团队自行订立，必须具有一个清晰完善的制度，当中包括提供一个简单的志愿者登记制度、清晰的服务记录系统、重视志愿者成长规划的文化、适切的训练和督导支持、全面的嘉许制度等，让志愿者通过参与服务，得以有效发挥潜能和专长，并且获得从属组织及志愿者团队的嘉许，肯定他们的贡献。

3. 凝聚志愿者力量，促进团队长远发展

若团队在志愿者的管理工作上是有序和清晰的，便能有效达到任用志愿者的目标，让志愿者留下良好印象，继续参与服务，使志愿者团队建立稳定的人力资源，长远而言，更有助于提升从属组织及志愿者团队的声誉。相反，倘若团队的志愿者流失率或流动性高，团队不仅要花更多资源在募集或训练志愿者上，也同时因难以掌握志愿者团队的成员人数和特质，而不能订立前瞻性的志愿服务计划。

四、发挥高效能志愿者团队，骨干在管理上担任的角色与准备

（一）骨干在管理志愿者团队上的角色

要有效管理志愿者团队，骨干的主要角色包括以下四点：

1. 实施从属组织对志愿者及服务所订立之政策

要有效地维系志愿者持久地贡献社会，服务有需要的人，志愿者团队从属的组织应当备有志愿服务的整体发展方向，以及完善的志愿者管理政策。志愿者团队骨干作为从属组织及志愿者的桥梁，一方面必须清楚了解有关的目标，并就从属组织所订的目标，制订不同的工作计划以作配合，以及有效执行从属组织的志愿者管理政策；另一方面，协助检视志愿者管理制度，如有需要，向从属组织提出改善建议。

2. 促进团队成员之间的联系及沟通

建立志愿者团队，都希望发动志愿者积极地投入和参与，借以加强服务成效及影响力；因此，骨干应带头在团队里孕育一个开放、沟通顺畅的环境，确保有将团队目标及计划与成员分享及讨论的途径，同时了解成员的能力及需要，促进彼此建立更紧密的关系，才能有效发挥成员的潜能，提升团队的效能。

3. 促进团队成员之间的合作及检视服务

大部分志愿服务都讲求志愿者之间的合作，因此，团队骨干需协助成员

建立互信，加强凝聚力及提升士气，将团体的"我"转化成团队的"我们"，巩固成员对团队的归属感，推动团队的发展。此外，亦要定时为所推行的服务做出检讨，以了解团队服务是否达到预期目标，以及订立发展方向。

4. 推行具有素质的志愿服务管理

志愿服务素质管理包括：确保服务有明确的目标、有效达至目标的内容、恰当的志愿者工作分工和安排，以及对志愿者有适当的要求；有效招募志愿者的方法，有需要时面见志愿者以作筛选；安排志愿者到合适的工作岗位；安排训练及服务简介，让志愿者清楚服务的每个工作岗位的细节、内容和要求；确保志愿者于服务期间获得适当的保障；足够的督导及支持，以增加志愿者继续参与服务的热诚；嘉许志愿者对服务的热诚和付出。

当然，管理不同类型的志愿者团队，骨干的角色略有不同。

（二）骨干在管理志愿者团队上的准备

1. 肯定服务意义，掌握社会需要

在推行任何有效的管理工作前，团队骨干必须先了解自己工作的价值、意义，及掌握与有关管理工作相关的"市场"信息。在带领成员进行服务的同时，团队骨干必须相信其工作的价值和意义，以及相信志愿服务对社会所带来的裨益。与此同时，团队骨干也必须紧贴社会的步伐，了解社会的转变及其所衍生的社会问题或需要，借以带领成员推行一些真正惠及社会和服务对象的志愿服务。以香港为例，过去的 20 年，参与志愿服务的在职人士比率越来越高，故此，团队骨干在安排和组织服务时，必须考虑在职成员的需要和参与服务的情况。例如，配合在职人士的工时需要，团队骨干必须安排得更具弹性，即使是属于一次性参与的志愿服务，才能有效鼓励更多在职成员参与服务。因此，团队骨干应多看一些新发布的相关调查，以掌握志愿者参与服务的趋势和期望。除此以外，知己知彼，与其他同类型志愿者团队进行交流，了解推行服务的发展方向手法、定位或特色，也有助于团队骨干有效为其管理工作订立策略和方向。

2. 检视从属组织所提供的资源与支持

在展开任何管理工作之前，团队骨干必须检视从属组织对团队的具体支持以及重视程度，包括：从属组织有否为团队订立清晰的发展方向或目标？会否为团队骨干提供训练及支持？有否投放足够的资源？如果这些问题的答案是没有，那么，团队的发展，便有赖于骨干对从属组织和团队的投入感，以及个人担任管理人员或领袖的经验。更严重的是，如从属组织缺乏机制或人员去维系团队及其成员，以致每当肩负重任的骨干离开时，成员便随之流

失，团队也因此瓦解。

3.人尽其才，避免成员被误用

基于志愿服务是无偿的服务，团队骨干在安排服务时，必须注意到受惠机构的背景，是否属非谋利的性质。此外，在沿用志愿者时，也需注意有关的工作性质或种类的恒常性和必要性，避免令志愿者有感自己如廉价劳工。

近年，随着志愿服务的认受性逐步提升，申请入学或公司招聘人才时也会考虑到申请人参与志愿服务的经验。为了增加成功机会，不少人纷纷参加志愿服务。志愿服务认受性的提升，确实能鼓励更多人参与志愿服务，但基于部分人只抱着"换取一张漂亮的个人履历表"的心态，或可能没有持真诚的态度参与服务，团队骨干如发现成员有这种情况，便应花多一点儿心思，针对有关情况，通过服务前的简介或检讨环节，多与成员深入讨论服务的意义，以及鼓励他们了解服务对象的生活和需要；针对那些只抱有"换取一张漂亮的个人履历表"的心态的成员，团队骨干也要主动，多花一点儿精神，与有关成员直接面谈，纠正其心态。同样道理，倘若团队骨干发觉有成员以不正确的心态参与服务，例如一些成员会选择性参与大规模的服务类型，或不愿承担一些看似简单的岗位，作为团队骨干，便有责任去纠正成员参与服务的心态，不要让志愿者"谦卑服务社会"的真诚以及"只要有需要便站出来"的崇高情操被扭曲和误解。

4.确保服务前有足够准备

对于一些以直接推行志愿服务为主的团队，即功能、方案及自主管理团队，为确保服务素质，在服务前，骨干应向参与成员简单介绍服务的内容、要求及细节。为提升参与成员的服务素质，骨干应要求从属组织为参与成员安排训练，按照不同服务的需要，挑选合适的训练课程内容，包括服务内容的简介、志愿者守则、志愿者注意事项、情境处理预习等等。倘若服务潜在一定的风险，团队骨干必须事前向参与成员讲解清楚，并在服务期间，安排资深成员担任小组组长或陪伴经验较浅的成员，以便提供实时的支持或协助。

第二节 团队互助与合作

一、团队良好协作的效能

志愿者团队互助合作（或称为良好协作）的氛围，对团队可产生关键作用，并促使团队达至高效能。

（一）共同向目标进发

成员能够互助合作，对团队必定有良好的归属感，彼此有强烈的"我们"的感觉，相信为团队努力的同时也是在为自己实现目标。这股信念将单个成员连成一起为目标而努力，增强整个团队达至目标的积极性，使工作斗志比个人单独时要高。

（二）完成个人无法完成的服务

现在有很多志愿服务，都不是一个人能做到的，但如果通过团队的多人有效的分工合作，就会获得人多力量大的效果，不仅实现大目标，更可提高效率。

1. 产生具创意的想法

正所谓"三人行，必有我师焉"，团队协作的终极目标，就是能将每位成员的凹凸点及独特想法互相配合，集思广益，创造出一些更好的方案。

2. 规范成员的行为

在团队中，当一名成员出现不协调或不合作时，团队内已形成的氛围会给这名成员以压力，促使他与团队表现一致，从而提高团队的办事效率。

3. 提高决策效能或有效解决争议

团队互助合作有助于信息的传递，促进成员之间的沟通交流，有利于团队解决争议，提高成员参与团队决策的积极性，提高决策效率。

团队协作可以创造更高的效益，但如何促进团队良好协作的氛围，却往往令人伤透脑筋。团队虽然有共同目标，但成员各有不同的性格、思想、行为、才能，彼此的差异容易造成团队协作的困难。如团队能尊重成员的多样性，同时成员懂得为团队放下己见，将可产生团队协同作用（Synergy）而创造更高的整体效益，否则，很容易使成员之间因为意见分歧，进而产生负面情绪或行为，影响团队的协作。

二、团队协作成功的关键

参考格伦 M·帕克（Glenn M.Parker）于《劳动力》杂志发表的文章，团队协作必败的主要原因为：

（一）与团队从属的组织有关的问题

1. 没有为团队提供任何训练，假定团队成员有能力应付所有问题。

2. 管理方面的掣肘，如派遣高层管理人员高度监控团队，事事插手，以致团队束手束脚。

3.制度方面的掣肘，如订立一些不合理的程序，每次均通过多层的审批、复核、签署，才能获得批准，以致团队未能按实际需要作适时改变。

4.与团队沟通不足，以致团队无法获得所需信息。

5.团队出现问题便认定团队会失败；或只要团队在某些部分失败，就立刻要解散团队。

（二）与管理团队的骨干有关的问题

1.没有做好管理人员的角色。

2.只会责骂成员，却吝于称赞他们。

3.当做出重要的决定时，没有让成员有参与的机会，甚至也没有预先与他们沟通。

（三）与成员有关的问题

1.不聆听个别成员的新想法或建议。

2.不愿和团队分享资源，以致丧失团队协作应有的协同效果。

当然，团队协作失败的原因尚有更多，但从以上可见，除了从属组织的问题外，对于整个团队的协作成败，团队骨干及成员的表现也是重要的因素。

参考伦蒂（Lenti）以球队合作模式看团队协作，真正有协作的团队，应有以下表现：①骨干与成员之间或是成员与成员之间有清晰且积极的沟通，他们明白团队的共同目标，并愿意一起合力达成；②团队内成员明白并接受他们在团队中的角色，克服自我中心，以整个团队的利益为重；③成员有能力承担起他们在团队中的角色和责任；④持续激励团队成员达成共同目标；⑤常制订切合团队的目标和具体可行的规范，以促使团队及成员共同遵循。

团队若要协作成功，骨干及成员必须做到以下四项基本要求：

（1）建立互信坦诚及属于"我们"的团队

要建设一个具有凝聚力并且高效能的团队，首要条件是要建立信任。要建立信任，团队骨干及成员必须学会自如、迅速、心平气和地承认自己的错误、弱点、失败，还要乐于欣赏别人的长处及虚心听取他们的意见。除此之外，认为自己与团队具有高度的关联，并不能只管好自己的事情，亦须关注团队的事情。

（2）接受争议的存在

团队协作一个最大的阻碍，就是害怕争议。这来自于两个的误解：①以为"家和万事兴，家衰口不停"，争议会破坏团队的运作，以及在过程中会伤害一些人的自尊，故采取各种措施避免团队中的争议；②争议会浪费时间，影响推行服务的进度。

因此，骨干及成员倾向于避免将分歧意见带上讨论桌，但这处理方法却会扼杀从公开争议辩论所产生的良性效果，使可能是小的问题，因得不到适时解决而逐渐扩大，摧毁团队团结的动力。

骨干必须懂得辨识团队的和谐是否真实，就算是浪费时间，也要引导和鼓励适当和建设性的争辩。

（3）坚定实行集体智慧做出的决定

团队内实在很难获得绝对一致的意见，因此，骨干便要学会让成员直率地说出自己的想法，彼此就不同意见而讨论，从而做出合理决定，并要对这些通过集体智慧而做出的决定抱有信心，带领团队坚定地实行。

（4）彼此承担责任

成员除了共同拥有清晰的团队目标、高度的沟通及信任外，也会共同分担团队的成败责任。就是说，在顺利完成团队目标时，整个团队会分享成果，共同接受激励与赞赏；相反，当团队无法顺利完成任务时，则整个团队将共同承担失败的责任，而非只由骨干承担。

三、促进团队协作所需的能力

骨干作为促进团队协作的推动者，更须具备或致力发展有关的能力。

（一）有效领导

有效的领导，有助于团队坚守既定目标及订立明确的方向，包括：抱有具前瞻性的愿景；清楚了解团队目标和任务；掌握团队的组成经过，洞悉成员之间的友好关系及互相影响的情况；懂得知人善任，为不同岗位寻找合适人选；善于与人沟通，掌握成员的需要，懂得适时激励成员；接纳每位成员的独特性，了解及发展他们的潜能，以及妥善处理成员之间的摩擦；接触资源网络的讯息或途径。

然而，骨干更重要的是要拥有作为优秀领袖的风范及态度，包括：以身作则、勇于承担责任；全心为团队及成员服务；作风亲和，鼓励成员参与决策，态度开明、乐于接受批评；敏锐思考、用心聆听，坦率分享己见；持守不偏不倚、对事不对人的处事态度。

（二）凝聚团队

团队营造"我们"的氛围，将成员融为一体，上下齐心合作，对团队产生归属感，以团队的目标利益为先，团队必先建立共识及凝聚向心力。

1.建立共识

团队的共识是需由成员共同参与建立的。于团队组成初期时，通过欢乐、轻松的破冰活动，减低成员之间的隔膜，促进情感交流、默契及信任的建立。然后，让团队作多面向的思考，鼓励成员彼此讨论，交换观点，接纳包容不同的意见，从而达成共识，让成员往后为共同目标尽心尽力。然而，负责领导的骨干需要不断提醒大家已建立的共识，或作不断修正，促使所有成员共同遵循。

团队发挥协作时，成员不只对他们自身的工作负责，也对团队其他成员负责，因此，团队于成立初期，首要的共识是让所有成员认同团队的任务，并且通过共同建立的议程、目标、预计完成的事项、时间表等，要求成员经常检讨对自身承诺的实践情形。

与团队内各成员一起订立团队规则，一方面让他们感受到自己是团队的一分子，另一方面当团队出现问题或争议时，可按照共同议决的规则去处理。团队可从以下两方面订立规则：与责任有关的规则，如谁负责通知开会、谁撰写会议议程或记录、谁带领讨论、谁监察工作进度；与团队互动有关的规则，如对成员意见的态度、表达意见的方式、有不同意见时的处理方法。

2.凝聚向心力

具向心力的团队成员能以团队的目标利益为先。当团队中有成员只着眼于争取自己的利益、少数不能服从多数、发生内证、或是高举个人英雄主义时，都会破坏向心力。

于会议或聚会开始之前，进行一些团队建立活动，加强成员之间"我们"的氛围。这些活动不仅对团队成立初期特别重要，而且经历一段日子后仍须维持，以进一步促进成员之间的认识和友好。然而，每次进行一个简短的活动已相当足够，而完成活动后需留有时间让骨干与成员一起讨论这些活动的目的及当中的收获。定时举行训练，如历奇训练，通过团队活动或任务，让成员体验在挑战的环境中去彼此扶持与交付；感受到成员的支持，并相互合作，能运用集体的力量完成任务，借以提升团队精神。

（三）有效沟通

有效的团队沟通是开放、坦诚以及完整的。它可以促成成员相互了解、表达个人意见及感受，围绕团队的问题，与其他成员进行建设性的讨论，从而建立默契。

有效的团队沟通要基于用心聆听，才可以知道别人说话时的真正含义，也表示对他人的关怀和尊重。要知道成员说话时的真正含义，除了要聆听成员说的话，亦要理解说话背后的观点或原因。此外，主动响应、兼具同理心的沟通，能有效增进团队的坦诚开放。

团队须建立一套有效的沟通系统，包括让成员有效接收及表达讯息和意见的平台、传达讯息的架构及流程等，才能让成员之间的讯息及意见自由流动、处理争议以及产生更多创造性的建议。

成员除了通过团队公开及正式的途径沟通外，更会运用非正式的途径沟通。

这些非正式途径的沟通，有助于增加凝聚力、促进士气，促进沟通，但亦潜藏着维护不当利益、传播谣言、破坏关系的危机，所以，骨干也要留意非正式途径的沟通，一旦发现不良的影响，便要尽快处理。

（四）适当的策略规划

"SWOT 分析"是在市场营销管理中一个经常使用的策略规划工具，主要用来分析机构内部的优势与缺点以及外部环境的机会与威胁，借助这些机会和风险与企业的优势和缺点结合起来，将有助于企业找出有效的策略规划。志愿者团队也可针对共同目标，应用这个工具作具体策略规划，或在面临问题时，协助确认环境的威胁和机会，以及本身的优缺点、界定目标、分析障碍、评选策略，建立可行的行动方案。

使用"SWOT 分析"，要从几方面入手：

1. 了解与团队有关的内在因素。

（1）优势（Strengths）

思考问题如：成员有何专长？团队能做什么别人做不到的？本团队与别的团队有什么不同？最近做得最满意的志愿服务是哪些？

（2）缺点（Weaknesses））

思考问题如：团队有什么做不来？团队缺乏哪些技巧或能力？别的团队有什么比我们好？最近做得最不满意的志愿服务是哪些？

2. 了解团队有关的外在环境因素。

（1）机会（Opportunities）

思考问题如：外在环境有什么适合成员的机会？可以学哪些技巧或能力？可以提供什么新的技巧或服务？怎样可以与众不同？

（2）威胁（Threats）

思考问题如：外在环境最近有什么改变？对团队有什么负面影响？竞争者最近在做什么？现在志愿服务是否能满足服务对象真正的需要？有什么事可能会威胁到团队的生存？

（五）具有效率的会议

会议是团队协调和交换意见的正式渠道。过多、冗长、目标左摇右摆的会议，绝对是浪费时间和人力。因此，要提升团队协作的效率，使会议精简到位、促进讨论，学习具效率的会议技巧是很重要的。以下为团队骨干要注意的事项。

首先，做好规划和准备，包括设定会议目的及议程、主席、时间与地点，发送会议相关文件数据，预计会议的时间长度，并提醒与会者须事前阅读文件及思考议题的个人观点。

其次，会议开始前，主席需向成员清楚界定会议的目的。然后与成员一起制定会议规则，并要按会议目的及议程进行，避免在讨论中被议程以外的议题打岔，同时应鼓励各成员给予意见，避免会议由少数人发言及操控。

再次，会议进行期间应做到：要注意聆听与响应他人的发言，留心各种肢体语言；懂得恰当的提问或回应礼仪，给予建设性的回馈；所有与会者的提议或意见，都应该被尊重，倘若主席发现讨论出现僵持不下的局面，须考虑暂停讨论，留有空间让成员自行思索或修正论点，以及避免出现尴尬或过于火爆的场面；除非同一成员说得太多或意见过于重复，否则不要"打断别人说话"，以示对发言者的尊重；如讨论的内容完全偏离议程，主席有责任出言提醒，如情况只属个别成员，主席应用眼神，并以友善及肯定的语调做出停止；若讨论过程中带出一些议程以外的议题，但却值得团队探讨，可纳入下次会议议程；尽快将会议记录分送给与会者，建议利用电子途径，方便快捷之余，也让与会者尽早检视决议事项是否有误，并且提供回馈建议，以及提醒有关的成员应负责的事项。

（六）处理争议

团队内各成员的地位是平等的，都有表达意见的权利，但成员会因为个性、价值观、观点或文化不同，产生相互对立的见解。这些对立面分为三种类型：个人与他人、个人与团队，以及个人与多个成员。而对立的内容也分三类：任务的对立，成员对团队目标或工作各有不同意见或观点；关系的对立，人与人之间的互动关系出现问题；过程的对立，成员对工作的安排、责任的承担及资源的分配有不同的意见。

任何的对立都会带来争议，而争议本身是中性的，代表存在多种不同的想法。如果能够妥善处理，不仅能化解对立局面，让各方重新思考修正个人见解，建立新观点，并且能加强成员之间的了解和包容，强化向心力；然而若处理不当，便会逐渐破坏团队协作的氛围。

负责的骨干应对成员之间的争议的不同阶段具警觉性，这样才能尽快做出适当的处理：

1. 出现潜在对立，产生的原因如下。

（1）与团队有关，如制度、目标、领导风格等；

（2）团队信息的传递不顺畅，如表达能力、沟通途径等；

（3）个人因素，如：个性、价值观、观点、文化等。

2. 当事人感受到对立的存在，开始出现情绪的变化，如焦虑、紧张、挫折感、充满敌意。

3. 当事人知道有对立的存在，并会运用以下方法处理。

（1）逃避：忽视对立观点，希望它自动消失；

（2）顺应：尝试淡化歧见，努力讨好对方或表现出与各人相同的看法；

（3）强制：按领导者所决定的意见；

（4）固执：坚持己见，不留妥协空间；

（5）面对：检查不同意的地方、讨论差异，所有与对立有关的成员互相做出让步，并找出解决方案。

4. 对立无法消除，明显争议便会出现，无论在行为还是情绪上，都将影响整个团队。

5. 争议出现后，运用的处理方法所产生的结果。

（1）正面：提高团队的协作效能。

（2）负面：降低团队士气及效能。

当然，处理争议的黄金时机就是在刚出现明显争议的时候。除了懂得把握时机，懂得运用不同处理争议的方法也相当重要。除了必须通过共同订立规则来解决外，如何处理争议并没有绝对的方程式，需视乎争议的强度、个别成员对争议的表现等情况决定。最理想的做法是经全体成员平等地表达意见，然后得出多种可能的方案，并客观分析每个方案的优缺点，最后就最适当的达成一个共识。平时多培养良好的沟通技巧、加强团队的向心力，可促进成员彼此合作、放下成见，减少争议的潜在破坏力。

（七）适当的回馈和评估

要提升协作的能力，团队及成员必须定期进行检讨和评估，强调对事不对人，向成员回馈意见，借以协助团队及成员了解自己的表现，汲取经验，改正缺点，进一步改善团队的协作互动关系，达至自我完善。对于表现良好的成员，更可借此奖励他们，以肯定其能力，激发成员的积极性，使下次做得更好。因此，团队应多作回馈和评估，鼓励具建设性、正面的回馈，使其转化成团队成长的催化剂。

不过，对团队及成员进行回馈和评估时，要有一些原则：所订立的要求和评估准则需于事前让成员清楚，并且同意；要确切执行所订要求，并定时进行检讨；着重反映观察的事实及提出实质证据，而不是表达批评和个人感受；运用订立的守则或工作内容，印证工作水平及评估表现；评估是一种工具，有助于团队及成员改善缺失，亦用于奖励并提升表现良好的成员；评估是一个成员交流、促进彼此成长的平台；进行评估时要公平、公正；愿意聆听成员的因由并一起寻求改善方法。

此外，对成员进行回馈和评估时，还有以下原则要留意：对未达要求的成员，要迅速反馈及督促其改正，使其有机会发挥所长；避免当事人因有其他人士在场而尴尬，引起不愿面对的自我防卫机制；严重事情尽量单对单处理；如有需要，须于事后再作个别面谈或致电跟进。

四、按团队发展阶段促进协作

一个志愿者团队从无到有再到结束，参考心理学家布鲁斯·塔克曼（Bruce Tuckman）的观点，大致分为五个发展阶段，虽然不是每一个团队都经历这些发展阶段，也许有些发展阶段会不太明显，有些还未到最后发展阶段就瓦解，而某些阶段也可能在同一团队重复循环出现，但团队骨干若想促进团队的协作，就必须认识团队发展的各个阶段，方能在正确的时机采取适当行动。

（一）第一阶段：形成期

此为从个人身份转变到团队成员身份的过渡时期。这一阶段团队凝聚力低，成员可能是因为被挑选、被邀请、认同团队任务或目标而加入，故成员不会在这个阶段决定投放在团队的时间及心力。成员彼此间需要互相适应，并决定是否接受团队行为，过程包括互相熟识、分享信息、探究团队成员的相对地位以及明确界定团队任务。团队存在的目标、结构、与领导的从属关系还相当不稳定。成员之间的互信度低，所以他们对于谁该负责团队的领导权及进行方式普遍持保守观望态度，并不断尝试何种行为会被接受。

要协助团队建立协作氛围的基础，骨干必须先让成员，特别是新加入的成员，对团队有亲切感，花些心思，运用各种温馨活动（聚餐、野营、烤肉、训练活动等），促使他们打破隔膜，并建立起成员的相互关系，以及骨干与成员之间的关系；此外，要适时与成员分享团队目的、信息，以及建立合宜的团队规则，让每位成员充分了解自己所负的使命及团队欲达成的目标。

（二）第二阶段：风暴期

此时期的成员，开始在团队内识别一些与自己有共通点的成员，并聚在一起。他们由最初在性别、年龄、地位等个人背景方面有共通之处，至后期能彼此分享意见及观点。此外，成员虽然已接受了团队的存在，但还会抗拒团队对个人所施予的约束，他们会试探团队规则的底线，所以在这阶段容易出现因有成员欲挑战职权而引起的争议。

要让团队在这阶段培养协作的关系，骨干需有耐心及技巧来协助处理纷争，以促进成员学习相互扶持及有效互动行为，建立属于团队特有的协作模式与作业程序。如果成员能以建设性态度面对争议，进一步沟通整合，则团队便能形成可以自由表达且具有信任感、凝聚力、归属感的氛围；继而在这个氛围下定立目标、建立共识，寻找能达到目标的有效方法。

（三）第三阶段：规范期

此时成员将焦点集中在彼此间的不同意见或观点上，不尝试理解或尊重其他成员，亦不愿意妥协或寻求共识，除非有成员处理这些争议及建立规范，否则，情况会处于僵持状态，团队也不能完成任务。

骨干须为发展成具协作能力的团队而与成员订立规则，对于成员之间的争议，也须尽早懂得处理。此外，也要时常提醒成员，团队要集中力量朝着目标出发并须达成任务。

（四）第四阶段：执行期

在此阶段的团队，已能有效处理成员之间的争议，认同共同责任，一起达成目标，成员之间的人际关系及沟通是相互支持和开放的，彼此相互依赖，并在技术和经验上共同分享，故能发挥协同作用，使团队的效能远超过成员的个别绩效。

虽然这时期团队的协作已达成熟阶段，但骨干仍要掌握团队的运作状况及工作进度，如有需要，也要修正团队的运作方向及给予成员在工作上的建议。

（五）第五阶段：休整期

当一个团队已经完成工作与目标时，成员会在"取"（怀念共事时光）与"舍"（对未来的展望）之间挣扎。当曾经一起走过共同努力的日子，部分成员会因团队的成就而感到十分高兴，然而，部分成员却会因即将解散团队而出现失落感，特别是当团队决定要结束之时。

骨干可借嘉许礼、庆功宴等活动，与成员分享成果、反思个人的收获，以及感谢彼此的努力及付出。如团队接受新任务，甚至转换为一个持续经营的团队，更可鼓励有服务经验的成员成为骨干，担任新加入成员之导师，给予照顾及支持，促进新团队的建立及合作。

第三节 如何提高团队创新能力

团队创新能力在志愿服务里是较少触及的话题。这也是能够理解的，志愿服务和志愿者所给人的正面形象，较易被人接受，尖锐的批评并不常见；况且，志愿服务及志愿者并不像商业社会般存在激烈的竞争。我们常会听到："志愿者真棒，他们自愿付出时间和才能，报酬也不要，服务大众。我们还要对他们有什么要求呢？志愿者最重要是有心啊！"诚然，志愿者的心志，那份对服务社会的热诚十分重要，然而，当今时代，志愿服务在不同角落蓬勃发展、开花结果，越来越多人投入志愿者的行列，这股能够造福人群、缔造奇迹的力量便不容小觑。要让这股庞大的力量发挥其优势，我们便需运用现代的管理学问，有效发掘和培育志愿者团队的潜力，其中包括创新能力。

一、什么是创新能力

（一）面向大众的创新能力

按一般理解，创新能力便是能够以崭新、跳出常规的角度，去思考一个问题的能力。那么，提升创新能力是否可以简单地从锻炼思维出发？美国哈佛大学管理学院的学者特里萨 M. 阿玛比莱于 1998 年《哈佛商业评论》中发表的一篇文章，提出了一个较广阔的见解。阿玛比莱根据她多年进行的企业创新能力的研究指出，具创新实力的企业，并不单凭天马行空的想象力，能够付诸实行的创新意念才有价值，能够为大众市场所应用才是成功的关键。

阿玛比莱有关企业创新能力的分析和观点，十分适用于一个志愿者团队。志愿者的实体工作并非个人纸上谈兵的空想，而是面向大众、帮助他人以至促进社会进步的行动，所以，团队的创新能力也必须有具体实用价值，才能辅助志愿者达成其目的。

（二）创新能力的三个元素

阿玛比莱认为创新能力来自三个元素，包括众所周知的创意思维力，还有专业知识和动机。而阿玛比莱特别强调动机，尤其是发自内心的重要性。

1. 创意思维力

这里是指有助于启发创新能力的创意思维，以及运用不同创意思考工具的能力。常用的头脑风暴培训、跳出思考框架、水平思考、解难思考锻炼，都有助于加强我们的创意思维力。

2. 专业知识

阿玛比莱所说的是企业的人员在其工作岗位上与职务相关的专业知识。简单地说，如果一个人的专业知识越广博，他的智慧空间便越大，承载了更多不同的意念，可供灵活组合成为新点子。这些个人专业知识可以通过培训、实际亲身经验，以及与其他专业人士切磋交流聚积而来。然而，专业知识如何让人们发挥创意，也须看他们的个性和处事作风。一个喜欢与众不同、凡事寻根究底、善于参考其他专业类似经验的人，能够提出"不寻常"意念的机会比较高。

苹果公司前行政总裁乔布斯（Steve Jobs），这位带动 21 世纪潮流的叱咤人物，谈及创意时表示，有创新能力的人能够将累积的人生经验转化为新的事物，原因是他们拥有比别人更多的见识阅历，以及愿意深入思考运用。他还指出现今信息科技界欠缺拥有广博见识阅历的人才，所以普遍只能得出一些单向的解决方案，难以从多角度对问题尽窥全貌。他更重申见识阅历越丰富，视野会越广阔，出来的设计会越好。

乔布斯的个人体会，以及大学辍学期间跑去学美术字，成就他后来创制出 Mac 机丰富美丽的字体的故事，正好验证了阿玛比莱的说法。

3. 动机

阿玛比莱指出一位有超卓创意思维力、丰富学问的人，也不一定是最成功的创造者。要驱动人发挥创新能力，必须赋予动机。动机可区分为发自内心的，以及来自外在的。发自内心的动机是指个人对那份工作的热爱和深感兴趣。工作上的挑战和得到的满足感是延续个人继续寻求突破的齿轮；而失败的不忿更是驱使个人更用心、坚毅努力达到目标的燃料。而来自外在的动机则包括高额的奖金，或是严厉的惩罚。阿玛比莱的研究显示发自内心的动机是一个创新能力的自我驱动器，效果远高于来自外在的诱因。

英国名作家查理士·巴克森（Charles Busxton）说过一句名言："经验告诉我们，成功最重要的因素不是能力，而是热诚。成功者是全心全力投入工作的人。"

阿玛比莱对创新能力的阐释，清晰说明了创新能力的三个元素，让管理人员更清楚该如何规划，才能有效提升和发挥团队潜藏的创新能力。

二、为什么团队要有创新能力

（一）凝聚向前推进的正能量

创新是增添新价值的活动，具更新、高瞻远瞩和开拓性的理念。这些创新活动成果包括按旧改良、重新整合，或者彻底除旧立新，借以赢取更多用家的支持，因此，成功产品的共同点，都是拥有比过去进步或较优胜的特点。一个拥有创新能力和热衷追求创新的志愿者团队，便自然会产生这种创新效应的特质，激发团队自我完善的动力，凝聚向前推进的正能量，不仅满足于眼前的成果，还追求更美好的未来，带给人群和社会更大的裨益。

（二）克服障碍、解决问题

生活于科技日新月异年代的我们，生活节奏迅速，事物以及周遭难题都瞬息万变，不管是商业社会抑或是志愿服务。然而，这些难题构成的障碍，对志愿者或团队而言，都存在风险或压力，如何协助志愿者或其团队有效解决难题更显重要。创新能力让人灵活思考、突破常规，解决问题的能力便有所提升。

团队的任务是要全体"顺利由香港出发，安全过关转乘专列，而避免阻碍其他旅客"，并须于出发前让参加者和志愿者领袖掌握乘搭火车的过程。经验告诉我们，如果想完成任务，最好让参加者和志愿者领袖亲身体验一次。于是，团队突破常规，借用学校操场，于出发前的全体简介会中特别抽出一个小时，进行模拟火车旅程演练。团队发挥高度的创意思维，使用简单的道具（一条长绳、一套普通扬声器和可贴于地面的颜色胶布）模拟火车站台，结合经验学习法的知识、轻松活泼的带领手法，以及精准的现实细节安排，将复杂的流程和重点，通过这次模拟旅程演练，具体系统地传递给各志愿者领袖和参加者。事实证明团队这次突破性的尝试是适当和成功的，交流团实际用了约两个小时，顺利完成任务，全体安全登上专列火车，没有遗失任何成员、物品或证件，没有收到其他旅客的投诉，过程愉快且难忘。

（三）开拓资源

志愿服务计划或支持志愿工作的资金来源大多倚靠捐献。越来越多的捐助者或捐款管理人员，都希望所付出的捐献能够与时并进，以应付当今信息年代、全球化影响、气候变化等带来的社会挑战，捐助者将"创新元素"订为捐献条件之一已成大趋势。再者，在资源竞争下，一个具新点子的服务计划，相比因循经营、了无新意的计划，自然更易吸引捐助者的注意力，成功突围。因此志愿工作团队须具备新思维、筹谋新方法的能力，以维持现有，甚至争取新增或开拓更大的资源。

eBay（前身 Auctionweb）是创始人皮耶·欧米迪亚（Pierre Omidyar）于1995 年 9 月一手建立的网上免费拍卖平台。最初的目的是让女友与全美的皮礼士（Pez）糖果爱好者交流，谁知却吸纳了一班收藏爱好者，更一度把网站挤爆。最后通过收取刊登费及成交费来筹集资金，维持网站日常运作。凭着这个简单的点子以及强劲的力量，eBay 于 1999 年与在线付款服务公司 Billpoint 合并，从而进一步巩固其网络交易平台的地位。

（四）吸纳新鲜血液、投放时间

纵然志愿服务广为大众所接纳和肯定，志愿者的人数也越来越多，但如何吸纳新鲜血液，扩大志愿者的队伍，仍是志愿服务必须思考的基本问题。更重要的是，我们也需要与人们多彩多姿的闲暇生活，包括娱乐活动、网上交流、家庭活动等，竞争志愿者的时间。因此，我们必须顺应社会转变与潮流文化，时常推出新的概念或新的计划，让志愿工作历久常新，维持志愿者的希冀和盼望。

（五）创造持续发展的环境

综合上述四点，创新能力可以使一个志愿者团队产生向前推进的正能量，克服遇到的困难，维持团队现有资源、争取新增资源，或开拓更大的资源，促使新鲜血液加入或现有成员投放更多时间参与服务。假若团队能在这四方面做出成果，便能创造出一个持续发展的理想环境。

三、创新人员的特质

相信大家从工作经验中都会察觉，有些人的创新能力潜质比另一些人高，可塑性也较强。这里并不会详谈相关的理论或研究，但可以肯定的是，团队要创新，必须找对适合条件的人员，才能产生预期的成果。具创新能力潜质的人员，普遍有以下特质：

（一）灵活脑筋

他们喜欢思考，脑筋很灵活，没有千篇一律或公式化的思维。他们的思考方式并不是纯粹的单向直线从上而下、由左至右、从前到后，而是翻里看内、双轨并行、转圈绕道等多角度立体化，所以时常会提出一些大家意想不到的见解。

（二）喜欢探求各方面的学问

他们喜欢追求学问，尤其是新的。他们求知的管道并不限于正规的教育或培训，更多是从个人经历、实际经验、与人交流等方式累积而来。他们的学问基础比较扎实，涉猎范围也颇广，所以都比较博学。因此，他们容易从自己丰富的见识阅历中，重组出不一样的答案，或独特的见解。

（三）愿意表达"不同"的看法

大多数人的看法或做法，对于一个具创新能力的人而言，并不是最重要的，乔布斯便是当中的例证，他从不做消费者调查。他们对自己的创意有信心，所以敢于提出"不同"的看法或质疑。因为他们的意见是那么的不一样，结果能否赢取别人的赞许和支持，抑或招致其他人的非议或争辩，就如阿玛比莱所总结，得看其实际可用性才能知晓。

（四）不惧改变现状

改变对他们而言是充满憧憬和吸引力的，所以他们并不惧怕现状的改变。然而，他们并不是破坏社会秩序的人士，引发他们提出"脱离正轨"的方案，便是一颗朝向更好、力求进步的心志。创新来自变革便是这个道理。

（五）凡事都有可能

创新从某种程度上说带有颇强的主观性，勇于创新的人很多时候会凭着他个人的直觉作判断。他们不会断然拒绝或排斥别人认为奇怪或不可思议的想法或做法，而是保持开放和积极的态度，因为他们相信凡事都有可能，并会乐于尝试和探索。

（六）坚毅不屈的精神

改变求新到实践出来的过程是艰辛苦涩、来之不易的，因为前路并不是清晰可见的，人员需要在错综复杂的河流中摸着石头而过，需要不断试验求证，踢走不明朗因素；需要寻根究底、逐一击破疑问，借以找出哪些是实际可行的，当中可能需要长时间不断重复做相同的实验，以及缠绕于百思不得其解的无奈中。因此，创新的路途会经历很多失败与挫折，创新人员必须具备无比坚毅不屈的精神，对失败绝不气馁，能够忍耐工作沉闷单调的试练。

四、什么人员的素质阻碍创新能力的发展

我们只有认清哪些人员素质会阻碍创新能力的发展，提高团队的警觉，以及有目标地剔除这些因素或调整相关心理状态，才能建立有利于培育创新

能力的人事结构。以下三个为较普遍的情况：

（一）只管担忧型，因为害怕失败

创新和失败是双生儿，要是害怕失败，那么就永远没有创新的机遇。失败固然可怕，但从失败当中反思与学习却是可贵的。诚然，没有人会喜欢失败，但因为害怕失败而选择不作任何创新举措，归根究底就是对自己欠缺自信的心理状态。这些人从来没有想过自己可以成功，也不愿意思考对策，反而只顾忧虑失败带来的苦果，例如失掉岗位、浪费时间、外界的指责等，破坏了拥有的安全境界，引起内心的不安情绪，造成个人难以平衡的精神处境，那他又何来空间和精力去战胜失败呢！让他们有更多与外界观摩交流的机会，了解别人创新的经历，学习面对失败，培育对失败较宽容的工作气氛，有助于使他们多些安心和信心。

（二）坚守唯一型，因为只有一个或常用的方案

这类型格的人，可区别为无知、守旧和庸碌三派。

1.无知派

这些人多数从小到大生活于狭窄的圈子里，受传统教育和考试的熏陶，潜意识形成"凡事只有一个正确答案"的想法，找到了这个"唯一"便心满意足，安于现状，不再继续探索其他可能性，容易对周遭事物的认识和了解过于简单和公式化。循规蹈矩、事事听话的人，在中国人的社会里，相比一个常发表与别人不同见解的人，往往会得到更多的肯定。所以这派人绝少偏离正轨，也不会提出质疑，避免产生不必要的困扰。然而，他们在创新的路径上，被固有思维的习惯束缚，只懂得运用旧有的模式直接套用，结果便是"此路不通"，令他们常常感到力不从心。他们未必没有潜质发展创新能力，只是欠缺经历和鼓励，如遇上好的伙伴和启发性的指导，可以脱胎换骨。

2.守旧派

他们在处事上难以容忍不确定的成分，抗拒改变，远离冒险。经过长年累月的不变，让他们习惯了只有一个或常用的方法，渐渐脑海里也失掉其他可能性的想象空间，故此，常挂在他们口边的话便是"我们一向是这样的，这个不可能啊"。他们永远不会属于创新阵营，也不是创新团队的理想伙伴。然而，当别人的创新获得成功，他们才开始拿来试验。面向当今这个瞬息万变的年代，他们死守不变的原则难敌现实挑战，不断被后来者所超越，面对沉重的竞争压力，结果是慢慢被淘汰。

3.庸碌派

他们本身能力有限，在负责的工作领域上，没有实力之余，热诚也欠缺。

他们对于任何新的意念，并不用心研究，只是交差式行事，常说"只有这个方案吧"，或用新瓶装旧酒的方法乱人耳目，出个新名目推搪了事，但其实没有任何实质创新改变。如果团队出现这些成员，领导人员必须请他们尽早离开，以免影响其他人的表现，拖垮真正用心的人。

（三）遇人不善型，因为不善管理的领导人员

前述的两种情况，都是关乎个人本质的障碍。然而，有些障碍是外在的。其中最常见到的是领导不善的管理人员，尤指高层领导或项目召集人，他们的素质直接决定了团队创新能力的高低。这些不善管理的领导人员属于"只管担忧型"或"坚守唯一型"，他们对创新的态度压根儿是不欢迎、被动或令人摸不着头脑的，因此无法提供机会或环境，让具有创新能力的团队人员发挥所长。若团队要进行创新的任务，那么，最实际的方法是切换一位有创新潜质的领导人员。

五、如何提高团队创新能力

志愿者团队的骨干，是团队富有经验的活跃分子，他们的行为具有示范作用，对团队发展具有举足轻重的影响，所以他们是培养创新能力的核心对象。阿玛比莱认为领导人员通过管理创新能力的三个元素——创意思维力、专业知识和动机，能有效提升企业的创新能力。然而，她指出更具效益的是通过调适管理措施或做法，包括工作氛围、管理层的风格等，以加强团队人员发自内心的动机。因为创意思维力和专业知识是个人条件素质，提升这两方面需要较长的时间和投放不少资源。

（一）建立团队的创新文化，认同创新能力可以有效促进团队发展

1. 认同"不断创新"是团队的核心价值

团队成立或工作周年检讨时，设有议程探讨创新对志愿者及服务的意义，寻求共识，将"团队须不断创新以配合社会需要，有效提升团队发展"作为策略方向，并定期检视其成效。

2. 在新成员迎新会中加入"团队创新能力"内容。

让新成员了解团队对创新的理解和重视，以便促进他们成为创新的贡献者。

3. 激励创新的制度。

设有制度，例如奖励计划、优秀创新方案分享会，塑造崇尚创新的氛围。

（二）维持对创新的热诚

根据阿玛比莱的研究，维持对创新的热诚、胆量和坚持，动力必须来自

于人员发自内心的动机，并且可以通过调适管理措施做到。

1. 创新的任务必须是团队能力范围所及，借以提升成功机会。

负责的领袖或骨干必须深切了解属下成员的能力，以及对有关任务的复杂性作初步评估。例如团队任务是创作一辑吸引人们参与志愿服务的明信片，那么团队便需要有设计知识、印刷经验的人员，或相关专业人士脉络等，那么任务能够圆满完成的机会便较高，还能延续团队努力去创新求变的动力。

2. 更强的自主性

创新的关键是容许参与人员发挥个人自主空间进行任务，但大前提是首先订定清晰的任务目标和期望，切忌拿不定主意，或今天定了，过数天却无故转变。

3. 要有开明支持、宽容失败、树立榜样的态度

任何创新的过程，在订立最后方案前，都需经过多番试验或协商，才会得出可供实际使用的成果。在此过程中，领导层应给予鼓励，宽容失败以及树立榜样。做到个人与团队坦诚合作和互相沟通固然重要，然而，同样重要是领导能够保护团队，避免浪费时间面对那些常提出没有建设性而只有尖锐批评的组织层或部门，既磨灭团队的创新斗志，也耗损团队的冒险精神。

4. 要有充分时间进行创新工程

创新需要时间，不切实际的限期，或匆促地走过孕育创意构想的阶段，只会扼杀而非促进创新。

（三）强调团队协作

常言道："三个臭皮匠，胜过一个诸葛亮。"这便是团队协作的美满成果。

1. 成员的特质

丰富的创意源泉来自于重新组合的不同经验、知识、技术等，所以成员的背景、见解越见差异的话，可以擦出光亮点子的机会越高。然而，从散乱中搭建、理顺新组合，而避免因不同意见而产生僵持的局面，大前提是成员必须拥有高效能团队协作的特质，能够互相尊重，乐于分享点子，珍惜每位成员带上讨论桌的意见，做到用心聆听和坦诚沟通，并且愿意互相帮助共渡困难。

2. 营造协作的氛围

团队必须遵守以人为本、接纳差异，公平地对待每位成员，不搞个人崇拜或攻击，共同承受成败的结果，表扬主动分享的行为，强调什么都是可行的。那么成员便会无所保留地表达想法或意见，有效发挥协作效益。在酝酿创意阶段，感受的压力越小，效果越好；而在将创意落实、付诸行动的阶段，

适度的压力有助于产生创意。

3. 委任训练有素的骨干担任领导人员

团队的创新实力，很大程度上取决于领导人员的领导素质。较理想的领导人选是由团队培养出来的骨干分子，因其对团队和成员的能力有更佳的认识。此外，适合人选须具备厚实的创新经验，采用以支持和协调为主的领导方式，鼓励个人的高度主动性；能够提出和保持明确清晰的目标与方向，以及态度开明、宽容失败，不惧挑战现状的胆量。

（四）多动脑筋，加强水平思考的锻炼

胜间和代，日本一位传奇女性，近年蹿红的畅销女作家，曾入选 2005 年《华尔街日报》"全球最受瞩目的 50 位女性"，2006 年获得 AVON 女性大奖，2007 年一口气出版 9 本书。她能把 24 小时变成 48 小时，身兼数职但分身有术。

她的书主要分享如何有效率、有系统、有目标地将知识变成力量，再转化为财富的方法。她除了指出和阿玛比莱的相同观点"平常就要不经意地搜集素材，作为启发新构想的种子，才能提升水平思考的效益……思考没有结论，是因为输入的量不够"，还有以下建议，甚为适用于锻炼创新思维。

1. 多阅读、与他人对话，以产生新想法

阅读时，应不断思考内容，并试着与旧知识组合，尝试找出相反的论调。面对新事务时，应尝试赋予新的见解，跳脱既有成见。与人交谈时，尽量吸收对方的观点，久而久之内化成自己的构想。

2. 构想成形后，多与他人讨论，试探"实用"评价

有好构想的人可以"不断频密反复地"让自己的想法接受评价和回馈，再将这些变为新的信息加以利用，从而改进构想。

3. 交换信息时，要"找对"人

要有效增强水平思考力，必须"找对"人请教。"对"的人必须至少符合两项条件之一，有可能成为你点子的使用者或拥有相关专业知识的人。如果身边找不着专业人士，可尝试以"点子的潜在使用者"的立场出发，试着思考"如果是××x，应该会购买这项商品吧？他会怎么评价这个点子？"有助于让构想更具体化。如找错对象，不仅浪费时间，也消耗思考的干劲。

4. 构想越是无法顺利进行，越要从失败中学习修正

水平思考出来的构想，多半属于崭新的内容，故此，失败的概率也相对高。然而，失败却也是激发人回头仔细思考、重新学习，避免重蹈覆辙的重要动力。

（五）栽培人才，累积知识

团队要提升其创新能力，必须重视栽培人才，让成员发挥所长。

1. 培养对新鲜事物的敏锐观察力，从而获得灵感和启发

人们并不是只要接触新的事物便自动产生亮点的，要达到这个目标，必须抱有强烈的好奇心，能够随时发现疑问，以及具有敏锐的观察力，能够从不同方面探索真相。因此，团队在学习或探究有趣新鲜事物上，必须辅以互相讨论、反思，分享个人从中获得的体会、灵感和启发，协助成员加强观察力，以及养成随时发现疑问与探索真相的习惯。

2. 提供专业培训和出外考察的机会

接受专业培训、与各地的志愿者组织进行考察交流，是需要资助的，志愿者团队可投放在这方面的资金通常有限。因此，团队必须有策略地做好准备，从而得以拓宽团队视野，累积专业知识。工作步骤包括：周年计划中订定该年度合适的主题；搜集充足的数据和编辑支持数据；寻找适合的资助者，撰写好申请书；争取外界资助或提供的免费机会。

第四节 志愿者激励理论

志愿者是社会宝贵的人力资源，其参与服务的热忱受个人不同的动机和社会氛围所影响，因此探讨人们成为志愿者和参与服务的动机、其参与后获取的满足感和继续留在团队的因素等问题，将增强志愿者团队骨干人员了解动机与激励之关系，有助于规划志愿服务和激励策略。

一、激动与动机

激励（Motivation）是引导、增进与维系个人行为的驱动力，亦具有提高士气的效果，有助于个人与从属团队结为一体。因此，在志愿者团队中，负责管理的骨干必须了解人们参与志愿服务的动机，运用适当的激励措施：①满足其需求，借以吸引个人加入团队和参与服务；②在服务的过程中，使成员获得满足感，而且适切肯定成员的积极服务行为和态度，提升他们全力以赴的意愿，促使成员愿意继续留在从属组织，从而减少成员的流失。

二、激动的理论

激励的理论主要在探讨是何种因素使一个人想经由一项行动来满足需求，其中较为人熟悉的包括马斯洛（Maslow）的需求层次理论、霍兹伯格

（Herzberg）的激励——双因素理论、麦克莱兰（McClelland）的成就动机理论。不同的理论有助于骨干规划适当的激励措施。

（一）需求层次理论

心理学家马斯洛提出需求层次理论，认为人们由低至高有六种层次性需求。

1. 生理需求：维持生存的需求，如衣食温饱、性欲、健康等。

2. 安全需求：泛指人身安全、生活安稳，希望受到保护、免于威胁，从而获得安全感的需求。

3. 社交需求：包括爱与被爱、友谊，以及归属关系等需求。

4. 尊重需求：包括成就、名声、地位等，以及备受他人尊重和认可，从而获得自我价值的个人感觉。

5. 自我实现需求：指个人追求自我成长、发挥潜力及实现理想的需求。

6. 超越自我的需求：这是一个人在充分满足了自我实现需求时，所出现的短暂的"高峰经验"，通常都是在执行一件事情时，或是完成一件事情时，才能深刻体验到的感觉，例如志愿者在进行服务时所感受到的一股"忘我"的体验。

马斯洛的观点指出通常人们会满足了较低层次的需求后，才会去追求较高层次的需求，然而高层次需求未必只出现在低层次需求满足之后。马斯洛的理论得到了广泛的认同，也给予我们一个基础，去了解人们行为的动机。人们参与志愿服务所追求的多半是寻找友谊、爱与归属、尊重，以及自我实现、实践超越自我的需求，较少是因为基本的生理与安全的需求。志愿者骨干人员应重视成员的意见，以便了解他们的需求，并运用策略使之尽量得到满足，例如一位成员因朋友的关系才参加志愿服务，骨干人员便应安排他们一起工作。

（二）激励——双因素理论

霍兹伯格于 1959 年提出双因素理论，他试着去找出影响员工在工作上感到满意与不满意的因素，分别把前者称为激励因素，后者称为保健因素。相比层次需求理论，霍兹伯格认为满足员工低层次的需求，并不会产生激励效果，相反，只会使不满意的感觉消失。保健因素属于工作环境或工作关系方面的，包括组织的政策与管理、督导、报酬、人际关系、工作条件、地位与安全。保健因素无法直接激励个人，但是当没有足够的保健因素时，会造成对工作的不满意并降低工作动机。激励因素属于工作本身或工作内容方面的，包括：成就感、备受赏识、挑战性工作、增加工作责任、升迁与发展。欲使员工发挥潜能，全心全力投入工作且乐在其中，就需要依赖激励因素。骨干人员若将这五项激励因素套用于团队管理，能有效加强成员对志愿服务和团队的满意感觉。

1. 成就感

惬意的成就感源于两方面：一是能够从事一件完整性的工作，而非零散的。志愿者自行从筹划、搜寻服务对象到实际完成服务，相比只参与部分的工作如探访服务对象而言，来得完整及连贯。纵然全程参与工作的过程可能较辛苦，需具备多样知识与技巧以作应付，但看着从无到有、自己一手打拼出来的那份成就感就较大。二是工作本身的社会意义。志愿服务的目的是让社会进步、变得更美，志愿者的行为是无私奉献的举措，其贡献深具社会意义。

2. 备受赏识

赏识代表着自我肯定与荣耀。对志愿者而言，公开的赞扬与肯定显示出志愿者的努力受到了从属组织的注意，其努力的成果受到了肯定。

3. 挑战性工作

当一项工作本身无法吸引人，要使人乐在其中，就必须依赖"从外附加的回报"，例如物质、金钱等；相反，当一项工作本身具有满足人类需求的因素，如具有重要意义，则从事者便不计代价地投入其中，并从工作中得到回馈与满足，此工作即具有所谓"源自本身的回报"。源自本身的回报可以解释为何父母对子女无怨无悔地付出，或者志愿者为何愿意付出时间、体力与才智进行服务而乐此不疲。

4. 增加责任

志愿服务本身是个人责任的外在延伸，志愿者参与社会服务，表示愿意承担社会责任，意味着自我的肯定与个人的成长。

5. 升迁与发展

志愿者在乎的并非职场岗位的升迁，而是能否从服务中不断成长和自我增值，包括开阔视野、增广见闻、紧贴时代动脉、重塑价值观、磨炼人际关系技巧、实现自我理想等。

从霍兹伯格的观点，若要使志愿者团队成员感到满足，激励因素策略包括从属组织对志愿者制定合理及具体的守则（例如不许志愿者迟到时，应当说明过时多久才算迟到，能够守时的志愿者应以表扬来激励）；建立嘉许和公开表扬制度；与团队成员相处融洽；团队骨干要关怀成员；提供自我增值和培训机会；增加工作责任，适时给予具挑战性的任务和全程参与的机会，增强成就感；还要让成员互相分享服务心得等。

（三）成就动机理论

麦克莱兰所提出的成就动机理论，其重心主要在于探讨三种基本需求。

1. 归属需求

寻求同他人建立友善且亲近的人际关系，希望与他人保持良好的关系，并受他人爱戴。

2. 权力需求

喜好掌控他人与环境、发号施令，促使他人顺从自己的意志，借以产生对他人的影响力。

3. 成就需求

完成任务或达成目标的愿望。人完成任务或目标后所得到的满足，将构成其行为的激励价值。麦克莱兰认为成就需求包括：完成困难的工作，能够操控、支配与管理物质、人类及思想的需求；能迅速独立处理事情的需求；克服障碍并维持高水平的需求；充实自己并超越别人的需求；发挥自己的能力并具有强烈自信心的需求。

有高成就需求的人不喜欢偶然的成功，喜欢接受挑战，他们也会避免承担自认为非常困难或非常简单的任务。

应用麦克莱兰的理论，骨干人员为成员安排任务及分工时，应考虑加入一些难度较高的任务，同时提供学习有效掌控权力以及成员间互相交心的机会。

三、激动志愿者参与的动机

早期的志愿者参与服务，是由社会的需要与宗教的热忱所引发，因此传统上认为志愿者秉持为善最乐、牺牲奉献的精神而参与志愿服务，其主要动机是发自内心"利他"的呼唤；然而现代的思维普遍认为志愿者参与服务的动机，不单纯只有"利他"的动机，实际上涵盖了多样不同的性质。

（一）促进参与的内在动机

参与志愿服务、愿意付出时间的动力是发自内心的，即属于"内在动机"。

1. 个人喜好

（1）受到志愿服务本身的吸引而产生兴趣或好奇；

（2）基于一股完全发自内心喜欢服务他人的热忱。

2. 社会责任感

（1）感到"取之社会，用之社会"，进而以实际行动来回馈社会，且从不考虑自己的利益；

（2）通过担任志愿者来表达内心强烈的道德责任、公民意识。

3. 以往经历

过去曾受社会大众的帮助或恩惠，于自己有能力时回馈社会。

4. 个人信念

（1）本着"助人为快乐之本"的精神，以改善他人的福祉为最大心愿，且不问回报，在提高他人的满足的同时也满足了自己；

（2）因信仰而引发的一些善行而参与志愿者行列，借以增强自己奉献社会的价值，当看到有需要的人得到协助或生活得以改善时，感到欣喜和满足。

（二）促进参与的外在动机

当参与志愿服务的动力来自服务本身以外的目标时，即属于"外在动机"；换言之，就是以志愿服务为手段，从中得到的认可、奖励等收获，包含"利己、利人"为出发点的动机。外在动机可以是物质或金钱奖励，也可以是非实质或无形的奖励，如受到他人的肯定。故此，当人愈能被物质或其他形式奖赏所激励时，表示他的外在动机愈强。以下为较常见的情况。

1. 求取经验知识

参与志愿服务是为了学习课外的知识、技能与经验。某些志愿服务可训练志愿者的特别技能，例如急救技能。通过服务前的培训，以及服务的实际体验，志愿者可以汲取课本以外的知识，累积宝贵的人生经验。

2. 改变目前生活

参与志愿服务是希望改变自己的生活方式，例如希望打破上班下班的刻板生活，或是打发空闲时间，让精神有所寄托，故此参与志愿服务。

3. 建立社交网络

参与志愿服务是希望拓展人际网络，结识志趣相投的朋友，扩大社交圈子。

4. 自我实现的需要

参与志愿服务是希望促进自我成长、发挥专长，或是希望考验自我的能力，如与人合作、筹备活动等。

5. 寻求认同

参与志愿服务，期待获得别人的肯定以及家人或朋友的赞许、尊敬。

6. 为升学或就业准备

学生参与志愿服务获得的服务时数及履历，可辅助升学或就业。越来越多中学、大学要求学生必须完成若干服务时数，或参与志愿服务才能够顺利毕业；不少大企业认同参与志愿服务可锻炼知识以外的工作软能力，所以都视申请者的志愿服务经验和成就为优先条件之一。

7. 受周遭环境影响

受到外在因素而参与志愿，包括受到朋友、家人、老师或社工鼓励参加，被服务之宣传海报吸引，认为活动好玩有趣，于是报名参与。

（三）阻碍参与的因素

1. 人们并不知悉服务的信息

研究显示，很多人不参与服务的原因是不知悉志愿服务的信息。随着科技的日新月异，人与人交换信息的平台起了很大变化，但很多志愿者团队仍沿用传统的宣传手法，如用海报或单张以吸纳新鲜血液，往往未能让有心人士知悉。因此，骨干传递招募信息、吸纳新鲜血液不应再局限于旧有方法，而应是尽量用网络的力量包括电子邮件、手机短信、社交网站或在所属组织网页上留言等。一个简单的留言可以在一日之内于网上广泛传播，这是一个既简单又迅速的方法。

2. 与志愿者的时间产生矛盾

以学生为例，他们除了忙于学业外，还要兼顾大大小小的课外活动或补习，因此，会否参与志愿服务，与他们的生活节奏和考试有紧密关系。他们如面临考试，必定投放大部分时间备战而难以参与服务；家长也不愿子女于考试期间，因参与服务而影响温习时间。故此，骨干在策划服务计划时，须尽量避免选择于考试季节时进行。又或是一名习惯深夜活动之青年人，他的作息时间不会是早睡早起的，若服务安排于清早进行，他会因根本无法准时起床而限制了他的参与。

四、激动志愿者保持热诚、持续参与的方法

前文曾提及霍兹伯格"激励—双因素理论"，可以从组织的管理、督导、报酬、人际关系、工作条件、地位与安全等保健因素，以及从成就感、备受赏识、挑战性工作、增加责任，以及升迁与发展等激励因素，来引发志愿者持续参与志愿服务的动机。

（一）重视嘉许及表扬

每个人都需要获得别人的认同与欣赏，一句简单的"谢谢"是既简单又直接令团队成员感到被肯定的方法。从实际经验观察，在志愿服务里，团队骨干人员与成员之间，会出现两种截然不同的情况，有些骨干在成员服务完成时，能充分及真诚地向他们表达谢意，但有的却是服务完成后便各自离开。骨干管理人员要推动，以及维系成员愿意持续参与服务，首先要学会如何珍惜和重视每一名成员，不能吝啬对他们的肯定和欣赏，使他们

在参与服务后带着喜悦和满足感离开，只有这样才会令他们保持着参与的热诚和持续性。对于成员的辛劳，团队可设立正式的制度及活动，来嘉许他们的努力，而这些安排，对团队的士气有很大的激励作用。以下为可用作嘉许成员之形式：①嘉许证书及奖章制度；②举办嘉许礼；③推荐竞逐从属组织或外界举办的杰出志愿者选举；④推荐志愿者参与交流活动和提供领袖培训机会。

嘉许成员时要注意的是：①要订立公平的原则；②收集成员的意见，建立成员认同的奖赏制度；③奖赏必须与其他制度没有任何冲突之地方；④奖赏可注入创意及非传统的元素，如参与团队高层会议、聚餐等。

（二）强调不断自我反思的文化

反思是"反省"和"思考"的结合，主要通过观察和发问，将个人的经验、想法和一些实情贯穿起来，从而在知识、技能和价值观上产生新的学习和领悟。在志愿服务当中，反思是把服务的经验转化为个人领悟心得、促进成员成长的重要媒介。它是志愿者认真检视服务经历的一个重要步骤。因此，在进行服务后，必须通过小组讨论、撰写服务网志等反思方法，协助志愿者记录服务的经历、对真实处境作深入的思考和理解，进而将实际的体验转化为个人心得，然后应用到未来遇到的处境或生活上。欠缺反思服务经历的团队，其成员便像一台长期操作的机器，没有机会停下来作维修保养，机器的寿命也因此而缩短。

1.反思对团队成员的作用

（1）反思过程中，成员检视个人在服务中的表现，以及服务是否能达到预期目标，作为推动成员进步的动力；

（2）引导成员思考个人服务的经历及意义，当中包括感受服务的愉悦与疏解不快的经历，同时培育其观察与表达能力，以及聆听沟通能力；

（3）反思文化促进成员养成反复思考的习惯，从而带来新的启示和领悟；

（4）协助维持成员服务的热诚，加强继续服务的心志。

2.反思活动的原则

（1）必须参与

因为反思是将个人的服务经验转化为个人心得的关键，并能促进成员成长和团队的发展，所以，当带领团队的骨干决定使用何种方式和时间时，应尽量做出一个让所有成员均可参与的选择。

（2）弹性方法

根据团队的人数及成员特性而选择合适的反思方法。适切的反思活动不仅能促进成员的参与动机，还能有效引导成员作深入的思考。

（3）持续进行

为强化团队反思的气氛，反思应是一种持续性的团队活动，骨干应抓紧服务中遇到的各种情境和经历，与成员进行反思。

3. 反思的不同方式

（1）小组讨论

小组讨论提供机会，让有共同经历的成员分享个人的服务经验、心得、所遇见的问题及解决方法等。通过相互分享和回馈，促进成员之间彼此欣赏和学习。人数以 8—12 人为佳，一般时间以不超过 30 分钟为理想。讨论过程中，负责的骨干应建立开放、信任和友善的气氛，让成员敢于表达心里所想；引导成员正面分享经验，肯定他们的个人经历都是独特和有价值的，提供足够的响应及思考空间，避免使用具价值判断的用语；确保每位成员有均等机会表达意见，留意发言过多或表现沉默的成员，并作适当的平衡；保持敏锐的观察力，留意成员的身体语言。

（2）服务博客

服务博客可以协助一些不善于以小组讨论，或不习惯在人前表达个人感受的成员进行反思。服务网志应包含"描述""分析"与"运用"三方面。"描述"主要是成员讲述服务的经验与感受；"分析"是成员思考这些经验背后的意义、隐藏的社会问题等；"运用"则是成员尝试着把学到的知识和技能，应用到未来遇到的处境或生活上。骨干和成员之间可就这些博客进行互动，给团队提供一个多角度思考交流的平台。

（三）骨干的适当行为表现

1. 持续对成员的关心与重视

志愿者团队管理不同于员工管理，身为志愿者，成员可以随时离开团队而不受任何的拘束。驱动成员持续参与的原因，除了个人参与动机外，还包括团队与从属组织的支持。

（1）持续表达感谢和赞许

骨干必须抓紧每一个可对志愿者做出肯定和欣赏的机会。"今天辛苦大家了""感谢大家的帮忙""麻烦大家了"，以及"希望日后可以再次看到大家"等等都是可以让志愿者感到被肯定和尊重的表达方法。即使时间上或场合上未必能够向志愿者做多番表达，亦应善用一些身体语言，如点头、微笑、保持眼神交流，以及对他们拍拍肩膀等。无论是以直接式的口头赞赏或是以身体语言式的表达方法，都应是尽情地表达，无须限额发放的。

（2）重视志愿者

推荐志愿者参加一些志愿者交流活动不仅表现出重视他们，还让他们获得培训机会，开阔视野，是一个深具意义的激励形式。以香港青协为例，除了为志愿者举办交流活动之外，亦推荐他们接受领袖培训。所以，骨干应留意不同组织提供的有关信息和机会，积极推荐志愿者参与。

2. 有效运用服务后的解说

解说是协助成员进行反思的一种较常用方法。当完成服务后，骨干通过小组讨论，运用解说的技巧，整理个中体验，从中抽取和辨别值得学习的地方，帮助成员进行反思。

3. 增加满足感

（1）令成员感到工作的意义

帮助他们明白自己所做的对受惠对象和社会产生的积极意义。例如让成员有充分机会了解受惠对象或社会现况。

（2）赋予成员适当责任

让成员发挥更大的自主权并从旁给予所需的协助，这样，成员承担责任的心会更强。当成员完成工作时便能感受到"这是我所干的""这是大家一起完成的"。正如"激励—双因素理论"中所提出的成就感一样，那份喜悦与满足是很实在的。

（3）经常给予成员回馈意见

每一个人都想知道自己的工作表现是否称职。若能向成员给予客观的回馈，赞扬他们的良好表现，并对需要改善的地方提出建设性的意见。这些都有助于信任的建立，有效长期维系成员参与的积极性。

（4）寻找气馁的原因

要让成员获得满足感，同时也要找出引起其不满或气馁的原因，然后施以对策，骨干可以采用不记名问卷方式去寻找这些原因，亦可以采用"间接咨询"的方法，跟成员谈论困扰他们的问题，分析问题的根源及帮助寻求解决方法。

4. 树立榜样

（1）必须表里一致

很多时候，骨干心底里十分感谢及欣赏志愿者的帮忙和付出，可是于服务完成后忘记与志愿者分享，不但没有与志愿者说声"谢谢"，甚至连跟志愿者说一声"再见"，亦因为手头上的工作而被忽略了，志愿者等了很久也只是想与骨干分享，最终也因骨干没时间而无奈地离开。因此，骨干须经常提醒自己要照顾志愿者的心理需要，争取时间向他们表达真诚、真挚的谢意。否则，一句"谢谢"或许会被误以为是一个敷衍的表现，造成反效果。

（2）平时也要维系关系

当志愿服务完成后，骨干未必来得及即场向志愿者表达欣赏和肯定，双方也有可能会有一段时间不会遇见，若在未来短期内没有志愿服务，为了保持双方努力建立的关系，并且表示对志愿者的关心和重视，骨干可于平常日子里通过电话、电邮、短信、QQ 或微博等与志愿者联系及送上节日祝福。以上做法既可令志愿者获得应得的重视，也可令他们感觉受尊重。

五、产生长远社会效益的激励点子

虽然志愿者团队多是社会的小群体，而骨干处理的通常是小范围的事，权责未必可以直至社会的大层面，以推行具长远社会效益的激励方案。然而，要是骨干这群志愿服务力量的中坚分子，能够明白这些激励点子带来的长远社会成效，将视野超越自己的小团队，看见大社会的整体利益，率先将这些激励点子元素融入生活，或积极倡议这些方案的推行，促使志愿者和志愿精神成为现代人文精神的支柱，那更是全民之福。

（一）家庭从小培育孩子的公益心

国外的调查结果显示，曾于青少年时期参与志愿服务的人，于成年后倾向继续参与的比率，比未曾于年少时参与者高出两倍。

1. 善心出发慢慢学

年纪太小的孩子，我们未必需要深入地向他们讲解什么是志愿者，可以简单告诉他们，社会上有些人很需要别人的关心，而我们就去关怀有需要的人。其实小朋友在 4~5 岁读幼儿园时已明白何谓公德心、做善事和关心别人。引导孩子从善心出发，随着他们慢慢长大，再让孩子了解社会上不同人士的需要。

2. 按年龄选择服务、让孩子有机会参与服务

孩子从幼儿园开始，已经可以当志愿者。6 岁以下的幼儿，一般较适合在家长陪同下参与一些亲子志愿服务，如卖旗筹款等；小学低年级的志愿者，在活动时可以负责派发礼物；由小学高年级至初中，便可参与筹划工作，如自行安排表演、选择礼物等；到了高中，除了策划，还可以按需要找赞助商，甚至可以做一些响应社会需要的志愿服务项目，例如陪同有需要的家庭做户外活动等。虽然在不同年龄阶段，孩子可参与的志愿服务性质会不同，但最重要的是让孩子有参与服务的机会，贡献社会的心便因此从小孕育出来。

3. 家长的配合

很多家长认为志愿服务是没有其他事忙而且空闲时才做的，所以当孩子要考试、做功课或课外活动忙碌时，便不准许他们参与。其实要让家长明白，参与志愿服务不仅能让孩子接触新知识、学习新技能、提升能力，从而拓阔视野、丰富个人经历，同时可以培养贡献自我、服务社会、关怀别人的高尚情操，而且志愿服务的履历更有助于升学和就业，真是百利而无一害。所以，家长应该培养孩子良好的时间管理，学习平衡分配学业和参与服务的时间，便不需担心孩子因参与服务而影响学业。

（二）公众教育及推广

1. 运用不同机会宣传和推广志愿服务精神，鼓励更多的人成为志愿者。

（1）展示志愿团队的爱心力量

为了鼓励更多人加入志愿者行列，每年团队可配合一些志愿服务的国际盛事，如4月的"全球青年服务日"及12月的"国际志愿者日"或特别节日，举办推广活动，向社会各界展示志愿者的爱心力量。如春节前发动志愿者探访小区的贫困户，为有需要的人士送上温暖的祝福，团队可以邀请媒体对这些"送温暖"行动作广泛报道，也可访问志愿者的心声和感受，向公众传扬志愿服务的正面价值，打动非志愿者的心，使其加入行列。

（2）杰出志愿者分享

不少团队的志愿者都拥有丰富的服务经验，并获得杰出志愿者的称号。青协曾通过不同途径，让这群杰出志愿者向社会大众宣传做志愿者以及参与服务的价值，分享个人领悟及贡献社会的正能量，唤起公众认同志愿精神的核心价值，及重视志愿者的贡献。这些途径包括：撰写报刊专栏，向读者分享做志愿者的心得及体会；每年出版《20个青年义工的故事》，分享主人公背后的非凡志愿者体验；前往中小学，与学生分享参与志愿服务为自己带来的转变，以及心路历程，鼓励学生多参与，培养学生关怀社会的责任感与价值观；推荐成为地区代表，参与出席国际志愿者交流活动及地区会议，促进志愿者的交流和联系，提升视野。

（3）运用现代科技工具、信息网络平台、大众媒体，吸纳有志人士加入志愿者行列

运用多元管道推介志愿服务机会，如组织网站、社交网站、手机短信、电子邮件等不同渠道，发挥网络平台强大的联系力，接触一些非志愿者或没有志愿服务经验的人士，或建设一站式志愿服务机会网络信息平台，将服务机会公诸同好，让有心人士快捷简便且跨地域的搜寻合适的服务机会。

2. 鼓励民众参与志愿服务，成为生活的习惯。

将"志愿服务"视为一种生活商品，推广到生活各环节上，例如学校活动、公益慈善活动、各项训练营、大型赛会、社会盛事、医院工作、复康工作、环保工作等，广泛任用志愿者，提供各式各样的志愿服务的机会，让大家在生活的不同接触面，处处都有机会参与志愿服务，使参与服务成为生活的习惯。

3. 各政府部门合力营造志愿服务的社会氛围。

志愿服务有效培育了青年人，亦是建设社会的宝贵资源。随着 2001 年国际志愿者年的诞生，世界各地政府都加强了对志愿服务及志愿者贡献的了解和肯定。

我国主办 2008 年北京奥运会、2010 年上海世界博览会及 2010 年广州亚运会、2011 年深圳世界大学生运动会，都动员逾万的志愿者，并高度赞扬志愿者的贡献，让志愿服务蓬勃生辉、光芒四射。然而，政府仍须继续施行长远激励政策，延续这股热潮，使志愿服务普及，成为人民生活的一部分，包括教育部门将志愿服务纳入课程内，如鼓励高校生全面参与志愿服务，并计算学分，提倡社会企业责任，推动企业鼓励雇员参与志愿服务等。

（三）志愿服务成为职场训练的好机会

常有青年人在找寻工作时，渴望在非政府机构参与与自己未来工作相关的志愿服务，借着研习问题、筹划、招募人力、寻求资源及推行服务的过程，获取实战经验，认为将有利于日后在职场上的发展。笔者曾接触一些修读教育工作的青年人，希望利用暑假，担任志愿者，教授有需要的学童英语，或为他们补习，一方面可以回馈社会、帮助有需要的人，另一方面，可以获取与将来作为教师息息相关的知识和技巧，例如编订教案、控制课堂秩序等。因此，参与志愿服务实在是一个提供实际职场训练的好机会。团队可以利用职场试练作为亮点，吸引高校生或待业人士成为志愿者，除满足其职业需要外，还可借着提供机会增加生活体验以及求变需求、发挥专长、追求成就感、满足好奇心等，通过反思回馈，引导他们享受做志愿者的乐趣，让他们乐于继续参与志愿服务。

第三章 志愿服务的理论与管理体系

第一节 志愿服务的理论体系

志愿服务实践是培育学生社会主义核心价值观、促进学生全面发展的有效途径。社会主义核心价值观的培育不在于为学生个体提供物质财富、谋生技能、实用工具与技术，而是为其构建一个有意义的世界和精神家园，使学生的心灵有所安顿、有所归依。

志愿服务不仅为青少年学生提供了奉献爱心、服务他人和社会、践行核心价值的机会，也提供了青少年学生在服务过程中自我教育、自主成长、全面发展的机会。志愿服务为青少年教育提供了多种形式、多种途径，极大地拓展了青少年自我教育的内容，有利于培养青少年学生积极向上健康有益的观念意识，对青少年学生的个性发展、行为发展、能力发展有促进作用，有利于青少年全面和健康的成长。

一、社会主义核心价值体系与志愿服务

一个社会的核心价值观反映着社会意识的本质，决定了社会意识的性质，涵盖了社会发展的指导思想，是引领社会前进的精神旗帜。

志愿精神是促进社会和谐、文化和谐的精神力量，是推进社会良性运行和协调发展的重要机制。当然社会主义核心价值体系与志愿精神之间不仅表现为包含与被包含的关联，更重要的还体现在深层理念上的互动关系，两者相辅相成、相互促进。社会主义核心价值体系对我国的志愿精神具有指导作用，社会主义的志愿服务同时又在践行社会主义核心价值观。社会主义核心价值体系引领社会思潮同时，促进志愿精神的自我完善，志愿服务在实践的过程中又在传播社会主义核心价值观。在新的历史时期提倡将社会主义核心价值体系与志愿服务相结合，有利于引领当代青年树立坚定的社会主义意识形态，认清历史前进的方向，肩负起传承社会主义事业的历史使命。

任何社会都有自己的核心价值观，社会主义核心价值体系集中体现的我国社会的主流思潮，是全党全国人民团结奋斗的思想理论基础与集体价值观。深刻认识培育和弘扬社会主义核心价值观的必要性和现实紧迫性，围绕立德树人根本任务，把培育和弘扬社会主义核心价值观融入国民教育的全过程，落实到教育教学和管理服务各个环节，是广大教育工作者在新的时代条件下的新使命新任务。以当代我国青年为主体的志愿服务所创造的志愿精神是一种先进的青年文化，它的内涵包括理想、信念、知识、世界观、人生观、价值观、生活方式、社会意识和精神追求等，具有文化的熏陶性、思想的感染性、教育的引导性、价值的取向性等。它构成了青年的文明行为和青年群体的有序发展以及与社会的合理融合，在青年精神世界构建中发挥着非常重要的作用。

用社会主义核心价值体系指导志愿服务，用志愿精神践行社会主义核心价值观，社会主义核心价值体系引领社会思潮同时，促进志愿精神的自我完善，此外志愿服务又可以成为社会主义核心价值体系传播的重要媒介。

（一）志愿服务彰显了社会主义核心价值

志愿服务是全球化进程中国际志愿者交流和国际援助的产物。尽管"慈善"的理念自古就有，但中国的志愿服务并没有随时间积淀而成为固定的、群体参与的、社会普遍认同的成熟形式。然而，从意识形态层面来看，中国传统的文化观念和民族精神中早已具备了志愿精神"奉献、友爱、互助、进步"的核心要素，这一点上与社会主义核心价值体系在构建和谐社会的思想上不谋而合。

建设社会主义核心价值体系，在理论上要以马克思主义为指导，弘扬民族精神，追求并实现中国梦这一共同理想；在实践中，则必须坚持价值体系的辩证性，将宏观与微观、理论与实践、规律与变化相统一，以小见大地逐步实现体系的构建。中国志愿服务正是从微观领域自下而上地反映社会主义核心价值体系的构建。

在我国还没有正式引入"志愿服务以及志愿精神"概念的时期，计划经济体制下体现志愿精神的志愿服务模式就是"学雷锋，做好事"，它是以中国共产党和政府为主导，带有革命年代特有的政治动员色彩的，其意识形态的导向性不言而喻。随着全球化步伐的加快和我国进入全面改革时期，中国志愿服务也逐渐向多样化阶段发展，积极配合党和政府的改革政策、发挥其服务经济与社会发展的功能是中国志愿服务的重要任务。与此相对应，志愿者组织和志愿团体也都或多或少的带有官方色彩，例如中国青年志愿者协会接受共青团中央的领导，组织和指导全国青年志愿者服务活动；中国社会工作协会由国家民政部主管，协助民政部支持和推进社区志愿活动的开展。从以上我们可以看出，新中国成立以来，中国志愿服务一开始就是在马克思主义指导下、在党和政府的领导下的。在建设有中国特色社会主义进程中形成的带有中国特色的志愿服务，是以马克思主义指导思想和中国特色社会主义共同理想为指导的。志愿服务活动要想在中国得到健康发展就必须适合中国的国情，与中国的主导文化和意识形态相融合。

（二）志愿服务践行了社会主义核心价值

一种价值观必须借助与之相适应的实际行动才能体现出内在价值，社会主义核心价值体系必须成为信仰才能成为社会主义社会发展的精神动力。价值观念的多元化以及价值观念的冲突已经成为市场经济时代的普遍现象。由于理想与现实巨大落差，社会上有些人对阴暗面看得多，对社会主义产生了怀疑，对社会主义核心价值体系的宣传产生了抵触情绪。这就要求我们不能抽象的宣传社会主义核心价值体系，更不能口号化、简单化和庸俗化，否则会引起负面效果，甚至产生进一步的抵触情绪。近些年来在我国兴起的社会志愿服务活动致力于公益事业，在社会上产生了巨大的反响，对于增强人们对社会主义的认同感和对社会主义核心价值体系的信仰起到了积极作用。广大志愿者通过参与社会服务，增强了对国家、对社会、对他人的责任感，提高了公民素质和法律意识，通过奉献爱心帮助他人，培养了高尚道德品质，形成了遵守社会公德和职业道德、关心公益事业的文明习惯。

因此，社会主义核心价值体系的宣传必须把理论和实践结合起来，把知识与行动统一起来，使人们把对理论的认识，逐步转化为处理各种问题的立场、观点和方法。志愿服务活动是人们树立正确的世界观和人生观，提高认识世界和改造世界能力的有效途径。我们进行社会主义核心价值体系的教育不能单靠说理和感化，还需要积极地引导和组织人们参加各种形式的志愿服务活动。只有这样，人们才能把理论和实践、知和行有机结合起来，进而加深对社会主义核心价值体系的信仰。

（三）社会主义核心价值体系促进志愿精神的完善与发展

在志愿服务反映和促进社会主义核心价值体系建设进程的同时，社会主义核心价值的建设也使志愿服务上升到一个新的境界，促进了志愿精神在社会范围内更加广泛的传播和普及。建设社会主义核心价值体系涉及社会的方方面面，它是对包括理论、理想、精神、道德在内的整个社会思想领域的提升和净化，对于社会思潮具有引领和导向作用。

必须坚持以社会主义核心价值体系指导社会志愿服务，使其走上健康发展的道路，从根本上说就必须坚持以社会主义核心价值体系引领社会思潮。社会主义核心价值体系有利于促进志愿精神的自我完善，而志愿服务在实践中又会推动社会主义核心价值观的传播。作为时下兴起的一种志愿文化，我们需要也是必须用社会主义的价值观去引领，把社会主义核心价值体系贯穿于社会志愿服务的全过程，为我国的社会主义建设事业发挥积极的作用。

社会志愿服务这块新兴阵地，社会主义核心价值体系不去占领，各种非社会主义的意识形态就必然会占领。尽管当代西方志愿服务事业发展的理论基础是新自由主义思潮，但中国的志愿服务必须以社会主义核心价值体系作为自己的理论支柱，只有这样才能使中国的志愿服务成为宣传和实践社会主义意识形态的新窗口，才能形成具有中国特色的社会志愿服务模式，也才能在中华民族的伟大复兴中发挥自己更大的作用。

志愿精神是指一种自愿的、不计报酬的、参与推动人类发展、促进社会进步和完善社区工作的精神，是公众参与社会生活的一种非常重要的方式，是公民社会和公民社会组织的精髓。志愿精神的产生乃基于个人对人类及社会的积极认识、对于社会发展的积极价值取向，而这个取向又来自个人的背景、教育和经验，也来自于社会环境的作用。只有当志愿服务意识升华为一种民族认同感，将社会主义核心价值体系与志愿服务精神相融合，才能在社会建设中体现出中国特色。当代志愿服务的思想与传统文化有着紧密的联系，构成了志愿服务的传统文化内涵。社会主义核心价值体系是社会主义先进文化的灵魂，是中华民族团结一致、共同奋斗的思想道德基础，具有无比的先进性。社会主义社会的志愿服务，必须以社会主义核心价值体系为圭臬，坚定不移把社会主义核心价值体系贯穿于社会志愿服务的全过程。

志愿精神是促进社会和谐、文化和谐的精神力量，志愿精神是社会主义核心价值体系的具体体现。以马克思主义科学理论为指导、在建设中国特色社会主义和谐社会过程中，通过这种志愿精神的传播和发扬，必将从一个侧面使全体公民形成对当今中国发展的高度认同，对构建和谐社会、实现中华民族伟大复兴共同理想的认同。志愿精神反映了当代中国的精神凝聚力，有力地促进了社会的和谐与进步，促进了社会主义核心价值体系的建设。

二、志愿服务与公民道德教育

2001 年中共中央颁布了《公民道德建设实施纲要》（下称《纲要》）。这是我们国家公民思想道德建设的一件大事，是群众精神文明建设的一件大事。

《纲要》的实施，是我国全面加强公民道德建设、深入贯彻落实把依法治国和以德治国结合起来的治国方略的重大举措，对全面推进建设有中国特色社会主义伟大事业将产生重大而深远的影响。

《纲要》内容丰富、科学、严整。它从理论与实践的结合上，深刻地论述了公民道德建设的重要性、指导思想、方针原则；提出了"爱国守法、明礼诚信、团结友善、勤俭自强、敬业奉献"的基本道德规范；阐明了社会主义道德建设的主要内容是，从我国历史和现实的国情出发，坚持以为人民服务为核心，以集体主义为原则，以爱祖国、爱人民、爱劳动、爱科学、爱社会主义为基本要求，以社会公德、职业道德、家庭美德为着力点。

在实现中国梦的进程中，公民道德建设是非常重要的一个方面。特别要加强青少年的思想道德建设，引导人们在遵守基本行为准则的基础上，追求更高的思想道德目标。因此，家庭、学校、单位、社会各方面都要探索公民道德教育的多种途径，并且通过交流沟通，使各种教育资源互相整合，达到最佳效果。其中，志愿服务是公民道德自我教育的有效途径，应该引起社会的广泛重视。

志愿服务是社会文明程度的重要标志，是加强公民道德建设、培育和践行社会主义核心价值观的重要载体。

从各国的经验来看，志愿服务源于历史上的慈善传统。然而，过去的慈善事业主要是贵族、财主、官员发起和参与的救济活动、扶助活动。进入现代社会，从单纯的慈善事业衍生出社会化、民间化的志愿服务，其特点是吸引大众的参与。欧美许多国家有 20% 的公民曾经参与志愿服务，为社会或他人做出贡献；新加坡、韩国等发展中国家参与志愿服务的公民也超过人口的 10%。新中国成立以来，"学雷锋运动"轰轰烈烈，众人参与；在 1990 年，为适应社会主义市场经济的需要，"学雷锋运动"变为"志愿服务""志愿者行动"。如今，中国内地的志愿服务类型逐渐多样化，有民政系统倡导的社区志愿服务、共青团系统倡导的青年志愿者行动、妇联系统倡导的巾帼志愿服务、慈善机构倡导的善心服务、民间团体倡导的自发服务，以及学校倡导的学生志愿服务等。据不同系统的不完全统计，中国参加过志愿服务活动的约有 1 亿人，占总人口的 8% 左右。其中登记注册、长期服务的不足 1000 万，占总人口的 0.7% 左右，但是大中学生参与志愿服务的比例高于一般公民（以上资料根据各系统志愿服务组织的统计数据整理）。从志愿者的动机、行为、效果等方面来看，发现很多志愿者不仅为社会提供了服务，而且自身也获得启迪与教育，对公民素质的提高有重要作用。

（一）从实践意义到教育意义

中国社会志愿服务的开展，经历不断深化、不断丰富的过程。最初的志愿者关注的是志愿服务的行动意义、行为价值，然而在服务实践中逐渐体验陶冶作用、教育作用。志愿服务的发展方向对公民道德教育具有启迪作用。《中国青年志愿者宣言》揭示，我们将自己志愿服务、竭诚奉献的行动向全社会昭示：我们的市场经济讲求效率、利益和竞争，同样也注重公平、道义和爱心；我们的市场经济推崇生活的强者，同样也扶持社会的弱者。在社会主义的中国，真情常驻人间。一方面，志愿服务的目的是促进人们生活改善和社会文明进步，伴随社会变革历次而逐渐发展壮大；另一方面，参与志愿服务的人员不仅仅是单纯地付出，而且在服务的同时道德情感得到熏陶，具备适应时代的素质。这样，志愿服务成为有效的公民道德实践活动。"每个公民既是道德建设过程的参与者，也是道德建设成果的受益者，要坚持在各种类型的群众性精神文明创建活动中突出思想内涵，精神生活得到充实，道德境界得到升华。"中国从计划经济向社会主义市场经济的转变，是一个艰难而长期的过程，部分人从改革初期的由关注国家、集体利益变为关注小团体、个人利益，思想道德出现变化。但是，社会要进步、经济要发展，公民的思想道德就不能停留在低水平，而必须处理好国家利益与个人利益、自我需求与他人需求的关系。那么，在宣传教育的同时，需要一种人们自愿参与、切实有效的方式进行实践教育。志愿服务应运而生，受到广大群众特别是大中学生的欢迎，有利于公民结合服务实践进行道德反思、道德调节，实现道德升华。

志愿服务的丰富内容对公民道德教育具有启迪作用。志愿服务是吸引公民参与社会事业、文明发展、生活改善的有效途径。因此，公民参加志愿服务的过程也是道德素质不断扩展和充实的过程。至今仍有部分人对志愿服务有误解，以为只是单纯地帮助孤老寡残。其实，当今发达国家和发展中国家的志愿服务，已经发展成为内容丰富、门类多样的事业。我们概括起来有六大系列的多样化服务。一是扶助弱势群体。即帮助孤寡老人、少年儿童，帮助下岗、失业人员，帮助事业失败或生活失意者。二是促进生活改善。即帮助公民适应现代生活方式变革，尤其是农村城市化进程引起的生活急剧变化，实现生活心态的顺利过渡。三是促进文化变迁。任何国家和地区，新旧文化的冲突与融合问题都引起高度重视。志愿服务帮助人们了、解和适应文化更新，同时也致力保持优秀的传统文化。四是促进产业转型。经济发展依赖于产业转型，但是产业转型的艰难不仅仅是技术、设备原因，而且是人的转变、人的适应原因。志愿服务既参与提供受产业转型冲击人员的生活保障，又参与支持受冲击人员的素质、技能转变，发挥特殊的作用。五是推进社区建设。

城乡社会变迁的主要领域是社区的转型，志愿者深入社区，从环境建设到居民生活都提供服务，支持社区的现代化。六是推进可持续发展。志愿者通过环境保护宣传、生态保护宣传等唤醒机构、民众的可持续发展意识，保护我们共同生活的地球。志愿服务的领域不断拓展、内容日益丰富，渗透到生活的方方面面，也对公民道德教育有多方面的启迪。教育家陶行知先生曾经倡导"生活即教育"，指出"我们此地的教育，是生活教育，是供给人生需要的教育，不是作假的教育。人生需要什么，我们就教什么"。将公民道德教育的内容融入志愿服务的活动，参与者就在社会服务、生活服务的方方面面获得教诲，提高自己的公民素质。

志愿服务的特殊形式对公民道德教育具有启迪作用。志愿服务社团属于非营利组织，它是在政府、企业之外调节社会。我国过去的公民道德教育活动主要由党政部门统筹安排、实施，包括"学雷锋运动"这种类似于志愿服务的活动也是由党政部门发动、安排，取得极大的成效，但也遇到不少问题。社会主义市场经济的发展，使得单纯政府行为的道德教育与社会服务受到限制，一方面社会分化明显，阶层与群体多样，政府难以调动所有社会力量，另一方面，许多社会事务由政府包办就出现种种问题。这时，人们发现以民间团体方式出现的志愿服务，既对社会和他人有帮助，又是公民道德自我教育的途径，还使政府获得"来自民间的帮助"，是值得提倡的特殊形式。从国际趋势看，据美国学者莱斯特·M.萨拉蒙分析："由于（非营利组织、志愿服务团体）在市场和国家之外的独特地位，它们通常以较小的规模、与公民的联系性、灵活性、激发私人主动支持公共目标的能力，及其新近被重新发现的对建立'社会资本'的贡献，公民社会组织在介于仅对市场信任和仅对国家信任之间的'中间道路'中的战略重要性已经呈现出来。"我们发现，中国志愿服务发展以来，公民在参与行动过程中，接受思想道德教育的方式，不是被动接受灌输，也不是机械接受理念，而是在实践中体验、感受、理解、认同。许多在市场竞争中形成各种复杂观念意识的人被志愿服务团体吸引，参加志愿服务之后，往往感触非常深。"人原来既可以追求利益，同时也可以服务社会；既可以激烈竞争，也可以帮助他人。这样的生活才有意思。"因此，提倡志愿服务就为公民道德教育探寻到具有实践启示的方式。

中国志愿服务的发展，从注重行动意义转向挖掘、开发多重意义，包括行动意义、教育意义、示范意义等，公民参与志愿服务团体的活动，在为社会、他人提供服务和帮助的同时，也接受感染、熏陶，提高思想道德水平，增强综合素质。

（二）参与服务与公民道德社会化

志愿服务为什么成为公民道德自我教育的有效途径呢？这与公民作为志愿服务团体成员，参与志愿服务过程的思想变化、情感变化有密切关系。从教育规律看，这是一个将道德准则不断深化和实现道德社会化的过程。在社会主义市场经济条件下，我们倡导的基本道德规范是爱国守法、明礼诚信、团结友善、勤俭自强、敬业奉献。然而，除了宣传教育、灌输教育之外，更重要的是提供实践机会，让广大群众在实践中深刻理解公民道德的内涵。志愿服务是集中体现现代道德精神的实践活动。

1. 自愿性与公民道德认识

公民参与志愿服务的前提条件是自发、自愿、自主，它有利于公民道德教育的现代转型，即从被动式转向主动式教育。从古代罗马帝国开始，就出现对公民角色的要求和对公民道德的教育。然而，它与各种传统教育一样，"训练儿童恭顺、服从、小心从事，因为命令去做不得不做的功课"。问题在于，"假如我们训练我们的儿童使他们去奉行命令，使他们做事不过是因为受命去做，不能给他们以独立行动和独立思考的信心，那么，我们就是在革除现行制度的弊端和建立民主理想的真理的道路上安放一个几乎不能越过的障碍。"（杜威）中国公民道德建设也要借鉴外国的经验教训，更多尊重民众的自愿性，创造多种机会引导民众自发、自主地认识公民道德、建设公民道德。中国内地最早成立的志愿服务团体——深圳市义务工作者联合会（1989年筹备，1990年注册成立），18位发起人就是觉得深圳特区在经济发展、收入增加的同时，缺少爱和温暖，"我们这些享受改革开放成果，经济生活逐渐改善的人，应该回报社会，关心帮助他人，尤其是关心帮助无助的外来工群体，就成为我们最先的选择"。强迫式、机械式的道德教育，虽然短时期内能够产生效果，但由于不是出自被教育者内心的需求，容易出现反复。

如今，在社会生活不断改善的条件下，吸引越来越多的民众自发、自愿地参与志愿服务，在实践中逐渐理解和认识公民道德建设内涵，其教育效果才能持久和深化，才会有长久的生命力。

2. 参与性与公民道德能力

公民道德建设不仅仅是思想意识的教育，还是道德行为能力的培养教育。传统教育造成"知"与"行"的分离，重视道德说教而忽视道德实践，尤其是忽略道德活动中对人的能力的提高、开发、运用，使得民众感到道德压抑，而不是道德激励。现代志愿服务强调自主参与，在参与中体现道德精神，在参与中发展道德能力。作为一名志愿者，不仅要有服务社会的热情，还要逐渐培养服务社会的智能、技巧。有网络志愿者成员反映，他们在参与网页设计、宣传策划等服务过程中，最高兴的是自己能够迎接挑战、不断创新，获得富有新意、受到欢迎的成果。许多老人服务组、残疾人服务组、儿童服务组的志愿者深有感慨，"最初以为参与服务只是付出精力，没想到在服务中学习了沟通的能力、交往的能力、处理急难事务的能力，使自己更加成熟"。此外，非正式的领袖才能培养、服务管理能力培养、项目策划能力培养、人际协调能力培养等也是志愿者比较重视的。公民的道德能力体现在社会生活的方方面面，通过参与志愿服务而实践、培养、提高，也是一种有效的方式。

3. 体验性与公民道德情感

公民参与志愿服务，在为社会、他人做出奉献的同时，最重要的是自己获得体验、感受。目前，中国教育改革的一种探索是提倡体验教育，公民道德教育也应该注重体验的价值。志愿服务是民众生活中的特殊体验。一方面，它是在民主谋求生存、发展的活动之外，自愿自觉投入时间和精力，为社会和他人提供的服务。就是说，不管自身是否仍然存在生存压力，但每个人在从事志愿服务时，是不带有直接个人利益的体验。另一方面，它是民众在没有机构、组织压力下从事的服务活动，是自觉选择、心甘情愿、具有愉快情绪的体验。因此，当民众的志愿服务行为与公民道德规范相吻合、相融合时，他们产生积极、愉悦的道德情感，从而也支持正确道德认识的深化。志愿服务体验所产生的公民道德情感，是最为真挚也最为深切的，它摒弃任何的虚饰，深入影响人的心灵。调查中，我们发现一些志愿者参加服务之前并没有明确的认识，或者是因为见报名点热闹而随大流报名，或者是朋友鼓动而仓促报名，或者因生活空虚无聊而萌生报名念头。但是，真正投入志愿活动时，他们被其他志愿者感染、被服务对象感染、被服务成效感染，体验到人生的真正价值，道德情感由此而生。有些志愿者说道："做志愿者，你的生活会更加快乐。"这就说明，公民道德情感借助志愿服务活动而在民众心中油然而生，成为让人舒心、愉悦的因素。

4. 自律性与公民道德责任

志愿服务虽然是民众自发、自愿参与的活动，但由于它涉及服务社会和他人的行为，对参与者的自律性要求严格。一方面，志愿者必须自觉、自愿地遵守服务准则，在无人监督的情况下也不做出损害社会、他人或损害志愿服务组织形象的事情。一旦发生，志愿服务组织对成员做出的处理虽然没有政府约束力或经济约束力，但能够使当事人社会信誉降低形象受损。另一方面，志愿人员更要受到内心的驱使，不仅仅满足于完成任务，而且要想方设法实现最佳服务效果，使服务对象得到真正的帮助。只有这样，志愿人员的心灵才能够充实和满足。所以，广大民众特别是青少年参与志愿服务过程，内在地形成公民道德责任感，从而使自我教育产生效果。专家认为，对于脱离儿童期的青少年学生，"在发展过程中的主要矛盾已经在一定程度上变成了自身内部的矛盾，即自己的社会责任与自己本身尚不成熟之间的矛盾"。因此，如果继续单纯用外在灌输方式，要求青少年形成道德责任感，不仅达不到效果，而且可能引起青年反感，导致抵触情绪。鼓励青少年参与志愿服务，让他们在服务社会、他人的过程中，既看到自己能力的增强，看到自己对社会的价值，也明白自己的行为后果，学会对自己的行为负责。未来公民的道德责任感逐渐产生，青少年的成长成熟日趋顺利。所以，包括中国在内的各国志愿服务，往往吸引青少年、学生为主体参加，具有特殊的社会原因。

当代中国的志愿服务，在重视为社会和他人提供帮助的同时，也重视弘扬志愿服务精神，并将其作为现实社会人文精神的重要内容。因为志愿服务是将人类发展的美好追求、善良愿望集中体现和付诸实施，所以它成为人们培养道德情操、改善人性因素的有效途径。我们进行公民道德教育时，善于将公民道德的内涵与志愿服务的精神相结合，就能够吸引民众更加深入、多样、灵活地理解公民道德的精髓，实现自我教育的目的。从对志愿者的调查来看，广大民众比较认同的志愿精神要素包括爱心奉献、助人自助、热情活力、真诚友善、和睦相处、珍惜生命、维护尊严、神圣崇高等。许多人尤其是大中学生参与志愿活动初期只是知道自己提供了什么服务，很少探究更深的价值。然而，随着服务的深入、参与的深入，他们逐渐了解和领会了志愿精神，并且将志愿精神与公民道德融合，使自己的精神得到陶冶、提升。因此，我们可以预料，伴随中国志愿服务事业的发展壮大，公民道德建设获得自我实践、自我教育的有效途径，能够产生更加明显的效果。

三、志愿服务与青少年发展

习近平同志指出，"当前，从全球化来看，新一轮科技革命和产业变革正在孕育兴起，一些重要的科学问题和关键核心技术已经呈现出革命性突破的先兆，带动了关键技术交叉融合、群体跃进、变革突破的能量正在不断积累。即将出现的新一轮科技革命和产业变革与我国加快转变经济发展方式形成历史性交汇，为我们实施创新驱动发展战略提供了难得的重大机遇。机会稍纵即逝，抓住了就是机遇，抓不住就是挑战。我们必须增强忧患意识，紧紧抓住和用好新一轮科技革命和产业变革的机遇，不能等待、不能观望、不能懈怠"。

我们如何来应对呢？教育是重要的武器。联合国教科文组织也认为，人类最终可持续发展的最重要的就是教育，因为要教育出新一代的人，他们具有新的理念和新的能力，而质量是全球教育的永恒主题。

志愿服务与青少年成长具有密切的关系。特别是全球化的时代，国际志愿服务的合作与交流，为青少年的身心健康和精神发展提供多样化的源泉，有利于他们成长为人格健全的人。一、全球化时代青少年对志愿服务的参与近现代以来，青少年就在成为志愿服务的主要参与力量，发挥了重要的作用。欧美国家的童子军、基督教女青年等就是专门吸收青少年从事志愿服务的团体，亚洲国家也有许多社团吸引青少年进行社会服务。那么，全球化时代的青少年，对于志愿服务的认同和参与有什么变化呢？

（一）全球化时代青少年的志愿服务精神

近现代以来，青少年就在成为志愿服务的主要参与力量，发挥了重要的作用。欧美国家的童子军、基督教女青年等就是专门吸收青少年从事志愿服务的团体，亚洲国家也有许多社团吸引青少年进行社会服务。那么，全球化时代的青少年，对于志愿服务的认同和参与有什么变化呢？

1. 全球化时代青少年的志愿服务精神

志愿服务精神是指一种自愿的、不为报酬和收入而参与人类发展、促进社会进步和完美社区工作的精神，是公众参与社会生活的一种非常重要的方式，是公民社会和公民社会组织的精髓。在各个时代，社会背景的不同和生活条件的不同，使得青少年的志愿精神不断变化更新。在全球化趋势影响下，青少年的志愿精神具有新的特点。一是志愿服务文化的多元化。在传统观念影响下，单一国家和地区的志愿者往往从自身文化来理解志愿精神，如根据本国或本民族的价值观决定是否帮助受助对象；又如一些志愿者在服务的同时自觉或不自觉地影响受助对象接受一定的文化价值观，特别是过去欧美国家提供志愿服务附加宗教传播等，引起受助对象的反感。全球化时代拓展了青少年的视野，他们认识到志愿精神应该不受文化差异影响，尊重不同国家、不同民族的文化是志愿者必须遵守的准则。二是志愿精神的不断丰富。全球化增加了青少年在志愿服务过程中与多种国家和地区的交往，吸收不同区域特色、民族特色，丰富和充实了志愿服务文化。传统社会对于志愿精神的理解比较单一，仅仅理解为对弱势群体帮助的意识。现代社会对于志愿精神的理解包含了服务他人、维护公平、建设家园、保护环境甚至关心太空安全等意识。全球化浪潮使青少年见识增多、见解多样，理解志愿精神也富有新意。三是志愿精神的世俗化程度增强。传统意义上的志愿精神是崇高、神圣的，这样能够保持志愿服务的终极目标，但却阻碍了大量平凡民众参与志愿服务。在全球化趋势影响下，世界各国的民众利益需求多样化体现出来，提供服务、帮助他人也是广大民众包括青少年的一种需求。逐渐世俗化的志愿精神，使得平凡的人提供服务、充实精神，受到欢迎。所以，全球化时代青少年的志愿精神在本质上与传统承接，都是不为报酬而服务社会与他人的意识，但是具体内涵不断变化和丰富，适应了时代的要求。

当然，全球化公民社会期望青少年产生更强的志愿精神，通过丰富多样的志愿服务又促进了社会的进步和发展。然而，期望与现实之间必然存在差距。据专家分析，全球公民社会期望的特征与实证的发现之间存在距离，这些距离影响着青少年的公民服务精神、志愿服务精神的培育。

任何时代的青少年志愿精神都遇到理想和现实的矛盾。全球化时代，青少年志愿精神与社会现实矛盾的特殊之处在于：一是信息发达引发不同国家志愿者的见识扩大，希望追求全球共同的志愿服务理念，但是一些国家的政治体制和文化习俗制约志愿者的探索，甚至压制和扼杀。二是全球化趋势激励志愿者关心人类发展的未来命运，希望为此提供服务。但是一些国家、地区、团体的利益影响，压制志愿者的长远追求而诱导他们追逐短期、现实的目标。三是全球化时代志愿者感受到需要被宽容、谅解，但是一些国家、地区、团体却仍然强迫人们追求单一信念。因此，全球公民社会是志愿者追求的共同理想，也是全球志愿服务精神体现的最佳场所；然而，国家和地区的政治、经济、文化条件不同，削弱了志愿精神的广泛传播，出现种种障碍，这是必须引起我们重视的。

2. 全球化时代青少年的志愿服务网络

在经济全球化、科技进步和信息发达的影响下，青少年的志愿服务跨越地区、国家界线，形成越来越大的网络。

首先是发达国家与发展中国家的志愿网络，吸引了大量青少年参加。发达国家与发展中国家的经济发展差异、社会发展差异尤其是贫富差别导致许多问题。因此，发达国家的国际志愿者愿意前往发展中国家，提供力所能及的服务。他们帮助发展中国家的民众改善社区环境、改善生活质量，扶助弱势群体，维护合法权益，受到欢迎。初期以发达国家的志愿者前往发展中国家提供服务为主要模式，后来发达国家出现的社会问题与生活问题日趋增多，发展中国家的一些志愿者也前往发达国家的城乡社区提供服务，取得一定成效。

其次是城市与乡村的志愿服务网络，吸引了大量青少年参加。城市的经济科技发达与乡村的贫困落后，成为全球性的问题。因此，为了改善乡村文化教育与生活状况，许多国家的城市志愿者深入乡村提供服务，既前往国内的乡村，也前往国外的乡村。他们克服生活设施简陋、卫生条件恶劣等困难，热情耐心地为居民提供具体服务。一方面，志愿者争取资源改善乡村的生活环境，提高民众的生活质量；另一方面，志愿者利用新闻媒介和网络的传播，介绍乡村的困难与艰苦情况，吸引更多的人关心和帮助。

再次是大学生与社会相连的志愿服务网络。世界各国的大学生是青少年中的精英群体，对人类发展负有责任。全球化时代，大学生利用发达、便捷的通讯及时了解各个国家和地区的需求，利用假期为需要的民众提供志愿服务。既有发达国家的大学生暑期志愿服务队到亚洲、非洲、拉丁美洲的贫困国家提供服务，也有发展中国家的大学生互相提供服务。他们给所服务的国家和地区带去爱心、文明、知识、技术，帮助服务对象提高自身素质，增强生活与发展的能力。大学生群体的智力和精力优势，使得假期志愿服务富于新意，不断变化，特别受到服务对象的欢迎。

还有是全球性大型活动中的志愿服务网络，为青少年提供了锻炼和成长的机会。各种大型运动会、展览会、论坛等，是世界各国人士聚焦和交流的机遇，也是各国志愿者聚集提供服务和建立网络的机会。特别是奥运会的志愿者服务，成长全球志愿服务网络的典范。

宋玉芳在《奥运会志愿者及其管理特征探析》一文中综合了各种研究资料，分析了奥运会志愿服务的特殊性。

由于奥林匹克运动本身的发展和商业化的冲击，奥运会的参赛国家与运动员的数量有了飞速地增长。第一届夏季奥运会参赛队仅为 13 个，运动员 311 人，到 2000 年第 27 届奥运会，参赛队达到 199 个，运动员人数为 10651 名，参赛总人数增长了 33 倍。据统计，近年来每届奥运会直接涉及的人员包括运动员、裁判员、教练员、政府官员、新闻记者等一般会达到 7 万人左右。奥运会运作系统的庞杂性，要求服务于各个部门的志愿者掌握各种必要的技能与专业知识。整个系统涉及经济、法律、文化、艺术、教育、传媒、科技、建筑、环境等各个专业，这些都决定了志愿者服务领域的广泛性。此外，在奥运会举办期间，来自世界各地的运动员、教练员、官员、记者、观众不下几十万人，各国的法律、文化、价值观念、宗教信仰以及日常生活习惯均有很大差异，这些决定了志愿者服务对象的复杂性。服务领域的广泛性与服务对象的复杂性要求奥运会志愿者具有各个方面、不同水平的综合素质。

因此，奥运会志愿者在年龄、性别、民族、职业、人格、能力、经验、教育水平等方面各不相同，从而形成一个多样化的群体。

我们发现，近现代以来，跨国性、国际性、全球性的大型活动越来越多。一方面是由于交通发达，参与国际性活动的关注与参与热情被充分调动起来。那么，青少年志愿者在竭诚服务跨国性、国际性、全球性活动的过程中，就不断建立和发展全球志愿服务网络。随后，这些全球志愿服务网络的成员又返回自身国家和地区，开展服务活动，扩大公民网络的影响力。青少年通过各种服务形式、服务途径建立起来的全球志愿服务网络，既有利于及时、有效地为有需要的社会成员提供服务，也有利于志愿者之间互通信息、共同成长。

（二）全球志愿服务与青少年的自我教育

全球化时代广泛发展的志愿服务，不仅为青少年提供了奉献爱心、服务社会的机会，也提供了青少年在服务过程中自我教育、自主成长的机会。

1. 全球志愿服务与青少年自我教育的多样性

全球化时代既给青少年教育带来挑战，也为青少年教育带来机会。全球志愿服务发展，就提供了青少年教育的多种形式、多种途径。

不可否认，全球化时代科技信息的发达和生活方式的多样，给青少年教育带来新的挑战。从中国的情况看，《中共中央国务院关于进一步加强和改进未成年人思想道德建设的若干建议》指出："面对国际国内形势的深刻变化，未成年人思想道德建设既面临新的机遇，也面临严峻挑战。我国对外开放的进一步扩大，为广大未成年人了解世界、增长见识、开阔视野提供了更加有利的条件。与此同时，国际敌对势力与我争夺接班人的斗争也日趋尖锐和复杂，他们利用各种途径加紧对我未成年人进行思想文化渗透，某些腐朽没落的生活方式对未成年人的影响不可低估。"其实，不仅中国受到冲击和挑战，许多发展中国家甚至发达国家的青少年教育也受到日趋严峻的影响。美国教育界的专家呼吁，必须加强美国价值观的教育，重建美国人的理想。否则，全球化时代，日益追求信息更替式的快餐文化的青少年，就会越来越无所作为。非洲国家的学者也发现，在全球享乐主义的冲击下，非洲的青少年也抛弃父辈的艰苦奋斗、勤奋创业精神，追求"只看眼前、不求未来"的生活。传统西方与东方的青少年教育内容、教育方式都面临挑战，必须转型和创新。

全球志愿服务的发展，为青少年教育提供了新的机遇。它带来新的内容、新的形式，受到青少年的欢迎和各种年龄人士的欣赏。首先，从内容上，它强调青少年以自我的眼光发现教育的积极因素。由于志愿服务的过程是为社会、为他人提供有价值的行动，包括国际志愿者为其他国家、其他民族有需要的人士提供有价值的行动，从而使青少年参与不同类型的志愿服务时，就认识和理解不同人生追求的积极意义。其次，从形式上，它强调青少年以自主的选择与行动接受熏陶，而不是被动接受灌输。志愿服务的自愿性、选择性、参与性、感染性特别明显，青少年服务社会、他人的过程，就是改变和提升自我素质的过程。

全球志愿服务的发展，使得过去某一国家、地区借助志愿服务来教育和改变青少年思想观念的经验，迅速传播到众多国家和地区。同样，各国探索志愿服务与青少年成长教育的经验，又很快相互借鉴和吸收，形成丰富多样的教育内容、教育方式。

2. 全球志愿服务与青少年的观念意识培养

全球化时代志愿服务的发展，不仅使青少年通过服务活动获得自我教育的途径增加，而且极大地拓展了青少年自我教育的内容，特别是有利于培养青少年积极向上健康有益的观念意识。

第一，培养青少年的思想观念。全球志愿服务从两个方面培养青少年的良好思想观念，奠定人生的发展基础。一是鼓励青少年参与志愿服务，从而超越单纯的自我利益、自私观念，培养人类互助发展的观念。二是超越国界的志愿服务信息沟通、行为交往，促使青少年改变封闭观念，培养开放、包容的思想。尤其是不以单一的价值观念审视其他国家、民族，而是学会理解、体谅。一个超越自我利益约束、超越区域局限约束的人，在未来开放、融合的世界更能够适应和发展。

第二，培养青少年的伦理道德。在近现代道德变化过程中人类经历了曲折和教训。用传统机械教化的方式培养青少年的伦理道德，受到现代市场经济、世俗利益的调整。放任青少年道德观念自由变化，又出现极端思潮，产生负面影响。通过志愿服务的发展，首先引导青少年在关心人、服务人中获得人生快乐、感悟人生真谛。美国教育家内尔·诺丁斯指出："重要的是要关心孩子，要让孩子认识到关心并对其做出反应。当充满信任和关心的人际关系在孩子的小圈子里建立起来，他们才有可能在更广泛的环境里学会关心偶尔遇到的人、陌生者以及外国人。"从只关心自己的快乐到学会关心他人的快乐，志愿服务活动为青少年的道德意识转变增加了积极的因素。同时，全球志愿服务的发展，让青少年在跨越国界、跨越民族的服务、交流、沟通中，体验每一个国家、民族的伦理道德都有特殊价值与魅力，从而丰富自己的伦理认识。

第三，培养青少年的法律规范意识。现代青少年越来越强调自我意识，越来越强调个性张扬。但是他们对于遵守法律、遵守规范就不够重视，导致个性奔放的时候缺乏约束和自律，影响了他人的生活，甚至影响社会稳定与发展。全球志愿服务的兴起，吸引青少年参加的同时，也引导他们了解和适应各国的法律、规范。因为青少年在培养志愿服务热情，帮助他人生活时，逐渐懂得人与人之间需要相互尊重、相互协调。除了自觉的道德意识之外，必要的法律规范是保障人类和谐发展的基础。

第四，培养青少年的权利义务意识。在全球化时代，青少年通过参与国内外的志愿服务，或者与各国志愿者的沟通交流，逐渐增强人权意识，正确认识自己的权利和他人的权利。目前，东西方国家、发达国家与发展中国家之间，青少年所接受的教育对权利义务的强调是有差异的。欧美国家强调公民的个人权利，认为公民在维护个人权利的同时兼顾社会责任与义务，"拥有个人权利的公民才愿意为提供权利的社会负责"是他们的名言。东方国家强调维护社会利益的同时满足个人权利，"大河有水小河满，大河无水小河干"是我们的名言。东西方国家的青少年，在参与全球志愿服务，在与不同国家志愿者的交流中，互相了解和借鉴对方对权利义务的认识。一方面承认保障公民合法的个人权利是最基本的，只有权利意识觉醒的公民才可能真正认识社会进步对个人的意义；另一方面承认公民的社会责任与社会义务不可或缺，它是保障每一个人权利的环境条件。

第五，培养青少年的人文精神。全球化时代的一个伴随现象是消费主义盛行，世俗化浪潮泛滥，青少年的生活追求越来越肤浅。然而，志愿服务的兴旺、志愿精神的弘扬，有助于改变这种状况，激励青少年追求有利于人类长远发展的人文精神。"人文精神追求人生的真正意义，追求实现人生的真正意义，从而消除极端世俗化的迷误，所以，两者是互相统一和补充的。人文精神提供对现代社会生活的深沉思考和导向，志愿服务则将生活的物质享受之外的崇高意义和价值体现在行动中，从而促进社会发展的不断完善。"全球志愿服务及全球志愿者的交流，更是有利于各个国家和地区的青少年对不同文化背景下的人文精神进行了解、互相借鉴，从而充实和丰富自己的精神生活。

志愿服务活动，既有利于培养青少年的现代观念意识，也有利于激励青少年实现精神素质的提升。特别是全球志愿服务活动提供给青少年观念意识交流的机会，吸引青少年追求更加美好的生活，从而也有利于社会的和谐发展。

四、志愿服务与青少年人文素质的培养

"奉献、友爱、互助、进步"的志愿服务精神，是者愿者的一面旗帜。在志愿服务行动中，"奉献"是志愿服务精神的核心，"友爱"是志愿服务精神的基石，"互助"是志愿服务精神的集中体现，"进步"是志愿服务精神的归宿。这就决定了志愿服务是一项高尚的社会道德实践，它要求参与者必须以无私奉献的精神自愿参与志愿服务，必须以自己的实际行动弘扬"奉献、友爱、互助、进步"的时代新风。当代中学生的发展需求亟待社会实践的支持和推动，志愿服务行动正是为当代中学生发展提供了有效参与社会实践的平台。实践证明，在志愿服务精神旗帜的引领下，志愿服务对于中学生健康人

格的塑造，对于加强中学生思想道德建设，对于中学生自我价值的实现，对于和谐社会、和谐校园的构建都具有不可估量的重要作用。

（一）志愿服务是青少年学生思想道德建设的有效途径

长期以来，我国教育中往往偏重于智育培养，重知识轻人文，甚至忽视思想道德教育，这种教育缺陷产生了以学习成绩衡量学生优劣的判断偏差。虽然现在也在强调素质教育，强调人的全面发展，强调做人比做学问重要，强调加强青年思想道德建设，但由于缺乏机制的支撑，缺乏有效载体，在传统的巨大惯性面前显得单薄乏力。很多学生的思想道德教育停留在政治理论课、思想品德课等灌输式的教育上，空洞的说教、抽象的理论远远多于实践的具体指导。这种状况造成学生所学理论无法指导实际行动，而实际行动又无法得到道德法规的制约。在新的形势下适时涌现的志愿服务较好地解决了这个问题，因而成为当前加强青少年学生思想道德建设的重要途径。志愿服务精神是贯穿这个载体全过程的灵魂，是推进青少年学生思想道德建设的原动力。

1.志愿服务与道德建设的内在联系，决定其成为青少年学生思想道德建设的有效途径

中共中央《公民道德建设实施纲要》规定，社会主义道德建设要坚持以为人民服务为核心。这与志愿服务的宗旨"服务他人、奉献社会"是一致的，与"奉献、友爱、互助、进步"的志愿精神是一脉相承的。从这个意义上说，抓住了"为人民服务"这一道德建设核心，就抓住了志愿服务的宗旨和精神，就深刻地揭示了两者之间的内在联系，志愿服务就必然成为青少年学生思想道德建设的有效载体。

2.志愿服务的内在特征，决定其成为青少年学生思想道德建设的有效途径

志愿服务具有显著的继承性、群众性、自愿性、自主性和实践性等特征。就继承性而言，志愿服务继承了中华民族的传统美德，如传统文化中的"先公后私""公而忘私"这一精华，把传统美德推向了一个新的高度，并赋予它以时代内涵，形成志愿服务精神，这实际上是中华传统美德在新时期的延续和发展。实践证明，在社会转型时期，青年学生参与志愿服务对于弘扬正气、树立社会新风、加强青年学生思想道德建设有着不可替代的作用。同时，志愿服务所具有的群众性、自愿自主性、实践性特征，要求志愿者主动投身到社区、工厂、农村中去，投身到群众中去，将自身和社会融为一体，在实践中体现个体和集体的自觉行为，发挥自身在活动中的主体作用，自觉地将理论付诸实践，将制约转化为自觉的道德行为，将社会的期望、做人的使命内

化为自觉、自愿的需求，达到理论与实践相结合，从而在很大程度上弥合学校思想道德教育与社会现实之间的裂痕，以增强思想道德建设教育针对性和实践性，强化了青少年学生思想道德教育功能，为加强青年学生思想道德建设提供了具有鲜明特征的有效载体。

3.志愿服务深受青年学生欢迎和认同，决定其成为青少年学生思想道德建设的有效途径

志愿服务目前已经成为规模性的学生参与活动，在帮困扶贫、支教扫盲、环境保护、社区建设、社会公益服务等方面重点开发活动。在校学生参与志愿服务一次的比例在各界青年中最高，至今青年学生志愿服务已经成为中国高校中具有极高影响力和知名度的青少年学生公益活动，并且在青少年学生群体中发挥着重要的影响力。据共青团中央和中国青少年研究中心的一项调查显示，在许多新的思想政治教育载体中，志愿服务是其中一项最受欢迎的道德实践活动。在校园里，志愿服务被青年学生看作是新形势下弘扬雷锋精神的又一次实际行动，"志愿、奉献"精神仍然被大学生认同。

（二）志愿服务对青少年学生道德素质培养的重要作用

道德素质涵盖道德认知、道德情感、道德意志和信念、道德习惯行为。强化学生道德素质的培养和教育，是加强青年学生思想道德建设的核心内容。志愿服务对青年学生道德素质的培养和提高起着不可替代的重要作用。

1.志愿服务有助于青少年学生道德认知的深化

青少年学生在多种形式的志愿服务活动中扮演不同的社会角色，既是青少年学生，又是社会公民，还是专业人才，这就要求青少年学生在志愿服务活动中既要认同自己的多重社会角色，又要把握好在社会实践和道德交往中社会角色的转换。通过丰富多彩的志愿服务活动，青少年学生在不同场合转换自己的角色，自主地协调个人与自我、个人与他人、个人与集体、个人与社会、个人与国家、个人与自然的关系，促进他们对社会道德现象、道德原则、道德规范、道德标准和践行的意义有进一步深刻认识，不但懂得应该怎么做，而且懂得为什么这样做，从而提高道德认识的自觉性和主动性，并按照一定的道德原则和道德规范指导自己的道德行为，从而使自己的道德认识不断趋向成熟。

2.志愿服务有助于青少年学生陶冶道德情感

志愿服务为青少年学生观察社会、了解国情、参与社会活动、道德交往、履行社会角色的责任和义务提供了实践的沃土。青少年学生在这片实践的沃土，与基层老百姓零距离接触，通过自己的所见所闻、所思所为，深入了解

老百姓的疾苦，密切联系群众，身临其境地深受教育和感染，由此使自己的道德情感得到进一步的升华，一种强烈的责任感、义务感、荣辱感、同情感、正义感油然而生，成为青年学生追求真理和正义、积极进取和创新、不断完善个人道德素质的巨大力量。参与志愿服务的青少年学生们自觉投身于"服务他人、奉献社会"的时代洪流之中，"净化自己、照亮别人"，既帮助了他人，又净化了自己的灵魂，激发了道德情感，陶冶了道德情操，在志愿活动期间表现为一种强烈的社会责任感和道德情怀，从而创造性地开展活动，发展和完善自身，自觉奉献社会。

3.志愿服务有助于青少年学生磨砺道德意志和坚定道德信念

青少年学生参与各种志愿服务活动，初涉社会实践这个大课堂，不可能一帆风顺，必然要遇到许多自己从未经历过的困难和从未想过的问题，必然要碰到许多一时难以解决的棘手的难题，甚至遭受暂时的挫折。这就需要他们以坚强的意志和坚定的信念，去认识困难、解决困难，去克服困难、战胜困难，实现自己所追求的道德目标。实践证明，在艰苦的条件下，志愿服务活动培养了青年学生独立、果断处事的能力，自我控制和自我约束的能力，并能根据自己的道德信念选择自己的道德行为，一经确定后，就义无反顾，勇往直前，以百折不挠的精神去争取胜利，去克服种种犹豫、懒惰、消极与冲动；自觉地调节和控制自己的动摇和懦弱，以顺利完成预期的志愿服务活动目标。志愿服务活动磨砺了青年学生坚强的道德意志，坚定了青少年学生的道德信念，这是单一的课堂教育所不能替代的。

4.志愿服务有助于青少年学生良好道德行为的养成

志愿服务活动对学生良好道德行为习惯的养成，具有重要的社会意义，它使青少年学生充分认识到自身的道德行为习惯是通过道德实践的途径逐步形成的。志愿服务活动为学生的道德行为习惯的训练培养提供了实践的机会。志愿服务实践，不仅使青少年学生的道德行为方式得到巩固，而且还使青少年学生在新的道德情况中发生道德行为正向移迁，产生连贯的、长期的道德行为效果。

（三）志愿服务有助于青少年学生自我价值实现

正确认识志愿服务与青少年学生自我价值实践的问题，必须弄清楚一个基本概念，即自我价值实现的内涵。志愿服务是青少年学生实现自我价值的重要途径。青少年学生在志愿服务中，通过志愿服务精神的激励、通过志愿服务鲜明特点的促进、通过志愿服务倡导的人文关怀的传递，在精神觉悟上得到了前所未有的自我满足，志愿服务成为学生自我价值实现的沃土。

1.自我价值实现的内涵

美国人本主义心理学家马斯洛提出的人的需求层次论，极其重视自我实现的需求。他把人的需求分为高低不同的五个层次，前四个层次依次是生理需求、安全需求、感情和归属需求、社会需求，而最高层次的需求是自我实现需求。在马斯洛看来，人的最高层次的需求，如胜任感和成就感等的获得和满足，则主要属于个人自我价值的实现问题。

按照马斯洛的观点，对人的自我价值可以作这样的理解：它既以个人自身价值为主体，又以个人自身为价值客体，其实现途径满足物质和精神上的需要，它的特点是"自我索取""自我奉献"以及"自我满足"。这就清楚地告诉我们，人的自我价值不同于人的社会价值和个人价值。人的社会价值是指以社会和他人为价值主体，以个人自身为价值客体，通过个人自身的认识和实践活动，创造物质和精神财富去满足社会和他人的需要，这也就是通常所说的个人对社会的"奉献"；人的个人价值是以个人自身为价值主体，以社会和他人为价值客体，个人从他人和社会那里获得物质和精神需求上的满足，这也就是通常所说的个人向社会和他人的"索取"。一般而言，有对社会的奉献就有对社会的索取。而人的自我价值却是个人向自身即向自己"奉献"，自己向自己"索取"，讲的是能否满足的问题。可见，人的自我价值的实现是不能离开实践活动而孤立进行的，它只能产生、存在并渗透于个人对社会价值的创造和奉献的过程中，以及个人对社会和他人的个人价值索取和满足的过程中。因此，引导青少年学生将自我价值实现定位于社会实践的过程，是唯一正确的途径，而新形势下应运而生的志愿服务，就是被实践证明了的青少年学生实践自我价值的一种有效社会实践形式。

2.志愿服务是青少年学生自我价值实现的沃土

如果青少年学生自我价值仅仅停留在课堂上、书本上，是难以实现的，必须引导青少年学生在社会实践中去亲身体验，去获得成功。而志愿服务为青少年学生自我价值的实现提供了一个崭新的平台，是青少年学生自我价值实现的沃土。

第二节 志愿服务的管理体系

构建青少年志愿服务管理体系显得尤为重要，能够更好地组织管理青少年，尤其是中小学生开展志愿服务活动，有利于志愿服务实践的常态有效开展，发挥志愿服务对学生成长的积极影响力。

建立有效的管理体系，一是将单一和阶段性的服务活动逐渐延伸，丰富内容，形成长期有效的机制；二是重视志愿服务的实际效果，开展日常化、深入化、细致化的服务；三是突出人性化和适应服务对象的特点，力求让不同个性爱好的志愿者在服务过程中满足其心理需要，获得自身素质的提高；四是更多地关注科学化，科学分析服务需求、科学选择服务内容、科学设计服务活动、科学评估服务效果，从而促使志愿服务持续发展，促进志愿者的健康成长。

一、志愿服务规划

（一）建立志愿服务组织结构

志愿服务是一个高度组织运作的体系，而建立一个结构合理、运转灵活的组织，是保证志愿服务任务有效完成的最基本的前提条件。

完善的组织结构明确了志愿服务岗位及工作要求，确保组织任务能有效完成。根据学校工作的实际，设置各种合理的校园志愿服务岗位、社区志愿服务岗位、社会公益志愿服务岗位，充分发挥学生的专长，从各方面培养学生的管理、组织、沟通、服务等各种实践能力，实现办人民满意学校、培养全面发展人才的育人目标。

从多方面开发中小学生志愿服务内容领域，开展志愿服务实践，是改变学生单一地、长期往返于学校和家庭之间的教育方式，改变学生对现实世界疏远的最好途径，也是培养学生品质和美德的重要途径。学生在志愿服务过程中就会形成自己的社会责任感，建立丰富的精神世界。

1. 校园志愿服务

校园志愿服务面对的是学校教育教学的方方面面，所以可以从不同的方面设置服务岗位，学生可以根据自己的特长和兴趣选择自己的服务内容。

2. 社区志愿服务

社区志愿服务是社会弱势群体的主要帮助力量，为社会的和谐、稳定发挥不可替代的作用。社区志愿服务有助于志愿者自身素质、修养尤其是精神境界的提升，对学生来说，服务本身就是学生社会化的过程。传统的社区志愿服务项目是深受中小学生欢迎的。

3. 参与当地大型活动服务

主要是指利用传统节日的庆典、重大的活动开展的服务。

（二）制订志愿服务实践活动计划

随着学校志愿服务实践活动的不断深入，服务实践的系统化、规范化是今后志愿服务的关键，服务实践的长远性、有效性将是志愿服务实践的命脉。为了更好地指导志愿服务实践活动合理、有效地开展，特制订以下服务实践计划。

1. 把做好志愿者的思想教育作为志愿组织的工作重点，抓好志愿者服务前的教育培训，服务过程中的日常指导、管理及思想稳定，服务之后的宣传激励三个环节。

2. 组织具有较强组织、沟通、管理能力及一定服务经验的志愿者，协助学校对志愿服务岗位进行有效管理。

3. 组织学习成绩优秀的志愿者组成志愿服务队，对学困生进行志愿帮教助学。

4. 组织思想表现好、学习成绩优秀的志愿者组成纪律帮教服务队，对一些思想上、行为上有一定问题的学生进行帮扶。

5. 组织志愿者组成校园文明纠查队，杜绝学校不文明的现象发生，维护好校园治安。

6. 组织志愿者组成校园环保服务队，对校园环境进行有序地维护，共同创造绿色文明的校园。

7. 组织志愿者组成校园安全、消防设施检查队，共同维护学校师生的生命财产安全。

8. 组织志愿者组成社区服务队，到服务基地开展志愿服务活动。如去福利院为老人生活服务。

9. 成立学校志愿服务宣传组，义务宣传志愿服务文件、志愿服务精神等。

10. 组织志愿者协助所有实验室工作，让学生实验学习更深入。

二、志愿服务的招募

志愿服务的招募能为有志参与志愿服务的学生提供途径去贡献他们的能力，达到一个互惠互利的双赢局面。

（一）招募方法

1. 举办志愿者课程训练

通过举办各种形式的小组及团队训练计划，引导及鼓励广大学生参与志愿服务实践。

2. 多渠道多形式宣传志愿服务精神

利用学生升旗仪式、班团会、校园广播、橱窗、报廊、对外显示屏等阵地，广泛推广志愿服务实践活动及宣传志愿者招募的信息。

3. 建立学校志愿服务网页

在学校网站上建设志愿服务实践的网页，详细列出志愿服务的性质、岗位、培训、考核、服务动态、服务成果等各项信息。鼓励志愿者在网页上交流心得体会，分享宝贵的服务经验，这样更能树立典型，鼓励更多的学生参加到志愿服务的行列。

4. 志愿者基本条件

（1）有对自己的行为负责任的能力；

（2）具有志愿精神，有强烈的服务意愿；

（3）能认同志愿者的使命及目标，不追求物质报酬或其他任何私利；

（4）具有一定的沟通能力；

（5）富有责任感；

（6）愿意与他人合作；

（7）有参与志愿者服务的时间；

（8）身体健康，具备提供服务工作的身体素质；

（9）有参与相关服务活动的知识水平与能力。

5. 填写志愿者申报表

（二）招募的原则

招募志愿者应遵循自愿的原则，吸引有爱心、有责任感并有服务意愿的个人，使其加入到志愿者队伍中，能以饱满的热情和积极的态度投入到志愿者服务。

1. 对于校内一些技术要求不高的服务岗位，面向全体学生进行招募

对于一些技术要求高的社区志愿服务项目（如空巢老人的精神慰藉），采用定向招募的方式，即向素质高有一定特长和服务经验的初二、初三学生招募。

2. 对于具有爱心、恒心、责任心和原动力强的学生都让他们加入到志愿组织中来

志愿服务相关的知识技能起点不要求过高，让他们能够履行服务承诺，对志愿服务、服务对象都有正确的态度并尽到应尽的责任。

（三）增进招募效果

1. 加强培训和发展

若组员因缺乏持续参与志愿服务的兴趣或动机而导致流失，应进行定期的培训，发展志愿者人数。

2.评估招募的途径

志愿组织管理人员及学校相关领导必须定期评核整个招募程序，采纳多方意见和建议，做好志愿者招募。

3.评价与回馈

目的在于收集更多的资料，衡量招募策略上可以改进的地方。

三、志愿服务的培训

对志愿者进行服务理念、服务技能、权利与义务等方面的培训。通过培训来改善志愿者的知识、技能和态度，提高适应服务环境的能力，提升服务的积极性。

培训的基本步骤包括：对需求进行评估、确定培训目标、确定培训方法和内容、实施培训、对培训进行评估。

（一）培训目标

1.构建科学有效的志愿服务培训体系，使志愿者掌握志愿服务需求的岗位基本信息，而且经过培训能够根据岗位选择自己合适的服务点。

2.志愿者通过培训能掌握一定的志愿服务的本质与相关服务技巧，促进服务能力的提高。

3.通过培训，合理配置人力资源，既可以降低劳动成本，又可以充分利用大量的闲置资源，做到物尽其力，人尽其才。

4.在培训活动中，志愿者对志愿服务的情感与社会责任感逐步得到提升，并能逐步形成新的价值观、人才观。

（二）培训方案

实例：学困生义务帮教岗

1.制订培训计划（培训对象、培训讲师、时间、地点、形式、内容、安排课时、具体负责人、预期达到的培训效果）

2.培训要求

（1）培训对象：由志愿组织根据自我兴趣组成的志愿服务小组人员。

（2）内容：①依托服务实施的相关文件及现有服务环境，明确培训的意义；②志愿服务章程；③学习情况分析；④服务岗位要求，服务步骤。

（3）根据培训内容合理安排服务时间，并做好服务计划。

3.做好培训记录，填写志愿服务培训记录表。

（三）培训方法

招募完毕志愿者之后应当进行统一培训，内容涉及志愿者精神、意义、内涵的教授、礼仪培训，还有专业技能培训等。

1. 主要方式

（1）集中面授培训，主要是对志愿者进行通识培训教育，如志愿服务的宗旨与理念、志愿服务的意义与价值、志愿者的角色和责任等。

（2）实践培训，主要是对志愿者进行专业技能培训，如服务技巧、沟通技巧、健康护理知识、服务流程、操作规范、礼仪要求等。

（3）强化培训，主要是公益实践活动、专题活动等。

（4）远程培训，主要是让志愿者参与网络培训，在"中国青年志愿者网""中国社区志愿服务网""江苏志愿服务网"等网络上学习相关的知识技能；还可以通过网络交流，向资深的志愿者取经，调整自己的心态，完善自己的服务技能。

2. 具体要求

（1）设计志愿服务需求调查问卷，并针对性开展调查工作。

（2）对反馈结果进行统计分析，结合学校实际情况，为每批志愿者的岗前集中培训和岗中具体业务培训准备好针对性强、简便实用的培训内容。

（3）通过分析志愿者的需求，实地访查与专家座谈等方式，进行各志愿者岗位的设置，制作岗位说明书和绩效考核表，培养培训师。

（4）根据学校实际，确保每个志愿者每学期至少有一次进行服务与学习的实践机会。

（5）为使每位志愿者在服务期间锻炼与人交流沟通能力，同一岗位的志愿者不断变换，必须实行"多样化"制度。

（6）根据实际情况，分别制作详尽的可操作性强的岗位说明书及绩效考核表；不断完善服务学习模式在志愿者工作实践中的应用，使之成为一个完整的培训体系。

四、志愿服务的考核

通过对志愿服务进行考核来验证志愿服务管理体系是否符合标准和要求，是否有效实施和保持良好，并为志愿服务管理体系的持续改进提供依据。坚持实事求是、客观公正的原则，采用定量与定性相结合、自我考核和群众性考核相结合的机制对志愿者进行考核。考核的具体内容由各服务岗位结合实际进行细化。

（一）考核程序

1. 考核目的

通过客观考核评价志愿者的服务结果，帮助志愿者提高自身服务水平，从而有效提升志愿服务的整体效能，促进人与人之间的沟通与协作。

2. 适用范围

适用于参加志愿实践的所有志愿者。

3. 考核原则

以提高志愿服务绩效为导向，达到在服务中学习提高的目的。坚持公正公开的原则。

4. 考核程序

志愿组织（团总支）在考核前，制定相关的考核表单，然后根据志愿服务者的服务情况，先由志愿者个人进行自我考核，然后志愿组织（团总支）综合小组成员的评价、被服务对象的评价，根据考核标准进行整体考核。最后将考核结果记录于各志愿者个人的成长档案中。

（二）考核细则

1. 服务时间

按完成服务实践所需要的时间计算，以 0.5 小时为一个基本单位，不足 0.5 小时按 0.5 小时计算。

2. 服务完成情况系数认定

分为不合格、合格、优良三级。

不合格：没能按时、按质、按量完成服务要求的，影响后续服务的。系数为 0。

合格：能按时、按质、按量完成服务要求的。系数为 1。

优良：能按时、按质、按量完成服务要求的，服务对象满意，评价良好的。系数为 1.5。

3. 服务强度

（1）服务强度 I：服务地点在室内，脑力劳动为主，如整理图书、护理帮教等服务，服务强度权重为 1。

（2）服务强度 II：服务地点在室内或室外，轻微体力劳动，如环保卫生清理、治安巡查等服务，服务强度权重为 2。

（3）服务强度 III：服务地点在室外，并有一定强度的体力劳动，且在比较恶劣的环境下服务，如寒暑假到服务基地开展服务的，服务强度权重为 3。

4.积分计算

每项服务得分＝服务时间 × 服务完成情况系数 × 服务强度权重系数 ×2（固定系数）

5.考核

一学期进行一次服务结果考核，然后按考核结果（从低分到高分）从一星到五星级进行星级评比

一星级到二星级志愿者可能评为合格志愿者；三星级到四星级志愿者可评为优秀志愿者；五星级志愿者可评为十佳志愿者。

五、志愿服务的激励

"激励是指为了达到一定的目标而对人施加的影响，即通过物质或精神刺激使人奋发，激发人的动机，使人在内在动力驱使下朝向期望的目标努力的心理过程。"激励被认为是"最伟大的管理原理"。美国哈佛大学的詹姆斯教授在多年的研究的基础上指出：如果没有激励，一个人的能力发挥将仅为20%—30%；如果施加适当的激励，将通过其自身努力使能力发挥出80%—90%。可见，激励在社会生活中的重要性。当前志愿者在我国社会建设中发挥着重要的作用，如果要有效维系和发挥这支庞大队伍的继续发展，志愿组织也必须充分运用激励管理的理念，调动全社会对志愿者的理解与尊重，并形成一套合理的激励机制，才能更好地推动我国志愿事业的快速发展。

（一）志愿者激励概述

激励，既有指物质上的，也有精神上的。志愿者参与志愿服务不以营利为目的，并非出于个人生存的需要，而是出于为社会、为他人服务，从而满足自我精神需求以及实现自我价值。因此，对志愿者的激励不应以物质及经济激励为主要手段，而应以满足志愿者的内心需求、价值感及荣誉感为激励工做出发点，并以此为依据进行组织及管理工作。

1.志愿者激励的含义

西方的激励理论从总体上来说是探讨刺激、需要、动机、行为之间关系的理论。激励，作为组织行为学中的一个核心术语，中文直接译为"动机的形成，促使行动的原因"。激励的核心就是使被激励对象产生为某种特定行为的需要和动机。而且，激励机制是一个永久开放的系统，要随着时代、环境、社会形势的变化而不断变化。志愿服务事业的可持续发展的动力就在于调动志愿者的积极性，需要运用激励机制的理论与方法来促进目标的实现，建立以人为本，和谐共处的机制。志愿者的激励可包括物质上的和精神上的，但

当今社会，物质激励已经不是志愿者所追求的重心，更多的志愿者想得到的是精神上的激励。志愿者参与志愿活动，一方面可以拓展自己的生活空间，更深入地体验社会和人生，从而对社会生活做出客观的判断，完善自己的价值观念；另一方面志愿活动为志愿者提供了发挥才能和提升自我的机会。这些就是精神激励的一部分。这种激励能够更好地激发志愿者参与服务的原动力，使志愿者更积极地为社会作贡献。所以志愿者的激励有别于一般意义上的激励，它是一种更崇高、更倾向于精神上自我价值实现的激励。

2.志愿者激励的意义

根据马斯洛的需求层次理论，需求分成生理需求、安全需求、社交需求、尊重需求和自我实现需求五类，依次由较低层次到较高层次排列。而参与志愿服务的人，绝大多数不会为满足生理需求（即希望从中获利以达温饱），他们绝大多数是有强烈的自我实现需求，希望为社会和他人做出贡献，证明自己，实现自己的人生价值。当然，志愿服务活动中，首先要达到前面几个层次需求的满足，才能使最终的需求得以保证。

3.志愿者激励方式

要使志愿者保持积极的心态工作，让志愿服务走得更远，走得更好，应该建立健全激励机制。激励机制是为了方向性的更大发展，激励的本意是积极的，公益同样需要创新的思维。总体而言，志愿者激励的出发点是满足志愿者的各种需要，即通过设计适当的外部奖励形式和工作环境，来满足志愿者外在需要。志愿组织可以采用不同的渠道或明确的方式向志愿者表示感谢及表彰。对于服务表现优秀的志愿者，志愿者组织应设计明确的标准予以表彰。

对志愿者的激励有以下几种方式。

（1）加强组织激励机制

组织内部激励主要有志愿者的表彰激励、制度激励等。

①对志愿服务表现好且服务时数达到一定要求的志愿者，给予表彰激励。

②可利用学校的官方网站、校园电台、学校橱窗和学校大门口对外显示屏等及时表彰志愿者的服务事迹。

③建立表彰制度，每学年从志愿者的服务时间和服务效果等方面进行考核，评选出合格志愿者奖、优秀志愿者奖和十佳志愿者奖，并分别表彰，颁发奖状。同时评选志愿服务小组"最佳志愿服务策划奖""最佳志愿者组别参与奖"等。

④对于受表彰的志愿者在每学期个人综合评价中加入个人"操守高尚"评分，对志愿者予以鼓励。

⑤志愿者在毕业时可将《志愿服务记录手册》、各类志愿服务获奖证书，作为本人在校期间参加服务实践的证明材料向高一级学校推荐。

（2）强化服务对象激励机制

在志愿服务活动之后，邀请服务对象对志愿者的表现给予恰当的评价。志愿者是非常看重服务对象对自己服务活动的评价，学校及志愿服务队要做好服务对象的评价工作。可以在服务活动结束后，召开服务对象座谈会，让他们对志愿服务质量与效果进行评价；也可以事先准备好评价表，让服务对象填上简洁的评价。只要是服务对象感到满意，就是对志愿者最好的肯定。

（3）激活社会激励机制

社会激励机制即从社会方面对志愿者的服务予以承认，进行奖励、提供回报。

①社会荣誉奖励。通过社会给予的精神奖励和荣誉奖励，可以使志愿者感受到志愿服务的价值，产生服务的自豪感。

②社会回报激励。志愿者提供的服务，不能从服务对象方面获得回报，否则就违背了志愿精神。可是，志愿组织可以创造条件，让志愿者的服务获得社会回报。例如，义务献血的回报机制就是我国社会回报激励机制的一种探索。而在社区志愿服务激励制度建设中，不同的社区对回报激励机制的探索也是多种多样的，并且形成不同的模式。有些社区建设"志愿建设银行"，借鉴义务献血的回报机制，制订相应的制度，即志愿者为社区及他人提供的服务折算成小时，储存在"服务银行"里，将来一旦需要，可以获得社区志愿机构提供的同等时间的服务。这里必须区分的是志愿者追求回报与社会提供的回报的区别。志愿者本人是不追求社会回报的，因为他们怀着奉献爱心和充实精神等动机参与志愿服务，摒弃了职场上的利益计较。可是社会方面对于志愿者的服务应该给予奖励和回报，只有让帮助社会和他人的人得到激励，志愿服务事业才能长期发展。

（4）培植自我激励机制

自我激励是指志愿者参与志愿服务过程的自我成就感、自我提升感和自我满足感等。如果善于从自我激励的角度了解参与志愿服务价值，那么即使其他方面激励有所欠缺，志愿者仍然会保持服务的热情。

①自我价值激励，志愿者在参与志愿服务中重新发现自己的价值、作用，从而影响其自我评价。志愿服务让志愿者重新认识和发挥自己的价值，这是激励他们参与服务活动的重要因素。

②自我成就激励。志愿者在志愿服务中获得成功感，只要热情、真诚，提供的任何服务都会得到他人的肯定，容易产生成功感。志愿组织应该高度

重视志愿者的自我成就激励，对于志愿者提供的服务，只要服务是有效的、服务对象需求的，就能产生良好的激励作用。

③自我提升激励。志愿者在志愿服务实践中，既能提高自己的技能，又能积累社会经验，提升自己待人处事的能力。

④自我快乐激励。志愿者在志愿服务中寻找快乐，或者善于将忧愁情绪转化为快乐的体验，缓解他们在学习、生活的压力下紧张情绪。

4.志愿者激励的创新

面对各种志愿者激励方式，志愿组织需要找到合适的方式，才能凝聚和吸引更多的志愿者参与到志愿服务之中。随着时代、环境的变化，人们的需求也在发生变化，所以对志愿者提供激励也要随着社会进步，不断创新，才能保持新鲜有效。

（1）与学业挂钩

志愿服务作为学校德育课程与综合实践活动课程的实施内容，每个学生在各学段内，必须要有志愿服务项目，确立志愿服务作为学生必修课的地位。然后建立统一而公平的评估机制，对志愿者服务表现进行评估反馈，及时地认可、赞赏和奖励。建立志愿者档案系统，将每一次志愿者服务的工作时间和服务质量评出等第，统一录入志愿者档案系统，为后续评价提供参考。

（2）与升学挂钩

每学年一次对志愿者进行鉴定，包括对志愿者优点与缺点的评价。把评价结果放入个人"成长记录袋"中，作为学校对学生毕业时进行综合评定的一个重要的内容，并作为学生本人在校期间参加服务实践的证明材料向高一级学校或社会机构推荐，激励学生积极参加并持续参与志愿服务。

（二）国外志愿服务的评价与激励机制

各国在对学生参与公益服务的评价与激励机制上也有不同做法。如果该国明确要求学生必须参加公益服务，则会在升学、就业的一系列环节上严格把关，以确保学生保质、保量地完成公益服务。在韩国，如果某一学生因没有参加过社会公益服务被记录在案，他们就不能毕业而进入大学，学生所服务的机构或社区会给予他们一个证明或推荐信，以体现他们参加公益服务的质量，这会影响他们今后的发展。他们参与公益服务的时间会作为今后进入大学的成绩的考核指标之一，在学生从大学毕业之后，招聘者会把参与公益服务的情况作为人员录用的参考信息。

对于学生的公益服务没有硬性规定的国家，则会采取给予奖励的方式以激励学生积极地为社会服务。如英国的一些社区设定了一个"奖励日"，对于这天参加公益服务的学生，会获得一定的奖励，当然不一定是物质方面的奖励，可以采用证书和表彰的方式。在新加坡，主要采用学生自我反思和自我评价的方式，但教师需要在学生参与活动后通过对学生的访谈和从社区、学校管理人员方面获得的一些反馈信息来撰写评价报告并制定考核指标，作为今后工作的指导。

第四章 志愿服务礼仪及沟通技能

第一节 志愿服务礼仪的基本要求

"礼仪"一词，最早见于《诗经》和《礼记》。礼仪是社会、道德、习俗、宗教等方面人们行为的规范，是人们文明程度和道德修养的一种外在表现形式。在现代社会生活中，人们常常把礼仪看作是一个民族精神面貌和凝聚力的体现，把文明礼貌程度作为衡量一个国家和民族是否发达的标志之一。志愿者在提供志愿服务期间，除了热心与热情之外，还需通过专业的礼仪培训，这样才能较好地完成各项志愿服务工作。也就是说作为志愿者，掌握志愿服务礼仪技巧将大大提升其服务的质量与成效。

如果将礼仪按照应用范围来分类，可以分为：政务礼仪、商务礼仪、服务礼仪、社交礼仪、涉外礼仪。志愿服务中需掌握的礼仪技巧就属于服务礼仪。

一、志愿服务礼仪基本原则

在志愿服务礼仪中，有一些具有普遍性、共同性、指导性的礼仪规律。这些礼仪规律，即礼仪的原则。掌握礼仪的原则很重要，它是志愿者更好地学习礼仪和运用礼仪的重要的指导思想。

（一）尊重的原则

孔子说："礼者，敬人也。"这是对礼仪的核心思想的高度概括。所谓尊重的原则，就是要求志愿者在志愿服务过程中，首先要尊重服务的对象，包括尊重对象的文化、习惯、兴趣爱好等。只有这样，才能赢得别人的尊重，才能和服务对象建立融洽的关系，更好地完成服务工作。因此，在服务过程中，首要的原则就是常存敬人之心，掌握了这一点，就等于掌握了礼仪的精髓。

（二）真诚的原则

志愿者在志愿服务过程中，必须待人以诚、言行一致，只有如此，才容易被人接受和认可，即使有时不能满足服务对象的要求，也会获得服务对象的理解。与此相反，志愿者倘若仅把礼仪作为一种道具和伪装，在具体操作礼仪规范时口是心非、言行不一，则有悖礼仪的基本宗旨。

（三）宽容的原则

宽容，即要求志愿者在志愿服务过程中，既要严于律己，又要宽以待人。志愿者在对服务对象提供各种志愿服务时常常会被误解甚至被责备，这时，要多体谅他人，多理解他人，学会与服务对象进行心理换位，而不是求全责备，咄咄逼人。

（四）从俗的原则

由于国情、民族、文化背景的不同，在人际交往中，实际上存在着"十里不同风，百里不同俗"的局面。这就要求志愿者在志愿服务工作中，对本国及其他各国的礼仪文化、礼仪风俗以及宗教禁忌要有全面、准确的了解，这样才能够在志愿服务过程中得心应手，避免出现差错。

（五）适度的原则

志愿者在志愿服务过程中要掌握好尺度，既要认真负责，又不能过于热情，因为凡事过犹不及。假如做得过了头，或者做得不到位，都不能正确地表达自己的自律、敬人之意。

对于志愿者而言，爱工作就是要热爱自己所从事的志愿服务事业。没有对这一事业真诚的爱，礼仪就会显得做作，显得虚假。所以在志愿者开展志愿服务时，与人相处应是出自内心的诚意，是诚于中而形于外，而不是巧言令色和徒具形式的繁文缛节。如果表面上恭敬热情，而内心虚伪，这是不可取的；如果仅仅内心尊敬，而面部毫无表情，也是不够的。应该表里如一，才能从根本上消除人与人的隔阂、摩擦，进而互敬互爱，顺利开展志愿服务，取得良好效果。

二、志愿服务礼仪要点

礼仪教育的内容涵盖社会生活的各个方面。从内容上看有仪容礼仪、举止礼仪、表情礼仪、服饰礼仪、谈吐礼仪、待人接物礼仪等。

（一）仪容礼仪

志愿者在志愿服务过程中，良好的仪容能够为服务起到加分的作用。志愿者在与服务对象交流时，仪容是最被对方关注的地方，因此，志愿者在工作岗位上必须对自己的仪容修饰予以高度的重视。

1. 卫生

清洁卫生是仪容美的关键，是礼仪的基本要求。不管长相多好，服饰多华丽，若满脸污垢，浑身异味，那必然破坏一个人的美感。因此，志愿者必须养成良好的卫生习惯，早晚、饭后勤刷牙，经常洗头洗澡，讲究梳理勤更衣。不要在人前"打扫个人卫生"。比如剔牙齿、掏鼻孔、挖耳屎、修指甲、搓泥垢等，这些行为都应该避开他人进行，否则，不仅不雅观，也不尊重他人。

2. 男士仪容修饰要点

（1）不染发，不留过长的头发。最好能做到：前发不覆额，侧发不掩耳，后发不触领。

（2）若无特殊的宗教信仰或民族习惯，应每天剃须修面，保持面部清洁。

（3）不留过长的指甲，常清理指缝。

（4）服务前应忌食葱、蒜、韭菜、烈酒，不吸烟，以保持工作中口气的清新，特别是有抽烟习惯的志愿者，在服务时应特别注意，防止产生口臭等异味。

3. 女士仪容修饰规范

（1）不披散头发，应以束马尾辫或盘起长发为宜，或是置于工作帽之内，以免影响工作。志愿者不留过长的刘海，也不可以将头发染得过于夸张，这都是与志愿者身份不相符的。

（2）保持面部干净清爽，可化适宜的淡妆，但忌浓妆艳抹。不要在工作岗位上补妆，补妆时应该选择洗手间或无旁人的场所。

（3）不留过长的指甲，不涂颜色鲜艳的指甲油以及在指甲上彩绘。

（二）服饰礼仪

服饰的选择和穿戴很重要的一个原则是遵循"服饰的 TPO 原则"，这是有关服饰礼仪的基本原则之一，其中 T、P、O 三个字母，分别是英文时间（Time）、地点（Place）、目的（Objective）这三个单词的缩写。它的含义，即要求人们在选择服装、考虑服装具体款式时，首先应当考虑如何与着装的时间、地点、目的协调一致。

志愿者服饰得体与否，与个人形象、城市形象乃至国家形象均有极大关系，因此，在服务中服饰的选择、穿戴方面要注意以下规范：

（1）上岗服务时，按照要求，穿着统一的志愿者服装。

（2）着装整洁。一忌布满褶皱，二忌出现残破，三忌沾染污渍及脏物，四忌充斥汗酸、体臭等异味。

（3）穿着有领子的志愿者服装时，一定要将衣领翻好，忌立起衣领。如果衣领是拉链式的，务必将拉链拉至锁骨下方三个指头的距离处；如果衣领是纽扣式的，除了最上方的第一颗纽扣可以不扣上，其他的纽扣均要扣起。

（4）穿着外套式的志愿者服装，注意里面的衣服必须是圆领或无领，避免两个或多个衣领叠加。

（5）穿着长袖的志愿者服装，不要将两只袖口挽起，如果袖口上有纽扣，必须将纽扣扣起。

（6）佩戴帽子时，帽檐应放置头部的正前方，并且帽檐不宜过低或过高，以能看见眼睛为宜；女性志愿者佩戴帽子时应该将长发束起，并放置于帽子内。

（7）志愿者在佩戴胸卡时，应将胸卡的卡带挂至衣领的下方，并且将胸卡的正面朝外放置。

（8）在服务中，以不佩戴首饰为好，对于男性志愿者来讲，尤其如此。因为在一般情况下，男性佩戴饰品，往往更难为人们所接受。女性志愿者如需要佩戴切记以少为佳。具体要求是：佩戴饰品时一般不宜超过两个品种，佩戴某一品种的饰品，则不应超过两件。

（三）仪态礼仪

1. 站姿规范

站立是人最基本的姿势，是一种静态的美。

（1）基本站姿

基本站姿要领：站立时，身体应与地面垂直，重心放在两个前脚掌上；挺胸、收腹、抬头、双肩放松；双臂自然下垂或在体前交叉；眼睛平视，面带笑容。

在服务过程中，男性与女性通常根据各自不同的性别特点，在遵守基本站姿的基础上，还可以各有一些局部的变化，主要表现在其手位与脚位有时会存在一些不同。

男性在站立时，要力求表现阳刚之美。具体来讲在站立时，可以将一只手（一般为右手）握住另一只手的外侧面，叠放于腹前，或者相握于身后。双脚可以叉开，大致上以其与肩部同宽，为双脚叉开后两脚之间相距的极限。但需要注意的是，在郑重地向客人致意的时候，必须脚跟并拢，双手叠放于腹前。女性在站立时，要力求表现阴柔之美，在遵守基本站姿的基础上，可将双手虎口相交叠放于腹前。

要特别注意的是，志愿者在服务于人时，不论是男性还是女性，站立时一定要正面面对服务对象，而切不可将自己的背部对着对方。

（2）迎宾的站姿

迎宾时的站姿要求的是规范、标准的站姿，即采用上述谈到的基本站姿，双手相叠于腹前丹田处，表示对他人的尊重。宾客经过时，迎宾人员要面带微笑，并向客人行欠身礼或鞠躬礼。

（3）服务时的站姿

为客人服务时，头部可以微微侧向客人，但一定要保持面部的微笑，手臂可以自然地下垂。在手臂垂放时，从肩部至中指应当呈现出一条自然的垂线。

（4）待客时的站姿

待客时站姿的技巧上有四个要点：一是手脚可以适当地进行放松，不必始终保持高度紧张的状态；二是可以在以一条腿为重心的同时，将另外一条腿向外侧稍稍伸出一些，使双脚呈又开之状；三是双膝要伸直，不能出现弯曲；四是在肩、臂自由放松时要伸直脊背。兼顾上述四点，既可以使志愿者不失仪态美，又可以为其减缓疲劳。

（5）不良的站姿

不良的站姿包括站立时歪脖、斜腰、屈腿等，在一些正式场合将手插在裤袋里或交叉在胸前。站立时不要下意识地做些小动作，那样不但显得拘谨，给人缺乏自信之感，而且也有失仪态的庄重。

2. 坐姿规范

（1）入座：双手拂好裙摆或裤子，再轻轻落座；

（2）坐时：脊背要挺直，臀部坐在椅子的 1/2 处；

（3）腿部：女士的双手自然放在膝上或椅子扶手上，双脚（跟）要并拢；男士要避免一些不雅的腿部动作，如抖动、敲击地面等；

（4）双膝：并拢（女士）或分开与肩同宽（男士）；

（5）表情：两眼平视，面露自然的微笑。

3. 行姿规范

（1）行姿的基本要点

①身体重心应该稍稍向前，步伐稳健，步履自然、从容、轻盈。

②跨步均匀，两脚间相距约一只脚到半只脚，要有节奏感。上体正直，抬头，下巴与地面平行，两眼平视前方，精神饱满，面带微笑。

③双手前后自然协调摆动，手臂与身体的夹角一般在 15~30 度。

④迈步时，脚尖可微微分开，但脚尖、脚跟应与前进方向保持一条直线，避免"内外八字"。

⑤走路要用腰力，腰要适当收紧。

⑥如果要上下楼梯，也要保持上体正直，脚步稳健；一般不要扶栏杆。

（2）陪同及引领的注意事项

陪同：指的是陪伴着别人一同行进。引领：则是指在行进之中为人引路。志愿者在服务中，经常需要陪同或引导服务对象。陪同引导时，通常应注意三点：

①本人所处的方位。不管是为服务对象引领方向还是指示展柜中的文物时，志愿者应居于人群右前方约半米的位置，采用右手五指并拢，掌心向上斜的方式指示文物或引导方向。

②协调的行进速度。在引导服务对象时，本人行进的速度须与对方相协调，始终保持半米左右的距离，切勿我行我素。

③及时的关照提醒。陪同引导服务对象时，一定要处处以对方为中心。每当经过拐角、楼梯或道路坎坷、照明欠佳之处时须关照提醒对方留意。绝不可以不吭一声，而让对方茫然无知或不知所措。

（3）下楼梯的行姿

①要减少在楼梯上的停留。楼梯多是人来人往之处，所以不要停留在楼梯上休息、站在楼梯上与人交谈或是在楼梯上慢慢悠悠地行进。

②要坚持"靠右走"原则。上下楼梯时，均不要并排行走，而应当靠右侧而上或下。这样一来，有急事的人便可得以从左侧快速超越。

③要注意礼让服务对象。上下楼梯时，千万不要同服务对象抢行。出于礼貌，在平路可请对方先行。当自己陪同引导客人时，则应该上下楼梯时先行在前引导。

（4）进出电梯的行姿

有临时展览时经常需要使用电梯，但志愿者在没有特殊情况的前提下最好不要使用电梯。在使用电梯时，大致上应注意以下问题：

①要遵守"先出后进"的原则。乘电梯时，一般的规矩是：里面的人出来之后，外面的人方可进去。不守此规，出入电梯时人一旦过多了，就会出现混乱的场面。

②照顾好服务对象。志愿者须自己先进后出，以便控制电梯。

③要尊重周围的乘客。进出电梯时，双方都要侧身而行，免得碰撞、踩踏别人。进入电梯后，应尽量站在里边，人多的话，最好面向内侧，或与他人侧身相向。

（5）出入房门的姿势

志愿者在服务中有时需要进入或离开办公室的房间时，应注意如下细节：

①要先通报。在出入房门时，尤其是在进入房门前，一定要采取叩门（一般以中指轻叩三下）、按铃的方式，向房内之人进行通报。

②要以手开关。出入房门时，务必要用手来开门或关门。在开关房门时，如用肘部顶、用膝盖拱、用臀部撞、用脚尖踢、用脚跟蹬等等不良做法，都是不可以采用的。

③要面向他人。出入房门，特别是在出入一个较小的房间，而房内有客人时，最好是反手关门，反手开门，并且始终注意志愿者要面向对方，而不是把背部朝向对方。

④要"后入后出"。与他人一起先后出入房门时，为了表示自己的礼貌，一般应当自己后进门、后出门，而请对方先进门、先出门。

⑤要为人拉门。有时，在陪同引导他人时，志愿者还有义务在出入房门时替对方拉门。

4.蹲姿规范

志愿者在工作中通常不采用蹲姿，只有遇上了下述两种比较特殊的情况，才允许酌情采用蹲的姿势：一是整理工作环境，在需要对自己的工作岗位进行收拾、清理时；二是捡拾地面物品时。

（1）蹲姿的基本要点

蹲姿的三要点：迅速、美观、大方。在服务中确有必要采用蹲姿时，通常可以采用高低式蹲姿，主要要求是：下蹲之时，左脚在前，右脚稍后。左脚应完全着地，小腿基本上垂直于地面；右脚则应脚掌着地，脚跟提起。此刻右膝须低于左膝，右膝内侧可靠于小腿的内侧，形成左膝高右膝低之态。女性应靠紧两腿，男性则可适度地将双腿分开。臀部向下，基本上以右腿支撑身体。

（2）错误蹲姿

①弯腰捡拾物品时，两腿又开，臀部向后撅起，是不雅观的姿态；

②女性志愿者下蹲时注意内衣不可以露，不可以透。

5.手姿规范

手势是现代礼仪中体态行为的一种最有表现力的"语言"，很多手势都可以反映出人的修养、性格。所以志愿者要分别注意正确使用手势，注意使用手势的幅度、次数、力度等。

（1）使用手姿的基本原则

①使用规范化的手势。志愿者在与服务对象交流时，讲到自己不要用手指指自己的鼻尖，而应用手掌按在胸口上。说到对方时，不可用一只手指指对方，而应用手掌指向对方。更忌讳背后对人指点等不礼貌的手势。

②注意区域性的差异，即注意不同的地域、民族"手语"的差异。在许多地区和国家，特别是信奉伊斯兰教的地区和国家，他们一般不使用左手接递东西或指引。他们觉得左手是不洁净的，所以使用左手也是不礼貌的。

③手势宜少忌多。避免交谈时指手画脚、手势动作过多过大。

（2）引导及指示的手姿

①横摆式。即右手臂向外侧横向摆动抬至腰部或齐胸的高度，指尖指向被引导或指示的方向。它多适用于请人行进或为人指示方向。

②直臂式。它也要求右手臂向外侧横向摆动，指尖指向前方。与前者不同的是，它要将手臂抬至肩高，而非齐胸。它适用于引导方位或指示物品所在之处。

③曲臂式。它的做法是右手臂弯曲，由体侧向体前摆动，手臂高度在胸以下。请人进门时，可采用此方式。

④斜臂式。右手臂由上向下斜伸摆动。多适用于请人就座。

以上四种形式根据引领者所处的不同位置使用左手或右手。如服务对象明确为伊斯兰教信仰者，请尽量用右手，且五指自然并拢，掌心向上。另一只手臂此时最佳位置应垂在身体一侧。

（3）递接物品的手姿

①双手为宜。双手递物于人最佳，不方便双手并用时，也要采用右手。以左手递物，通常被视为失礼之举，尤其是对亚洲国家的客人而言。

②递于手中。递给他人的物品，以直接交到对方手中为好。不到万不得已，最好不要将所递的物品放在他处。

③主动上前。若双方相距过远，递物者理当主动走近接物者。假如自己坐着的话，还应尽量在递物时起身站立为好。

④方便接拿。在递物于人时，应为对方留出便于接取物品的地方，不要让其感到接物时无从下手。将带有文字的物品递交他人时，还须使之正面面对对方。

⑤尖、刃内向。将带尖、带刃或其他易于伤人的物品递于他人时，切勿以尖、刃直指对方。合乎服务礼仪的做法是：应当使尖、刃朝向自己，或是朝向他处。

⑥接取物品时，主要应注意的是：应当目视对方，而不要只顾注视物品，一定要用双手或右手，绝不能单用左手。必要时，应当起身而立，并主动走近对方。

6.表情神态规范

表情神态，指的是人通过面部形态变化所表达的内心的思想感情，所表现出来的神情态度。得体的表情应当是精神饱满、面带微笑、保持目光接触，体现开朗、友善和热情。志愿者在服务过程中的表情神态应当是谦恭的、友好的、真诚的。

（1）眼神

眼睛是人类面部的感觉器官之一，最能有效地传递信息和表达情意。俗话说"眼睛是心灵的窗户"。志愿者在服务过程中，难免要与服务对象进行目光的交流，此时，特别要注意注视对方的眼睛。依照服务礼仪的规定，在注视对方面部时，一般以注视对方的眼睛或眼睛到鼻子之间三角区域为好，表示全神贯注和洗耳恭听。在问候对方、听取诉说、征求意见、强调要点、表示诚意、向人道别或与人道别时，皆可采用这样的注视方式。但是，眼神不要经常移动，时间上不宜过久，否则双方都会比较难堪。

当与服务对象相距较远时，一般应以对方的全身为注视之点。在站立服务时，往往有此必要。

此外，在服务工作中，有时也会因为实际需要，而对服务对象身体的某一部分多加注视。例如，在递接物品时，应注视对方手部，不过在无此必要时，最好不要这么做。特别需要说明的是，如果没有任何理由，而去注视打量服务对象的头顶、胸部、腹部、臀部或大腿，都是失礼的表现。

（2）笑容

在志愿服务工作中，微笑有着重要的意义。微笑服务是一种美德，是热情待客的表现，也是与服务对象打交道的基本态度。因此，志愿者在志愿服务中要常保持微笑，要善于微笑。

①微笑的准则。

微笑必须发自内心才会动人，只有诚于心才能笑于外。这就要求志愿者在服务的过程中用心服务，真诚地微笑。不能将笑容机械地挂在脸上，或皮笑肉不笑，这样会给人一种虚伪的感觉，也是不礼貌的。

要有一颗"我工作所以我快乐"的心，微笑面对服务对象。志愿者也会遇到心情不佳的时候，往往在这个时候志愿者去从事志愿服务，很难做到保持微笑，快乐服务。这时候就要求志愿者要立刻进行心理调适，将低落的情绪调整过来。面带微笑，以快乐心情去为服务对象提供志愿服务，而不是板着脸，或以低落的情绪面对服务对象。这对志愿者的服务水平有了更高的要求。

每个人都会有一个瞬间的微笑是最美的，但是如果将这个瞬间定格，让其保持在整个服务过程中，就失去了表情的灵动性，失去了生气。也就是说志愿者展示的微笑并不是一成不变的，面对不同的服务内容、服务对象，所展现出的微笑应该也是丰富的，有层次的。微笑按程度的不同，可以分为小微笑、普通微笑、大微笑。比如：当我们在和服务对象进行交谈时，我们应该面带小微笑，认真聆听；当服务对象对你的服务表示感谢和肯定的时候，志愿者应该报以服务对象一个大微笑。

小微笑：往上提起两端嘴角。稍微露出两颗门牙或不露牙齿，配合微笑的眼神。

普通微笑：往上提起两端嘴角。露出 6 颗左右上门牙，配合微笑的眼神。大微笑：往上提起两端嘴角。露出 8 颗左右上门牙，同时稍微露出下门牙，嘴微微张开，配合微笑的眼神。

②微笑的"四要"。

一要口眼鼻眉肌结合，做到真笑。发自内心的微笑，会自然调动人的五官。

二要神情结合，显出气质。笑的时候要精神饱满、神采奕奕、亲切甜美。

三要声情并茂，相辅相成。只有声情并茂，你的热情、诚意才能为人理解，并起到锦上添花的效果。

四要与仪表举止的美和谐统一，从外表上形成完美的统一。

③微笑的"四不要"。

一是不要缺乏诚意、强装笑脸。

二是不要露出笑脸随即收起。

三是不要仅为情绪左右而笑；四是不要在不适宜的时候微笑。

④微笑的训练方法。

有魅力的微笑是天生的，但依靠自身的努力也完全可以拥有。这里向志愿者推荐一种简便、实用的微笑训练方法——"咬筷子"训练法。具体操作方法如下：用门牙轻轻咬住木筷子，把嘴角对准木筷子，并且嘴角两边都要翘起，配合微笑的眼神，保持这个状态 10 秒。然后轻轻地拔出筷子，练习维持这种状态。

按照这种方法，面对镜子反复练习，就能拥有比较好的笑容。当然微笑是一种个性化的表情，对微笑要求表现的整齐划一其实是不符合礼仪的。要训练自己感人的微笑，不是尝试露几颗牙、嘴角上提到什么位置，而是要发现自己最美的每个瞬间，善于展现自己独特的气质，要自信、勇敢、自然、真诚地去微笑。

三、志愿礼

广州亚运会原创性地提出"志愿礼"概念，创设"志愿礼"作为志愿者的一个专属礼节，目前为全国乃至全世界首创。志愿礼是代表志愿者身份、理念、服务的标志性礼仪，是体现"志愿服务创造新生活"的崭新载体。通过施行志愿礼，识别志愿者身份，展示志愿者风采，传递志愿服务理念，激励志愿者以饱满的热情和精湛的技能为社会服务。

（一）志愿礼的概念、意义

1. 志愿礼的概念

志愿礼是识别志愿者身份，展示志愿风采，传递志愿理念，并激励志愿者以饱满的热情和精湛的技能为社会服务的特有礼节。

2. 志愿礼的意义

志愿礼是代表志愿者身份、理念、服务的标志性礼仪，是体现"志愿服务创造新生活"的崭新载体，主要涵盖以下四个方面的意义。

（1）志愿者的身份标志

志愿礼代表志愿者的身份，具有专属性，区别于社会其他人群。

（2）志愿者的形象展示

志愿礼作为志愿精神的有形载体，展示了志愿者的良好形象。

（3）志愿者的问候激励

志愿礼是对服务对象和志愿者之间的问候，表示平等、友好、尊重、包容和激励。

（4）志愿者的精神传播

志愿礼体现志愿者"我奉献，我快乐"的服务理念，展现"奉献、友爱、互助、进步"的志愿者精神。

（二）志愿礼的组成

志愿礼包括问候语、面部表情、肢体语言、激励口号四个部分。

1. 问候语

问候语是志愿者向服务对象或其他志愿者表示友善的最直接表达，是志愿礼的基础性要素。问候语的标准用语为"您好！"然后，根据不同情景需要，在"您好！"后面加上延伸性问候用语。

2. 面部表情

面部表情是志愿者向服务对象或其他志愿者展示美好心灵的窗口，是志愿礼的关键性要素。面部表情要求是发自内心快乐、真诚的微笑，同时要目光要热情、友善，平视对方眼睛，做到不卑不亢。

3. 肢体语言

肢体语言是志愿者向服务对象或其他志愿者展现文明风采的独特表达，是志愿礼的标志性要素。肢体动作要规范统一，体现文明、时尚、简易、有内涵，具体为：双脚并立，左手自然垂放，右手伸展成中国志愿者标志形状，抬举右臂，移动右手至左胸口心脏处变成"大拇指"形状，保持大拇指向上，右手与左胸留有半个拳头间隙。

4.激励口号

激励口号是志愿者互相关心、激励的语言表达，是志愿礼的突出性要素。激励口号为："我志愿我快乐，用心服务我最棒。"

（三）志愿礼在志愿服务过程中的使用

志愿礼的应用要规范，使用场合、时机要恰当，不同时候可以将志愿礼的问候语、面部表情、肢体动作和激励口号四部分分开使用。在以下几个场景中，应该使用志愿礼。

（1）行走相遇时。志愿者行走过程中，与志愿者、来宾、工作人员等相遇，应行志愿礼。

（2）在岗服务时。志愿者在接待宾客、引领嘉宾、从事咨询等工作时，使用工作礼仪规范外，在接待岗、咨询岗等，当有宾客前来咨询、寻求服务时，应行志愿礼。

（3）交接班时。在公共服务窗口岗位，志愿者在交接班时，应互相之间行志愿礼。

（4）主动上前服务时。当志愿者看到有需要服务的陌生对象时，在非紧急情况下，上前服务时，应向对方先行志愿礼。

（5）集体公共窗口服务时。当两个（含两个）以上志愿者在公共窗口提供志愿服务时，当宾客上前询问或寻求服务时，或遇领导检查慰问时，统一集体行志愿礼。

（6）参加集体活动时。志愿者参加集体志愿服务活动时，在唱志愿者歌曲、领奖、授牌、授旗等场合，统一行志愿礼。

另外，志愿者在行使志愿礼时需要遵循一定的规范要求：①志愿者应该是在穿着志愿者服装或佩戴志愿者标志物（如"志愿彩"）时行志愿礼。②志愿者行志愿礼时，动作要规范、利索。③两名或两名以上志愿者同时行志愿礼时，要做到动作整齐划一。④志愿者行志愿礼时，要有良好的精神面貌。

四、涉外礼仪禁忌

不同国家、民族和地区有不同的风俗和习惯，不同的风俗习惯中有各种各样的忌讳。作为志愿者，特别是在一些窗口岗位提供志愿服务的志愿者，如在旅游区或商贸区的志愿驿站工作的志愿者，在机场、火车站或地铁提供志愿服务的志愿者等，更需要了解各国、各地区的风俗忌讳，避免不礼貌情况的发生，也是十分重要的礼仪内容。

（一）数字的忌讳

除西方人认为数字"13"是不吉利的，菲律宾人也认为"13"是厄运、灾难的象征，应当尽量避开。还有认为星期五也是不吉利的，尤其是逢 13 日又是星期五时，最好不举办任何活动。在日常生活中的编号，如门牌号、旅馆房号、楼层号、宴会桌等编号、汽车编号也尽量避开"13"这个数字。"4"字在中文和日文中的发音与"死"相近，所以在日本与朝鲜等东方国家将它视为不吉利的数字。在日语中"9"发音与"苦"相近，因而也属忌讳之列。

（二）食品的忌讳

伊斯兰国家和地区的穆斯林居民不吃猪肉、血液、自死物等伊斯兰教规定禁忌的食物；日本人不吃羊肉；印度教徒不吃牛肉；东欧一些国家的人不爱吃海鲜，忌吃各种动物的内脏；虔诚的穆斯林不能喝任何含酒精的饮料。

（三）颜色的忌讳

日本人认为绿色是不吉利的象征，所以忌用绿色；巴西人视棕黄色为凶丧之色；欧美许多国家以黑色为丧礼的颜色，表示对死者的悼念和尊敬；埃塞俄比亚人则以穿淡黄色的服装表示对死者的深切哀悼；叙利亚人也将黄色视为死亡之色；而巴基斯坦忌黄色是因为那是僧侣的专用服色；委内瑞拉却用黄色做医务标志；蓝色在埃及人眼里是恶魔的象征；比利时人也最忌蓝色，如遇有不吉利的事，都穿蓝色衣服；土耳其人则认为花色是凶兆，因此在布置房间、客厅时绝对禁用花色，一般用素色。

（四）花卉的忌讳

德国人认为郁金香是没有感情的花；日本人认为荷花是不吉祥之物，意味着祭奠；菊花在意大利和南美洲各国被认为是"妖花"，只能用于墓地与灵前；在法国，黄色的花被认为是不忠诚的表示；绛紫色的花在巴西一般用于葬礼；在国际交际场合，忌用菊花、杜鹃花、石竹花、黄色的花献给客人，这已成为惯例；在欧美，被邀请到朋友家去做客，献花给夫人是件愉快的事，但在阿拉伯国家则是忌讳。

（五）肢体的忌讳

佛教国家不能随便摸小孩的头，尤其在泰国，认为人的头是神圣不可侵犯的，头部被人触摸是一种极大的侮辱；在许多国家，如泰国、缅甸、印度、马来西亚、印尼和阿拉伯各国等认为左手是肮脏的，忌讳用左手拿食物、接触别人或给别人传递东西，否则，这将被别人误会是轻蔑。在中国，对某一件事、某一个人表示赞赏，会跷起大拇指，表示"真棒"，但是在伊朗，这个手势是对人的一种侮辱，不能随便使用。在我国摇头表示不赞同，在尼泊尔则正好相反，摇头表示很高兴、很赞同。

第二节 志愿者的沟通技能

志愿者在从事志愿服务的时候总会遇到这样那样的困难，自己满怀热情地去帮助别人，却受到冷遇，被人敷衍了事，甚至还会被受助人拒之千里以外。这种情况不仅出现在服务过程中，而且在组织当中，有时也会处于一种被人冷落、被人遗忘的境地。其实这些问题很大一部分出现在沟通上，志愿者没有事先了解所加入组织的情况，不懂得如何和组织中的伙伴建立互助、共同进步的关系，甚至对参与的志愿服务项目所知甚少，对受助对象的情况不熟悉，大有"临阵磨枪"的味道，在服务过程中无所适从，草草了事。

因此沟通已经成为志愿者从事志愿服务所必备的基本技能之一。掌握出色的沟通技能，将使志愿者在工作、生活中顺利获得他人的理解和支持，从而在志愿服务时能够得心应手、游刃有余，顺利达到志愿服务的目标。

一、沟通的准备

（一）建立信任

由于各种文化、教育背景、社会地位、年龄等方面的差异，人与人之间的交流沟通方式都会不尽相同。因此在与志愿服务对象接触前，需要花些时间和耐心对服务对象进行了解，并用一颗真挚、坦诚的心去服务，建立了基本的信任，才更有助于志愿服务的顺利开展。

（二）正确的沟通意识

在沟通中很重要的是要创造有利于交流的态度和动机，把心敞开，也就是人们常说的沟通从心开始。拥有良好沟通意识的人时刻准备着与他人进行有效的沟通，在沟通时与对方坦诚相待。良好的沟通能力会使我们更坦然地面对生活，很人情味地分享彼此的观点，以人为本，在交流互动过程中享受和谐、成功的美好。

不论对方是最懂得沟通的人，还是与自己风格迥异，都需要尽可能有意识地靠近对方的沟通风格，使双方沟通风格趋于匹配、相近的状态，这样，沟通的效果才能事半功倍。

二、语言沟通的技能

（一）判断是否可以开始沟通——察言观色

进行沟通前，可以先观察一下对方的行为态度。如果对方有微笑、有眼神接触以及面部表情自然，则表示可以开始沟通。如果对方正在忙于某些事情，或正与别人详谈中，或正在赶路，则表示这时沟通时机不成熟。

（二）了解服务对象——耐心倾听

在与服务对象进行语言沟通时，要集中注意力，保持谈话的专注和聆听，及时的眼神交流和点头回应能充分体现对服务对象的尊重。留意对方的观点及感受，将对方的一些重要字眼和资料记下来，并体会服务对象当时的感受和言外之意，以便于准确回应。

（三）提示性追问——了解基本观点和想法

提示性的询问方式，可以帮助志愿者深入服务对象的内心，启发说话人说出一些他本人都没有意识到的问题，从而使志愿者和服务对象认识到实际问题的原因所在。这种提问方式可以看作是苏格拉底的"思维助产术"。使用这种方式时要注意：实现做好提问大致方向的思考，要力图在可能诱导服务对象谈及其隐私问题的地方打住，这点特别在面对一些特殊人群，如犯罪人员等群体时需要特别注意的，要充分考虑到服务对象的情感需要。

（四）给出建议——现身说法

了解服务对象，在认真倾听、适时提问的基础上，如果能给出恰当的建议无疑是对志愿者提出的更高要求。现身说法的提建议方式是一种既能清楚地表达意图又能让谈话者信服的好方法。如"我（我的一个朋友）当时就是……后来遇到……然后用了……方法……"把自己和服务对象类似的经历或者别人类似的经历拿出来分享，借以告诉服务对象在类似的时间环境下运用的处理方法、主角心态的转移以及正面的结果，这种方式没有说教，不强加，服务对象能够很舒服地接受，很自然地从例子中找到解决问题的办法。

（五）积极发表意见——在组织中争取支持

面对一个优秀或糟糕的志愿者组织管理者，志愿者应该把自己的想法大胆地表达出来，只有提出问题，才有解决问题的可能。积极阐述自己的观点能很快赢得别人的理解和支持，避免相互猜忌。

当然，积极发表意见并不代表胡乱地、不分场合地发表意见，也不代表仅仅提出问题、批评现状，而应在问题提出的同时，提供解决问题的建议或方法措施。提出意见时，一定要对问题有所思考，没有准备地乱说一气或是不了解实际情况、没有做调查便进行主观性臆测都是不提倡的。

（六）学会赞美

我们需要别人的赞美，同时也需要真诚地赞美别人。真诚的赞美不是阿谀奉承，而是从心底发出的、无私的、诚恳的赞叹。赠人玫瑰，手留余香。在赞美别人的同时，自己也受益匪浅。

（七）语言沟通时的注意事项

1. 多用"敬语""雅语""谦语"

俗话说："良言一语三冬暖，恶语伤人六月寒。"不论是对待志愿服务对象，还是日常工作生活中的人际交往，一句简单的致谢、几个字的赞美、一声"对不起"就能温暖一个人的心。

（1）在语言沟通中常用的礼貌谦词

初次见面说"久仰"，看望别人说"拜访"。

请人勿送用"留步"，对方来信叫"惠书"。

请人帮忙说"劳驾"，求给方便说"借光"。

请人指导说"请教"，请人指点说"赐教"。

别人见解说"高见"，归还原物叫"奉还"。

欢迎购买叫"光顾"，老人年龄叫"高寿"。

客人来到说"光临"，中途要走说"失陪"。

求人原谅说"包涵"，好久不见说"久违"。

麻烦别人说"打扰"，托人办事用"拜托"。

与人分别用"告辞"，请人解答用"请问"。

（2）多使用文明、礼貌用语

如"您好！""欢迎您！""请坐！""请问您怎么称呼？""有什么需要，请您尽管吩咐！""有什么意见，请您多多指教。""不好意思，您的话我还没听明白，麻烦您再说一遍好吗？""欢迎您下次再来！""有什么不明白的地方，请您随时给我电话。"等。

2. 注意语音、语气、语速、语调

（1）语言柔和，语音动听

语言的生动效果常常是依赖语音的变化来实现的，语音变化主要是声调、语调、语速和音量。如果这些要素的变化控制得好，会使语言增添光彩，产生魅力。

（2）语调恰当，富有节奏

根据思想感情表达的需要，必须恰当地把握自己的语调，同时语言清楚明白，说话时要综合把握，形成波澜起伏、抑扬顿挫的和谐美，以收到最佳的交际效果。

（3）发音纯正，语句流畅

讲话时应避免口吃、咬舌或吐字不清的毛病。口齿不清可以把讲话的速度尽量放慢，操之过急往往会使口齿不清的毛病更突出。另外，无论将音量控制在什么程度，都必须强调说话要清晰有力，发音纯正饱满。

（4）语言清晰，语句连贯

要使语言清晰地表述自己要表达的内容的注意事项，不要随便省略主语，切忌词不达意，注意文言词和方言词的使用语说话的顺序。

（5）尽量不使用否定句和反问句

否定句和反问句通常让对方感到压抑或受挫，如"这个绝对不可能""难道你不知道吗"等，所以要尽量注意避免使用这些语言的表达方式。

3. 回复简练直接

当志愿服务对象提出问题，如果能够马上给予回复，在回答前必须确认自己知道的是正确答案，并用最简明易懂的语言告知服务对象，同时可辅助手势或其他媒介（如地图、路标等）说明。

4. 遵循"首问负责"原则

如无法马上给予服务对象准确答复时，遵循"首问负责"的原则，通过询问其他志愿者或工作人员间接取得回复答案或引领至可询问到答案的地方后方可算完成此次服务，而不是用"我不知道""你再问问其他人吧"之类的话语敷衍了事。

三、非语言询通的技能

美国心理学家梅拉比安曾经提出过一个非常著名的公式：人类全部的信息表达 =7% 语言 +38% 声音 +55% 身体语言。这个公式足以表明身体语言在沟通中的重要作用。

身体语言是非语言沟通中的重要内容之一。非语言沟通包括面部表情、身体距离、身体姿势、手势动作、眼神、仪表服饰、身体接触，甚至你所布置的环境等。

（一）面部表情

面部和眼睛是身体上最易引起注意的部位，是非常复杂的表情管道。与人交往时，面部表情宜生动而有吸引力，并要配合说话内容。

（二）眼神接触

爱默生说："人的眼睛和舌头所说的话一样多。不需要字典，就能够从眼睛的语言中了解心灵世界。"不同的眼神，代表不同的情绪、态度以及各种各样的信息。瞳孔的大小也反映心理活动：一个人感到兴奋时，他的瞳孔会扩张；相反，生气、消极的心情会使瞳孔收缩。因此，志愿者在与服务对象交谈、接触时，应多注视对方，了解其眼神特点及变化。

（三）身体距离

人与人之间维持距离的远近，表示不同的意义。不同的场合及熟悉程度有不同的距离标准。可分为亲密距离、私人距离、社交距离，不同的人所需要保持的距离不同。一般情况下，志愿者与服务对象之间的服务距离为 0.5~1.5 米，展示距离为 1~3 米，引导距离为 1.5 米左右，待命距离为 3 米以上。

（四）身体姿势

身体姿势能告诉别人，你希望和别人有什么样的交往关系，对对方所说的事有没有兴趣。双手交叉或双腿交叠在一起，都是封闭式的姿势，显示你紧张的心绪或没有兴趣和别人交往；双手不交叉，双腿交叠而方向指向对方或微微张开，都是开放式的姿态，这些姿势被理解成你精神放松，而且愿意和别人保持交往；面向别人并向前倾斜是非常重要的姿势，显示敬意和投入。

（五）手势动作

手势是体态行为的一种最有表现力的"语言"。手势是人们在交往或谈话过程中用于传递信息的各种动作。它是人类最早使用的且至今仍被广泛运用的一种交际工具。在长期的社会实践过程中，手势被赋予了种种特定的含义，具有丰富的表现力。志愿者在志愿服务沟通中，可以适当运用手势，加强内容表达和感染力。

1.常见的象征手势

（1）OK 手势

食指和大拇指环接成"0"形，其他三指自然弯曲，即为 19 世纪初风行于美国而后在欧洲被广为采用的表示良好、顺利、赞赏等意思的"OK"手势。这种手势在美国和一些西方国家广为流行，现已逐步遍及全球各地。

（2）举大拇指手势

跷起大拇指，其他四指紧握。我们用这种手势表示夸奖、称赞和赞赏之意。

（3）V手势

食指和中指分开竖起。现在人们普遍用这种手势来表示"胜利"（Victory的第一个字母）。这是第二次世界大战期间，英国首相丘吉尔推广的一种象征胜利的"V"形手势（伸出右手的食指和中指构成"V"字形状，余指屈拢）。

（4）伸食指手势

食指向上伸出，其他四指自然握紧。这种手势表示"一"或"一次"，或是"提醒对方注意"的意思。

（5）右手握拳手势

举起握成拳头的右手宣誓表示庄严、忠诚和坚定。

（6）模拟手势

比画事物形象特征的手势动作叫作模拟手势。例如：抬起手臂比画张三的高矮，伸出拇指、食指构成一个圆圈比画鸡蛋的大小，抡起胳膊侧身往后模仿骑马。模拟手势在一定程度上能使听者如见其人、如临其境，由于它往往还带有一点儿夸张意味，因而极富感染力。

必须指出，以上手势是沟通的重要传播媒介。我们不必每一句话都配上手势，手势做得太多会使人觉得不自然，可是在重要或关键的地方，配上适当的手势就会吸引对方的注意。

2. 手势礼仪要求

（1）大小适度

在沟通中，应注意手势的大小幅度，手势的上界一般不超过对方的视线，下界不低于自己的胸区，左右摆得范围不宜过宽，应在人的胸前或右方进行。一般场合，手势动作幅度不宜过大，次数不宜过多，不宜重复。

（2）自然亲切

与服务对象沟通时，多用柔和曲线的手势，少用生硬的直线条手势，以求拉近彼此的心理距离。

（3）避免不良手势

在志愿服务中应避免单指指人、咬手指甲、抓头发、抠鼻子耳朵、剔牙齿、把玩手机、随意打闹等不良动做出现。这些小动作往往在不经意间发生，容易忽略，因此要时刻提醒自己在志愿服务中的一言一行，树立和维护好志愿者的良好形象。

（六）见面礼

1. 握手礼

（1）握手的含义

握手是一种常见的"见面礼"，貌似简单，却蕴含着复杂的礼仪细节，承载着丰富的交际信息。比如：与成功者握手，表示祝贺；与失败者握手，表示理解；与同盟者握手，表示期待；与对立者握手，表示和解；与悲伤者握手，表示慰问；与欢送者握手，表示告别，等等。

标准的握手姿势应该是平等式，即大方地伸出右手，用手掌和手指稍用一点力握住对方的手掌。这个方法，男女是一样的。在中国，很多人以为女人握手只能握住她的手指，这是错误的。

（2）握手方式

神态要专注、认真、友好，注视对方，面带微笑。姿势要起身站立，迎向对方，在距其 1 米左右伸出右手，握住对方右手手掌，稍后上下晃动一两下。力度不可过轻过重，过轻显得轻慢，不分对象用力过重，有时让人反感生厌。在普通场合下，握手以 3 秒钟为宜。握手的同时，应配有问候语，如"您好""见到您很高兴"等。

（3）伸手顺序

一般情况下，讲究"尊者居前"，即由身份较高者首先伸手。女士同男士握手时，应由女士首先伸手；长辈同晚辈握手时，应由长辈首先伸手；上司同下级握手时，应由上司首先伸手；宾主之间握手，客人抵达时，应由主人首先伸手以示欢迎，客人告辞时，应由客人首先伸手，以示主人可以就此留步；一人与多人握手时，既可按照由尊至卑的顺序，也可按照由近至远的顺序。

（4）相握禁忌

握手的禁忌有以下几点：用左手与人握手；戴手套与人握手；戴墨镜与人握手；多人同时握手；以脏手与人握手。

2. 合十礼

合十礼又称合掌礼，标准做法是双掌十指相合于胸部正前方，五指并拢，指尖向上，手掌上端大体与鼻尖持平，手掌在整体上向外侧倾斜，双腿直立，上身微欠，低头，同时，伴有双腿轻微下蹲姿势。一般对方身份越高，合掌的指尖就举得越高。如遇到特殊情况无法双手合十时，用右手单掌代替，也可表达相同的敬意。当服务对象用合十礼致礼时，我们也应以合十礼还礼。合十礼通行于东南亚信奉佛教的国家。

3. 鞠躬礼

行鞠躬礼时，要注意双脚并拢，双手或紧贴裤线，或相握垂直放于身前。与受礼者相离二三步，面对受礼者，上身弯腰前倾，然后恢复直立姿势。行鞠躬礼时必须注目，不可斜视，受礼者也同样。鞠躬时，态度要诚恳，并且口中要说一些相关的礼貌用语。比如初次见面，需要说"初次见面，请多关照"，再次见面可以说"再次见面，非常高兴"等等。鞠躬礼在日本最流行，日本人与人见面、分别、道谢等都要行此礼。韩国人、土耳其人与人见面时一般也行鞠躬礼。

4. 拥抱礼

拥抱礼起源于西方文化的拥抱礼，并非任何时候见面都用。一般是在再次见面、老友重逢或送别时，为了表示或喜悦之情，或感激之情，或不舍之意而行拥抱礼。

行拥抱礼时，要大方热情，忌讳躲避或尖叫，或男女之间拥抱过紧、过久。

正确的拥抱礼行礼方法是：两人相对而立，伸开双臂，右臂在上，左臂在下，把右手搭在对方左肩之后，随后按左侧——右侧——左侧的顺序拥抱，热烈的拥抱还有轻拍对方后肩的动作，女士之间拥抱也可以贴面代替，一般持续 3—5 秒钟。

5. 抚胸礼

用右手按抚自己的胸部，然后向对方点头致意，这种礼仪称为抚胸礼，一般在信奉基督教、伊斯兰教的国家里普遍流行。在阿富汗，熟悉的人之间见面多采用抚胸礼。

以上手势和行礼方式都应是志愿者在主动行志愿礼后，根据服务对象做出的行礼动作而相应回礼的。志愿者绝不能先于服务对象行以上礼节或做出手势，以免引起不必要的误会和尴尬。

四、助残扶残的基本服务沟通技能

在人类历史的各个阶段，在每个国家、每个社会的各个阶层，都有残疾人的存在。按照现行的残疾分类标准，我国有视力残疾、听力残疾、言语残疾、肢体残疾、智力残疾、精神残疾、多重残疾共 8300 多万人。在我国，经历残奥会和亚残运会两大国际性体育赛事，我国的助残扶残志愿者队伍迅速壮大。如何提高助残扶残志愿者的服务水平，除了加强助残专业技能的学习和培训，提升志愿者的助残服务意识和切实加强助残服务技巧就显得尤为重要。

（一）助残服务的基本原则

残疾人是主流社会的组成部分，助残服务时不应过分强调残疾的特殊性，而是要充分欣赏残疾人的优点和长处，成就残疾人发挥潜能，助残志愿者不但要学会扶残助残的基本技能和技巧，还要让自己所提供的服务被残疾人乐意地接受，服务过程也得到残疾人的认可，需要掌握以下原则：

1. 一项基本原则

志愿者与残疾人交往，要遵从的一项基本原则是：平等、尊重、真诚。这是助残服务的基础。面对残疾人，既不"俯视"，也不"仰视"。既不是将残疾人都视为需要帮扶的"弱者"，也不要将残疾人都视为"英雄和模范"。志愿者与残疾人交往过程中，内在表现是诚挚的尊重，就会自然流露出一种情意，真诚、自然地真情流露；外在表现即为得体的礼仪。

2. 服务要求

服务过程中做到：不知道，就询问；不接受，不坚持。如果不知道如何帮助残疾人，就真诚、直率地询问，不可自作主张或者用想当然的方式帮助残疾人；如果提出帮助，残疾人明确拒绝了帮助，就不要继续坚持。

3. 遵循"三不准则"

初次与残疾人见面需要把握"三不准则"，尽量忽略残疾。①不要主动询问残疾问题和致残原因；②不过多注视残疾部位；③不过分关怀、关注残疾人的不便。

4. 人应当遵从"一看、二问、三听、四助"的四步骤

志愿者在为残疾人提供服务时，沟通是非常重要的环节，需要先了解需求，征求意向，再提供帮扶。志愿者需要用真诚的态度，了解真实的需求，做出恰如其分的反应并且提供适度的帮助与支持。征求意愿本身就是一种尊重的态度。

5. 做到有求必"应"

对残疾人不得使用歧视性词语。准确的书面用语为：视力残疾人、听力残疾人、言语残疾人、肢体残疾人、智力残疾人、精神残疾人、多重残疾人。但是在一些约定俗成的专用称呼时，不一定拘泥，比如：盲人按摩、盲人足球、盲人门球等。面对残疾人朋友时，直呼其名或者称呼他们的职业名称如某老师、某大夫等，也非常自然、得体和亲切。

我们应树立这种意识：残疾人与健全人一样，他们只是各有不便，他们并不是"另类"，不要用"正常人"一词称呼非残疾人，一般使用"健全人"一词与残疾人相对应。

国际社会近年来对残疾人的英文描述，也从以往的 Handicapped，Disabled 直指残疾，改为 People（or Person）With Disability，把人放在首位，体现以人为本原则。

（二）志愿者与视力残疾人沟通技能

视力残疾人主要以声音作为交流媒介，志愿者要注意语言、语调要有礼貌，动态行为要有适当的节奏。

1. 与视力残疾人交谈

在距离视力残疾人一两米远时，首先应有一个声音的提示，让其知道你在附近，然后再进行交谈和帮助，语调应该诚恳而平和。

与视力残疾人相遇，切勿大声疾呼或突然向其握手和拥抱，以免使其受到惊吓。

如果是和多位视力残疾人在一起，要告诉大家你是谁。与其中一位视力残疾人交谈时，要使对方明确谈话指向，表明自己正在与谁说话。当要离开时，须告知与你说话的视力残疾人。

与多位视力残疾人相遇时，不仅要与相识的朋友打招呼，与不相识的朋友也要主动打招呼，离开时向每一位视力残疾人打招呼。

2. 与视力残疾人握手

在握手前应首先进行语言提示：视力残疾人伸出手，应主动相迎；当两位视力残疾人需要握手时，志愿者要及时引导他们的手接触。一些残疾人，有残余视力，但是可能视野较窄，看不到你从侧面伸出的手，没有回应你伸出的手，此时语言提示非常必要。

3. 为视力残疾人引路

不经过询问不要去尝试为视力残疾人引路。引路时，要让对方扶握住你的胳膊肘部，引领他自己行走。要注意视力残疾人的习惯，首先，要询问他习惯拉扶握左边还是右边；其次，为视力残疾人引路时，要使用描述性的语言，把明眼人能看到的一切都尽量多的讲给他听。

切记不可以随意拿走视力残疾人的盲杖，或者牵引盲杖为其带路。引导视力残疾人出行时，不可随意把盲杖拿在志愿者自己的手里而试图搀扶视力残疾人前行，这样做可能令视力残疾人心生胆怯或感到不舒服。

为视力残疾人开门要完全打开，半开的门、弹簧门很容易碰伤视力残疾人。一些视力残疾人的眼睛需要特别防护，要避免磕碰他们的头部。视力残疾人过安检要有人引导，或者工作人员给予协助，多用语言提示。

4. 引领视力残疾人入座

注意避免使用"你坐这儿""坐那儿"这类的语言,因视力残疾人看不见,对方向、位置难以把握;引领他们就座时要明确地告知他们:请坐在你的左边或右边、前面或后面的位子等,要给他们一个十分明确的指示。如果给视力残疾人让座,要把他的手轻轻放在座椅的靠背或扶手上,让他能够确定座椅的位置。

5. 引领视力残疾人参加会议和社交活动

凡是有视力残疾人在场,出于礼貌和对他们的尊重,要请在场的主要人员做个简单的自我介绍,使视力残疾人可依据声音来"认识"现场的人员。要尽最大可能将现场情况和面对的主要人员向视力残疾人进行描述和介绍。

有视力残疾人在场,明眼人不要窃窃私语或用手势交流,应当大方地告诉视力残疾人,或者离开到另外的场地交谈。

遇见导盲犬,在没有得到主人允许时,不要抚摸或分散导育犬的注意力,更不要随意喂食。

视力残疾人的随身行李和物品不习惯离身,一般由自己携带,除非他提出需要帮助,志愿者不要坚持为其提行李。

6. 与视力残疾人进餐

首先帮他们触摸自己的碗、筷、杯、盘放在什么位置。

为了便于视力残疾人就餐,要根据他的需要准备餐具,例如准备一个碗和勺,这样,饭菜就不会弄到桌子上。

询问时,不要直接问"你吃什么",要问视力残疾人有什么忌口或者不吃什么,先帮他夹一两种菜,菜量少一些,看他们吃完后,再换另一种,各种菜尽量不要搅在一起,影响口感。

为视力残疾人布餐还可采用形象化布菜法,将餐桌上的盘子视为一个钟表,告诉他各种菜所摆放的位置,如:色拉在 12 点钟的位置上,烤鸡在 6 点钟的位置上,而包在 9 点钟的位置上等。这样,视力残疾人只要触摸到盘子的位置,便很容易地取到各式菜肴。

视力残疾人需要与人敬酒碰杯时,志愿者应及时给予帮助。吃鸡、鱼等带骨和刺的食物时,要提醒他们注意,避免扎嘴。

视力残疾人开始就餐时,为其服务的志愿者,要让视力残疾人知道自己在稍远处,不要让其感到有人在旁观餐,感到不舒服。

7. 对低视力的残疾人提供及时帮助

低视力的残疾人虽然有一些残存的视力,但在光线昏暗的环境中,他们看不清楼梯的高度、地面的水、洗手间的标志、商店的价格标签、玻璃门,并且对一些物体的距离难以判断等，这个时候，志愿者应给予及时的帮助，及时提醒，避免出现意外。

（三）志愿者与听力与言语残疾人沟通技能

与听力、言语残疾人交往时，要主动为对方解释或者翻译周围发生的事情，并坦然面对他们的眼神。频繁地窃窃私语或者转身相背，都会引起听力、言语残疾人的误解。

1. 与听力、言语残疾人交谈

应微笑地提前打招呼，多注视他们的眼神和手势，如看不懂他们的手语，可进行笔谈，用语要直截了当，避免用晦涩、幽默或说反话等方式与他们交流，免得引起误解。在任何时候，诚恳都是与听力、言语残疾人沟通的根本。

2. 与听力、言语残疾人的短信交流

在当今信息时代，听力、言语残疾人也在广泛地使用手机短信进行社交联络，我们给他们发短信时，要注意言简意赅和文明礼貌用语。

3. 与听力、言语残疾人手语交流

志愿者可适当学习手语，方便与听力、言语残疾人交流，请注意手语的准确性和表情的配合，比如"等一等"和"活该"的手语，打得不准确就容易造成误解；这两个词的手语所配合的表情是大不一样的，要表达"等一等"一般是面带微笑的表情，而表达"活该"式的手语，肯定是生气、愤怒的表情。

4. 与听力、言语残疾人参加社交活动

如有听力、言语残疾人在场，请以信任、友好的心态和表情面对他们，对于他们的特殊困难要给予及时的帮助。

（四）志愿者与肢体残疾人沟通技能

为肢体残疾人提供服务，要充分尊重对方，过分热情或者过分冷淡都是不礼貌的行为。

1. 接纳肢体残疾人

一些重度肢体残疾人，如严重的脑瘫残疾人，他们行动或表情不协调，面对这样的服务对象，首要的问题是要接纳他们。我们要用他们的拼搏精神激励自己，用善待生命的意识，欣赏他们的顽强，这样才能够理解他们，进而才有可能发自内心地尊重他们，并热情周到为他们服务。

2. 与肢体残疾人交谈

与坐轮椅的残疾人交谈，若时间超过一分钟，志愿者最好采用蹲姿与其谈话，此时双方的目光在同一水平线上。不要倚靠肢体障碍人士的轮椅或者其他辅助设备；不要拍轮椅使用者的头或者肩，用居高临下的方式向他表示友好。处理好这些细节都能体现彼此之间的尊重。尊重他们才能赢得别人对自己的尊重。给肢体残疾人打电话，电话铃声要多响几声，便于对方接听。

3. 与肢体残疾人同行

架双拐的残疾人在行走或上下楼梯时，一般不必搀扶，别人的搀扶反而会使其失去平衡，有"帮倒忙"的尴尬。与架拐杖的朋友同行、上楼梯或乘电梯，最好走在他们前面，不要让他们有紧迫感；如果为了方便照顾他们，也可征求他们的意见之后，陪伴在适合的位置。

征得同意，尽量协助肢体残疾人。帮残疾人提随身的大件行李。未征得同意，不随便造访肢体残疾人的住处。

4. 与肢体残疾人就餐

帮助失去双臂的残疾人就餐时只要询问他们需要什么餐具，忌讳直接喂他们吃东西。

帮助坐轮椅或架拐杖的残疾人用自助餐，询问对方要求，按照对方的要求协助取食品。

（五）志愿者帮助残疾人时要牢记适度原则

残疾人在长期的生活实践中，大多已经建立起了属于自己的独特的生活方式，从这个角度来说，志愿者的帮助，更多的意义是体现志愿者的善意和辅助支持。所以，对他们的关心和帮助，需要事先征得残疾人本人的同意和配合，请他们提出具体的辅助方式，当残疾人确实不需要他人帮助时，就不要勉强，切不可"强行"出手帮助。"过度"的关注、不断地嘘寒问暖，会挫伤对方的自尊心。

第五章　志愿服务的工作技能与技巧

第一节　志愿服务的工作技能

一、时间管理技能

时间管理分为个人时间管理和组织时间管理。这里所要谈的是个人的时间管理。个人时间管理就是自我管理，即改变已有的一些不良的习惯，以使自己更富绩效与效能，以便对时间进行计划、监督与评估，以期达到最合理的分配与使用。

对于志愿者而言，如何合理安排时间是至关重要的，因为志愿行为往往发生在你本职工作之外。这也就是说，志愿者们必须掌握良好的时间管理技能，从而合理分配工作时间与志愿服务时间，使两者都不偏废，都能有效地进行。

在志愿服务的过程中，往往要求志愿者能快速处理手头的工作，甚至能高效地同时完成几项工作。志愿者的工作有时必须在工作时间外完成。这些情况都需要志愿者能掌握良好的管理时间的方法，帮助自己恰当地安排工作，获得充足的时间，以最高的质量完成志愿服务。

（一）时间管理的主要法则

志愿者想高效地管理时间，首先要明确时间管理的主要法则，即 ABC 工作法与 80/20 工作法。

1. ABC 工作法

ABC 工作法是通过分析工作任务的重要性和紧迫性，从而确定工作的先后顺序的方法。把所有要做的事列成一张表格，然后将其分为三种类型：A 型为重要且紧急的事情；B 型为重要或紧急的任务，但并非既重要又紧急的事情；C 型为既不重要也不紧急的事情，或者一时无法确定类型的事情。

把主要精力集中于对 A 类工作的完成；接着是 B 类工作；C 类工作属于日常的杂务事情，这些工作应在有时间的时候再做，或利用零碎时间来完成。

2. 80/20 工作法

80/20 工作法，又称帕累托原理，它是根据工作的重要性，分配各项工作的投入时间。帕累托原理的大意是，一切事物都是由 20% 至关重要的内容与 80% 的普通内容组成。因此，只要能控制具有重要性的 20%，就能控制全局，从而取得 80% 的价值。建议你将时间花在重要的少数问题上，因为掌握了这些重要的少数问题，你只需花 20% 的时间，就可获得 80% 的成效。这也就是说，你每天需要把 80% 的时间和精力用于真正重要的 20% 的事情上，而将次要的事情分流处理。

（二）科学的工作计划

在进行志愿服务的过程中，要根据时间管理的 ABC 工作法与 80/20 工作法拟订工作计划，在分清工作轻重缓急后，能合理安排各项工作的时限，从而有效提高时间的使用质量，使志愿服务井井有条。

1. 明确工作的目的与目标

中国有句古话："人无远虑，必有近忧。"计划的完美无缺固然重要，但是如果没有事先确定目标，这样的计划也是无济于事的。目标是衡量一个人行为的尺度。目标使你明确为什么做，为自己设定一个好的目标，这会帮助你在繁复的日常生活中保持清醒的头脑，使自身的力量集中于事情本身的重点之处。

你可以把目标分成长期目标（一周以上）和短期目标（一周以内）。长期目标需要具体，但不用非常详细，可以在行事历上记下这些目标及其完成的时限。而把短期目标记在每周或每日的工作计划表上。明确工作目标是制订工作计划的前提。

2. 拟订工作计划、编制工作日程表

你可以使用表格的形式来帮助自己制定计划。

（1）你可以在表格相对应的栏目中填上应该或者必须做的事情。这应该包括本日必须完成的工作、昨天尚未完成的工作、今天新增的工作、将要赴的约会、要处理的电话或者信件、定期要做的工作（如例会）等。根据 ABC 工作法，将所有工作进行分类。然后做 A 型、B 型、C 型任务表各一个。

（2）大致估算完成每件事情所需的时间，再根据 80/20 工作法，为每件事情规定出具体的时间，并记录在表格中。并且，依时间允许，学着同时交又进行多件事情。可以使稍微简单一些的 B 类工作和琐碎的 C 类工作，与 A 类工作交叉进行，这也可以调剂 A 类工作的高强度时间段。当然，必须留出一大段固定且不受打扰的时间，用于完成重要的工作。

（3）把每天的时间分成几个区段，通过了解自己身体生物钟的高峰和低谷，把重要的工作安排在自己最清醒的时间段完成。并且，为了谨慎起见，应该把那些意外活动或突发状况的时间列入计划。因此，计划中应该包括工作时间与弹性时间，并且各占 50%。

（三）时间管理的小窍门

1. 清理办公桌

整洁的工作空间可以保证你迅速找到所需的东西，提高你的工作效率。桌面上只有目前手头需要处理的文件及相关资料、要用的工具等。将钢笔、铅笔、胶水、直尺等放入伸手可及的容器内。常用的参考资料也放在随手可及的地方。对于各种文件，可以根据不同的种类标上不同的颜色，分别放在不同的资料夹中，并使用文件格进行存放，以便寻找。一日结束时，把桌面清理干净，只留下明天早上要处理的东西。

2. 克服打扰、避免拖延

凡是与已经确定和正在实施的目标、计划、工作、事务有悖的各种因素称为干扰。克服打扰为自己预留一些情景时间，会达到"事半功倍"的效果。当然，还要谨记"今日事今日毕"，不要拖延计划内的工作，那只会浪费更多的时间来清除累积下来的事务。

3. 其他时间管理的小窍门

首先，做到有效利用等待的时间与零碎的时间。可以把琐碎的 C 类工作集中在一个资料夹里，利用零碎时间来处理。其次，避开高峰时间，以节约等待的时间。最后，不要花太多的时间在电视、杂志或报纸上。尝试着掌握快速阅读的方法，把握主要观点和重要内容即可。

二、语言文字技能

（一）通知

1. 通知的写作

（1）标题

通知的标题与其他公文一样，一般具有标题的三个要素。例如，《中共中央关于认真学习贯彻党的十九大精神的通知》。值得注意的是，批转和转发通知，其标题中的事由必须写明批转或转发的单位及其公文的名称。例如，《国务院批转国家旅游局关于加强旅行业管理若干问题请示的通知》。这标题中的事由部分是"国家旅游局关于加强旅行业管理若干问题的请示"。转发公文的标题也与此相同，即大标题中包含一个小标题。如果被批转或转发的公文是法规性文件，则需在法规性文件名称上加书名引号。如：北京市××区政府人事局，"关于转发北京市人事局《关于印发＜北京市国家公务员行为规范＞的通知》的通知。"在这标题中，转发北京市人事局的《北京市国家公务员行为规范》属于法规性文件，所以要加上书名号。

（2）正文

通知属于下行文，正文的开头应有主送机关。但是，如果用于告知性，面向本单位所属人员，则可以直达公众，不必写主送者。通知的正文，各种不同类型的通知均有其不同特点。但一般说来，它主要由前言和中心两部分组成。

①前言。说明制发通知的出发点、原因、目的或根据，如："为深入学习贯彻党的十九大精神，把全党和全国各族人民的思想统一到十九大精神上来……现就有关问题通知如下"。又"根据人员变动和工作需要，经国务院领导批准……"。这两份通知前言，是以目的和根据开头的写法。

②中心。通知的主体正文要写明通知事项，各种通知中心内容均不相同。

指示性通知——要写明指示的意见。要下级做什么，有什么要求和措施应讲清楚。如果是禁止某种不良现象，必须讲明禁止的事项包括哪些，打击的重点，具体措施，组织领导等，使受文单位进行禁止时有章可循、有法可依、贯彻执行有力。

事务性通知——要写明要求下级机关办理和执行的事项，要详细交代清楚具体任务，布置的具体工作内容，应完成的日期。

批转类通知——转发上级文件，应有表态，"请认真贯彻、落实""望遵照执行"。批转下级文件也应有表态意见，有的简略，有的进一步阐发意见。对所批转的公文均要求下级贯彻执行，这是最基本的表态，阐发意见是对所批转文件进一步做出评价，阐明此项工作的重要性，执行中应注意的事项。这实际上是表态加上指导意见。

告知性通知——写明告知事项便可以，不必议论、评价，更不必阐发其意义。

会议通知——要写明会议召开的日期、具体时间、地点、会议名称、会议中心内容、参加会议人员、人数、需准备的事项。如果会期较长，还应有报到日期、会期（多少天）、交通、住宿安排事宜，有关参加会议经费是自理还是报销等等。有保密性的会议通知，可不写会议名称和中心内容。

2. 通知写作的注意事项

（1）在各种行政机关中，通知有两种形式：一种是口头通知，包括通过电话或网络通知；另一种是公文形式的通知。公文形式的通知应遵照公文的撰制程序，公文的格式，公文的行文要求来进行。

（2）通知的撰写要具体、明确，要人们做什么，完成什么工作任务，召开会议的时间、地点、会议中心等等都必须具体，准确说清楚，不可含糊其辞。

（3）表述要简明，意尽言止，使人一目了然。

（4）撰写通知应及时，讲究时效性，以提高工作效率。

（二）会议纪要

1. 会议纪要的写作

（1）做好会议记录

会议记录是起草会议纪要的原始的、最重要的依据。任何会议纪要都要在会议记录的基础上产生，忠实反映会议，反映与会者发言的基本观点，议定的事项，达成的共识，不可随起草人的主观愿望任意增删，任意发评论。

会议记录要做好，有三点应注意：

①会议的基本情况要记清楚会名、时间（日期）、地点、主持人姓名、出席人（人数或姓名）、缺席人、列席人、记录人。如有领导人出席，也要记上姓名。

②会议记录的中心主要有四个方面：主持人的讲话；与会者的发言；讨论情况；议定的事项。如有领导人出席讲话或总结，当然也要详记。

③记录的基本要求：要点不遗漏，观点不走样，尽量记原话，书写要正确。

（2）会议纪要的主体写作

会议纪要的主体分为两部分：

①会议概况。会议纪要的开头要介绍会议的概况，它包括：会议召开的日期及时间（如会期较长，要写明会议起始至终止的日期，共多少天）、地点、主持人、出席人、列席人人数、姓名、会议中心及议程等会议要素。如有领导人出席，写明领导人姓名及职务。在介绍会议概况时，如果参加会议人数少，并且是一些领导人参加，可写上参加人姓名。如果参加会议人数较多，只写明他们来自何处，共由多少人便可以。

会议概况的介绍，有的还进一步介绍会议围绕中心的讨论情况，包括由哪些人发言，有哪些主要领导人（姓名）讲话，有哪位较高级领导人（姓名）出席会议，听取大家的发言，并作重要讲话，会议气氛如何等。

②主体。会议纪要的主体是反映会议核心的基本内容和议定的事项，以及对会议取得的成果进行简要分析和评价。

对会议基本内容的介绍，实际上就是反映会议的主要精神，即与会者通过讨论所达成的共识。通常，采用"会议认为……""会议指出……""会议强调……""会议决定……""会议希望……""会议号召……"等引语，逐一列出与会者达成共识的各种观点，包括对形势的分析、对当前要解决的问题的认识，今后发展方向的指引等等，体现会议的主要精神。有的会议纪要还写"希望""号召"。

除此之外，会议纪要的主体表达，还有采用：

归纳式——简要归纳会议的主要内容、议定事项，根据内容的多少，分节或分段，或分条来写。

条目式——将会议主要内容，议定事项，用条目分列："一、二、三……"，一条写一项内容。

记录式——常用于一般讨论会、学术会，把各种不同观点的自由发言，如记录一样，把其原话摘录反映出来。这种会议没有工作的议定事项要人们执行，可以简要反映。

2. 会议纪要写作注意事项

（1）要忠实于会议的中心议题，忠实于发言人的原意，达成的共识，不可任意增删内容，妄加议论，添枝加叶。

（2）要突出会议的重点、要点，不要面面俱到。所谓"纪要"便是要突出会议之"要点"。会议集中的主要精神，会议做出什么新决议、新举措。这要求撰写人要认真审阅会议材料，包括领导人的报告或讲话稿，同时还要与会议负责人共同进行讨论、共同提炼会议的重点、要点。

（3）文字要简明，叙述要条理分明。对会议精神等要点要分层次、分顺序进行归纳阐述，给人条例清晰的印象。会议的结论，可适当从理论上加以概括，以提高人们的认识。

（4）会议纪要是与会者共同意见的体现，应在发表前征求与会各方代表的意见，最后落款常不写与会各单位名称，也不加盖公章，发给各位与会者带回去遵照执行。如上级认为这对于未来参加会议的其他单位也有参照执行的价值，可批转给其他单位，或通过媒体公开发布。

（三）计划

计划的写作不同于一般公文，它有两种形式：一种是条文记叙方式；另一种是图表表达形式（附加文字说明）。

这里仅介绍条文记叙方式计划的写作。

1. 标题

计划标题与公文近似，由三个标题要素组成，不过，事由部分要加上时间词，或只用时间词。如："××县人民政府2019年粮食发展计划""中国档案学会三年学术活动计划"。

2. 正文

计划的正文分为三部分：前言、主体、结尾。

（1）前言——说明制订计划的指导思想、目的、依据以及计划的总体目标和总任务。

这是计划的总纲部分，借以统率全文。主要回答："为什么制定""依据什么制定""制定的总目标是什么"。

（2）主体——写明计划的中心内容。包括三要素：具体目标和任务、措施、步骤。

具体目标和任务——计划有总体目标，但一个总体目标要实现不可能一蹴而就，一下子达到。主要把总目标划分为若干具体的分目标或任务，分阶段去完成各个分目标，最后才达到总目标。计划要提出具体要完成的指标，分阶段完成的任务，不可泛泛地写。

措施——在完成具体目标或任务时，应采取什么方法，包括所需的人力、物力、技术或手段、组织安排，以及领导力量的保障，检查奖惩措施等等。措施要具体合理，切实可行。

步骤——按照时间的顺序列出几个时间阶段。把各具体分目标或任务，分别列入各时间阶段中。要规定不同时间阶段应完成哪些不同的具体分目标或任务，要有先后次序，先做什么、后做什么、何时完成，要分别轻重缓急。制订计划，时间步骤安排很重要。顺序要合理，要切实可行，环环紧扣。

（3）结尾。计划的结尾无固定的内容，有的发出号召，展望前景，给人以鼓舞；有的写明计划的检查、监督的办法；有的再次强调计划的重要点。

（四）总结

1. 写作前的准备

总结涉及面广、材料多，需在写作前认真做好如下三方面准备：

（1）调查研究、搜索材料。

（2）确定中心、认真筛选材料。

（3）拟定写作提纲。

2.正文的写作

总结的正文有常规的格式，即前言加主体两部分组成。但也有"五段式"或"三段式"的写法。

"五段式"写法有如下五个段落：

（1）工作概况。交代总结涉及的时间、范围，所进行的工作（抓几件事）。简述主要的变化，取得成功的主要原因。

（2）工作的主要步骤和措施、方法。

（3）工作取得的主要成绩及存在的不足之处。

（4）工作的经验体会——哪些是成功，哪些是教训。

（5）展望未来，提出今后努力方向。

"三段式"的写法有三个段落：基本情况、主要成绩及经验体会、今后工作建议。

除此之外，总结写作格式还有：

（1）标题式——把正文分为若干部分，每部分都加上小标题。围绕中心，提纲挈领，多用于内容多的综合性总结。

（2）阶段式——以时间为主线，分成几个不同时间阶段，分别说明每个阶段工作的重心、成绩、经验和体会。常用于时间较长的总结报告，如年终总结等。

（3）比较式——用对比变化的方法进行总结，现实与历史、本部门和其他同行业部门相比较，在比较中，总结成绩，总结成功的经验，多用于经验总结报告。

3.总结写作的注意事项

（1）要实事求是，不弄虚作假。这是写总结的基本态度。

（2）层次分明，重点突出。总结篇幅较长，结构安排要有逻辑顺序，让人一目了然。不要面面俱到，要重点突出，主次分明。

（3）要写出新意。写总结不要老一套，一般化，要善于从工作中总结新经验，提出新观点，给人以新的启示。

（4）有人认为，写总结有"六忌"，即忌流水账，忌歪曲事实、歪曲因果关系，忌报喜不报忧，忌无新意，忌空洞浮泛、少事实材料，忌用词夸张。

（五）简报及其报道

1.简报的体式

简报的体式不同于一般公文，它由报头、报核、报尾三部分组成。

（1）报头部分

简报的报头部分相当于公文扉页的眉头（文头）部分。它由简报名称、期号、编制单位和编制日期等组成。简报名称均采用套红大字，报头下方有一红色隔离线。

（2）附加

简报一般无目录，但是有的简报内容多，在其扉页的文头下方附加简报目录。

2. 标题与正文的写作

（1）标题

简报的标题完全不同于公文标题，它不必讲究标题的"三要素"，一般只要反映报道的中心内容便可以，其文字表达较灵活多样，如有：

①反映中心内容的标题，如："区财政局对合资企业进行规范化管理""国家税务总局副局长×××领导同志到我区检查新税利的执行情况"。

②概括式专栏标题，如：《会议简讯》、《交流简讯》、《工作动态》，在每一概括式标题下，列出简短的几条消息，每条消息不另加标题。

③形象化标题，如：《桑榆为霞辉满天》、《老友重逢、激情满怀》。

④提问式标题，如：《守信企业还要不要》。

⑤正副式标题，如：《没有梧桐树，也有凤凰来——×××厂引进人才》。

（2）正文

简报报道内容的写作有如下几点要求：

①要有选择性——要选择重要的信息，有指导性、警示性、针对性的信息。

②要有新鲜性——报道要给人一种新鲜感，"新"是简报的重要生命。

③要有重点——要区别重点与一般，突出重要信息，不要面面俱到。

④内容要真实可靠——尤其是事故报道，好人好事的报道，领导干部活动的报道，时间、地点、人物、情节、结果都要认真核实。

⑤简明扼要，以叙述为主，如实报道，不发议论，不随意评论。如报道一些不良现象，也以叙述为主，客观地把事情的发生、过程、结果按顺序交代清楚，把情况或事实说完整。一般常用顺叙方法。

（六）一般书信格式和礼貌用语

1. 信封格式及礼貌用语

信封上的封文要写明：

（1）收信人的邮政编码（在左上角的四方括号里）。

（2）收信人的地址：××省××市（县）××区（镇）××路（村）

××号××楼××室。

（3）收信人的姓名和称呼，以及"收"或"启"（大字）。

（4）信封下部为寄信人地址及封缄辞，即：寄信人姓名加上"缄"（封）。如：林缄、李缄。最底下的四方括号，填上寄信人的邮政编码。

（5）信封上的礼貌称呼主要是寄信人对收信人的称呼。最常见的尊称是"同志""先生""女士"。此外，也可用职称或职务称呼："×××院士""×××教授""×××校长""×××经理""×××局长"等等。亲属之间，下辈对长辈也有用"父亲""母亲"、

"舅父"等称呼，上辈对下辈，包括老师对学生，上级对下级，常用社会称谓："同志""先生""女士"。一般长辈对晚辈不用职称或职衔。

2.书信正文格式

书信的正文不同于写文章。它讲究一定的格式，要让收信人感到亲切、自然、文明礼貌，这才能收到良好的交际效果。开头要有称呼、问候；结尾也要有人际交往的祝颂语，表示对收信人的关心、友爱、亲情。

（七）邀聘函

1.请柬

（1）请柬的格式

①标题：通常是"请柬""请帖"或"邀请书"。一般在第一页的正面的居中位置，常用套红或烫金大字，使之美观、醒目。

②称谓：被邀请者的单位或个人的姓名。写在正文之上的抬头顶格位置；也可写在装请柬的信封上。

③正文：写明邀请事由及具体的时间（月、日、时）、地点。如果地点较偏僻，还应注明行车路线。

④结尾：常用敬语，如"敬请光临"，"敬请莅临指导"，"此致、敬礼"等等。位于正文尾部，另起一行。

⑤落款：在结尾后另起一行，邀请者单位或个人落款署名，通常，单位还要加盖公章，并写明发请柬的年、月、日。

（2）请柬写作的注意事项

①措辞亲切，充满敬意。请柬的中心在于"请"字，这是它与一般通知的明显区别。因此，请柬写作时，措辞要礼貌、亲切、充满敬意，使被邀请者能心情愉快地接受邀请。

②外观要别致、美观。请柬的外观设计要别致、美观，不可一张白纸写黑字。这是社会礼仪的要求。既要让人知道邀请的内容，同时要给人优美的

艺术感受，留下良好的印象。

2. 聘书

（1）聘书的格式

①标题：标题写明"聘书"或"聘请书"，用较大的字体书写。或书写在封面上，或书写在正文上方居中位置。

②称谓：被聘者的姓名加上尊称，如："×××先生"，"×××小姐"。位于正文之上一行顶格处。

③正文：写明聘请的详细内容，如：被聘请担任何种职务，做什么工作，任期时间（从何时起，至何时止），聘任期间的报酬等等。

④结尾：一般写敬语，如"此致""敬礼""此聘"。

⑤落款：写明聘书发放单位的全称，以及发聘书的年、月、日，同时还应加盖公章。

（2）聘书写作的注意事项：

①措辞要庄重、有礼貌。聘书是代表一个单位向个人发出聘请，所以措辞要谨慎、庄重，措辞语气要对人尊重、有礼貌，同时又要表现出诚意，使对方能愉快接受聘用。

②告知内容要简明。聘书内容属于告知性，主要说明聘任谁、担任何种工作、起止时间等便可以，言简意明。

三、记录整理与档案管理技能

志愿者在各类行政部门的志愿服务中，常常会遇到记录整理、档案管理等工作。这看似简单的工作，其实并不容易完成。这要求志愿者不仅要细心、耐心，更需要掌握得当的工作方法与技能。

（一）记录整理

记录并不是我们陌生的一种技能。在日常生活中，我们经常需要做一些记录。比如，听课时的笔记，开会时的记录，甚至是接听电话时的记录。但是，我们往往会因为字迹过于潦草，时间一长就读不懂了。或者无论信息是否重要，都随手记在一张小纸片上，在需要的时候往往就找不到了。因此，我们必须学习一些方法，来帮助自己提高记录的能力，并逐步养成及时整理记录的好习惯。这也正是志愿服务中必须掌握的技能。

1. 电话记录与整理

在志愿服务中，接听电话是最常发生的事。接听电话不外乎两种情况：一种是打给你本人的电话；另一种是需要你转告的电话。

如果是打给你本人的电话，建议你身边常备一本小本子，用以记录电话中的重要内容。与此同时，建议你每周至少整理一次本周的电话记录，把重要的电话号码或地址归入通讯录，把重要的约定事件写人记事本，以防丢失。

如果是需要你转告的电话，建议将电话内容记录在电话记录表中。

2. 会议记录与整理

会议记录是指在会议期间，当场把会议的基本情况和会上的报告、讨论的问题、发言、决议等内容记录下来的文字材料。

在志愿服务中，志愿者会参与许多会议。一些会议为志愿者团队内部的动员会、总结会、例会以及培训等。另一些会议为志愿服务的会务工作，如各级全国人民代表大会、国内外学术性研讨、各种国际论坛、峰会等。在大多数的会议上，手提电脑的敲敲打打是不合时宜的。志愿者应使用纸和笔做记录、画表格、添加注释和标记。这也就要求志愿者有较快的记录速度，但是仅有这些是远远不够的，志愿者必须掌握会议记录的要点，从而达到"快、全、准"的目标。

会议记录的方法一般可分为简要记录与详细记录两种。

简要记录，即只记录要点，如会议主题、发言要点、决定事项、主要结论等，适用于志愿者团队内部的各种会议。

详细记录，主要用于各类重要会议。作为记录人的志愿者必须把会议中的主要决议、关键性内容、重要问题和言论等原原本本地记录下来。

在大型会议上，可以采用录音记录。录音笔的使用，能帮助你准确、全面地整理出会议记录。在一些重要的会议上，可使用速记的方法，即使用一些简单的记录符号或者词语缩写符号迅速记录语言，以提高效率、节省时间。

在会议开始前，应该完成会议基本情况的记录。包括会议名称、开会时间、开会地点、主席或者主持人（姓名）、出席的领导（姓名）、中心议题、出席人（姓名或人数）、列席人（姓名或人数）、缺席人（姓名或人数）、记录人（姓名）等。

会议记录的主要内容包括主席或主持人的讲话、会议报告或传达的事情、与会者的发言、讨论情况与议定内容、领导人的讲话或总结。会议记录的内容一定要有条理，每一记录要素都应单独成行。对与会者的发言、讨论情况等发言的记录，应以一个发言为一个记录单元换行分隔。

在做好会议记录的同时，要及时做好会议记录的整理工作，将速记符号等转写为通用文字，并将会议记录输入电脑。

（二）档案管理

立档单位将日常工作中形成的文件，按照档案部门的要求将其组合成一个个便于管理的案卷，称之为立卷，将这些案卷作为档案移交给档案部门保存，称之为归档。档案的整理，是对具体文件的组卷。主要是零散的和需要进一步条理化的档案，进行基本的分类、组合和编目，使之系统起来。

无论在政府机关，还是在企事业的或非营利性组织的各个部门，志愿者最长提供的志愿服务就是文书的立卷归档和档案整理。一般情况下，服务单位的各个部门会预先挑选出那些有查阅、保存价值的文件材料。志愿者的工作就是按照这些文件材料在形成过程中的联系做好归类，把它们组成案卷。

在这里，介绍一种简单有效的立卷归档与档案整理五步法。

1. 按特征立卷，排列卷内文件

一般情况下，志愿者会帮助服务的各个部门按照一定的特征立卷。最常用的为按主题特征立卷、按文件形成的时间或文件内容所针对的时间立卷、按制发文件的部门或个人立卷、按文件名称特征立卷等。按时间、主题、地区、作者、名称等排列卷内文件。

文书立卷时，要求最好能准确地划分保管期限。

排列时需要注意正文在前，附件在后；请示在前，附文在后；最后的定稿在前，讨论修改稿在后。

2. 填写卷内目录和备考表

在装订前，志愿者应主动复查整理案卷，然后及时填写卷内目录。对于永久、长期保存的案卷还应填写备考表。填写卷内目录时一般每一份文件分别填写。如几份文件的内容完全是针对某一个具体问题的，也可以综合起来填写。备考表主要是为说明卷内文件的某些缺点或问题，并注明立卷人姓名，以备查考。备考表附在卷末，不编张号，应在装订前填好。

3. 装订案卷，填写案卷封面

在完成前两步工作后，志愿者方可装订案卷。装订完成后，需马上工整地填写案卷封面。填写的项目为单位名称（如按问题分类，应填写类的名称）、案卷标题、卷内文件起止日期、卷内文件张数保管日期、文书处理号。

4. 档案分类，案卷的排列与编号

志愿者完成了上述立卷工作后，可以请示服务部门将这些案卷作为档案移交给档案部门归档、保存。部分志愿者可能会在专门的档案部门进行志愿服务。当这些志愿者遇到其他部门送来的案卷时，应将案卷按照来源、时间、内容和形式异同，分成若干类别。通常使用的分类方法有年度与单位分类法、组织机构与年度分类法等。

案卷分类后，应根据分类方案、案卷重要程度、主题、地区、时间、文件作者等关系，进行系统的排列。内容联系密切的案卷排在一起，形成时间早的案卷排在前面，时间晚的案卷依时间先后依次往后排。案卷的排放顺序一经确定，就应该对各案卷进行编号，将其排序固定确认下来，并逐卷进行登记，编制目录。这标志着档案系统整理工作的基本完成。

5. 填写案卷目录

对于志愿者个人而言，虽然本身不一定是专业的档案管理人员，但是为了能更好地完成志愿服务，志愿者们必须了解案卷目录的填写形式、结构与内容。

案卷目录的形式均为书本式（簿册式），一般不采用卡片式或活页式。由于案卷目录使用频繁，所以最好在案卷目录前加硬质封面。装订线可在左侧或上侧。开本尺寸一般采用 16 开（300mm 或 275mm×220mm 或 195mm）并横向使用（即文字行列与长边平行）。除封面、扉页、目次、序言、备考表之外，目录主要采用表格形式。

通常情况下，案卷目录包括封面和扉页、目次、序言或说明、简称对照表、案卷目录等结构内容。案卷目录的主题部分用于逐卷登录案卷封面上的基本信息。每一案卷（条目）的登录内容由案卷号、案卷标题、年度、保管期限、页数、备注等项目构成。案卷号在各项目之首，用阿拉伯数字书写。案卷标题应与案卷封面上的标题完全一致，不允许随意改动或增减。保管期限即该案卷的保管期限。页数即案卷内实有档案文件的总页数。备注用于说明某些特殊情况。

四、设备运用与网络办公技能

志愿者往往会在一些政府、企事业单位的行政部门提供志愿服务。这要求志愿者掌握办公室各种设备的操作方法。

（一）计算机

1. Microsoft Word 文字处理工具

志愿者常常在政府机关、企事业单位、非营利性组织的各个部门输入或修订各种文件，这是一份速度加技巧的活儿。如果志愿者能盲打，并每分钟无错误地输入 35 个字，那么就会提高志愿服务的质量。

除了速度之外，志愿者还要掌握一些技巧。例如，部门负责人给志愿者一份 Word 文档格式的计划书，要求志愿者做出必要的修改，建议志愿者在打开这个文档后，尝试使用窗口顶部"工具栏"中的"修订"键。当你点击"修订"键后，对文件每进行一次更改或修正时，Word 都会自动将修改的部分变成红色，并添加说明行标注。

当志愿者把修改后的文件还给部门负责人时，既能看到原来的计划书，也能看到志愿者所做的修改。又如，"查找和替换"键的使用，避免大量的重复性修改操作，大大提高了修改的效率。Word 中还有许多节省时间的技巧，志愿者可以通过阅读相关的参考书掌握这些技巧。

2. Microsoft Excel 电子制表软件

Microsoft Excel 可以用来整理大量的信息，而在各部门的志愿者服务中，志愿者常常被要求使用 Excel 电子制表软件，将各类信息、数据形成表格，对这些统计数据进行编辑，并制作成图表，志愿者还被要求能够按照性别、编号或职务等顺序打印出不同的列表，这些可以通过相关教程逐一掌握。但是，比掌握 Excel 软件更重要的就是学会电子制表的思维模式，这有助于志愿者在遇到一大堆信息和数据时，能从容地以系统化的方式进行整理。

3. Microsoft Power Point（PPT）演示文件制作软件

为志愿服务部门制作 PPT 演示文件，是志愿服务中经常遇到的工作。首先，志愿者必须牢记一条："演讲的内容必须优于形式"。这也就是说，志愿者必须理解演讲的内容，从而将 PPT 演示文件与演讲内容完美地融合在一起。其次，才是各种各样的图标等丰富多彩的形式。良好的制作技巧，会有助于演讲者在演讲中表现出众，也使志愿者的志愿服务圆满成功。

4. Microsoft Outlook 及 Outlook Express 电子邮件程序

在志愿服务中，无论是进行各类会务工作的前期准备，还是在某个部门开展日常工作，志愿者都需要接收和发送邮件。对于个人而言，我们往往会使用 QQ、MSN 等在线聊天软件。但是，你必须明白，对于一个单位或组织而言，通常会选择使用 Microsoft Outlook 及 Outlook Express 电子邮件程序。这也就要求志愿者们熟悉 Microsoft Outlook 及 Outlook Express 的功能。

在接收与发送电子邮件的同时，志愿服务单位往往不会预先准备好邮件，这也就要求志愿者能撰写格式恰当、易读易懂的电子邮件。值得注意的是，志愿服务单位一般不欢迎 QQ、MSN 等聊天软件。因为聊天软件并不能提高工作效率。志愿者在志愿服务中接触计算机与网络的时间较多，但是这并不意味着可以在志愿服务过程中使用这些流行的聊天软件。这也是一名志愿者个人素质与职业道德的重要体现。

（二）电话与传真机

1. 电话

电话已经进入千家万户，成为我们日常生活中最常见的联络工具。但是，行政部门的电话使用与家庭电话的使用有些区别。在志愿服务中，志愿者必须知道如何拨打内线电话、外线电话、国内长途与国际长途等。

（1）内线电话与外线电话

行政部门的电话往往不可直接拨打外线，所以如果遇到这样的情况，需要在电话号码前加拨"0"或者"9"。具体情况应询问志愿服务单位的负责人。

（2）国内长途与国际长途

在志愿服务的工作中，往往需要拨打国内外长途。拨打国内长途时，需在电话号码前加拨"区号"。拨打国际长途时，需在电话号码前加拨"国家代码"与"区号"。

2. 传真机

传真机本身是电话机，但是，它比普通电话增加了发送传真、接收传真与复印等功能。

（1）发送传真

将原稿有字的一面向下放入送纸器，拨打对方的电话号码，要求对方给传真信号，听到"嘟"的传真信号后（如果对方的传真机是自动接收则直接听到"嘟"的传真信号），按"传真键"，挂上电话，开始传真。

（2）接收传真

①手工：听到对方要求给传真信号时，按下"传真键"，挂上电话，即可接收。

②人离开时，按下"留守"或者"自动"键，即可自动接收传真。

③复印：将原稿有字的一面向下放入送纸器，按下"复印键"即可。

（三）复印机

静电复印机是办公室必不可少的设备。它具有使用方便、复印内容质量高等优点。

作为志愿者，在各行政部门的志愿者工作中，都会接触到复印机。复印机的使用，一般有如下几个步骤：

（1）预热

按下电源开关，机器开始预热，预热时间大概为一分钟。预热结束时，面板上会出现"准备好"信号。

（2）放置原稿

放置原稿前应先查看复印件是否是装订件，如果是，应尽量拆开，在复印完毕后，再重新装订。还要查看一下原稿的字迹、图像的清晰度和色彩。放置时，应根据复印纸的尺寸以及进纸方向，确定原稿放置为横放还是竖放。放置完原稿，轻轻盖上盖板，尽量做到盖严。

（3）设定复印份数

将复印份数输入到控制面板中。当复印彩色图片、照片、选票或年代久远的档案时，易发生复印件发黑的情况，所以应将浓度调浅，改善复印质量。当复印字迹较浅的原件时，尤其是铅笔、圆珠笔等手写原件，应将浓度调深，或者采用"手动控制"，使字迹明显。当复印大幅面的原稿时，可将原稿缩印成小幅复印。有时可以采用多次缩印的办法，以达到复印要求。大量复印时，应先复印一份样件。对样件满意后，再进行大批量的复印，以避免浪费。

（4）其他设定

可以按照自己的需要缩放复印倍率，并可按照缩放倍率选取复印纸尺寸，避免浪费。还可以根据原稿字迹、图像的深浅，调节复印浓度，以达到最佳复印效果。

（四）打印机

打印机是办公室不可或缺的办公用品。对于志愿者，这是除计算机以外，使用最多的办公设备。办公室最常用的是喷墨打印机和激光打印机。打印机作为计算机的外部输出设备，使用时，打印机必须与计算机主机相连并接通电源，并要安装打印机的驱动软件，以便能在操作中正确打印。

（五）扫描仪

扫描仪摆放尽可能平整，这样电机运转时不会有额外负荷，以保证扫描仪垂直分辨率的理想输出。要扫描的图片一定要摆放在扫描线的中分线上，以最大限度地减少由于光学透镜导致的失真。扫描印刷品时如果有网点出现，可以用褪网方式扫描，或用软件功能里的模糊功能。不过最好采用略微旋转原稿的方式，原稿旋转角度在 7.5—10 度为佳，志愿者也可以自己试试其他角度。

存储图像时如果选用 JPEG 格式，最好选择压缩比为 75%—85% 的原图像大小，因为压缩太厉害会严重损害图像信息。如果矫正色彩，要注意先矫正一下监视器，在同样室内光线条件下矫正其他图像。

（六）碎纸机

碎纸机并不是特别常用的办公设备，但行政机关常有一些文件文案需要及时销毁，这就会使用到碎纸机。粉碎文件前，应先查看复印件是否是装订件，如果是，应拆开，去除订书针等硬物，以防损坏机器。然后，接通电源，打开开关，进行碎纸。每次粉碎不超过 3 张纸张，以防卡纸等情况发生。

五、收集信息与调查研究技能

对收集信息与调查研究等技能的掌握，是针对一些专业性、对口性比较强的单位或部门的，掌握此类技能，有助于志愿者在相关单位或部门提供志愿服务时，能高效出色地完成分内的工作。

（一）收集信息技能

收集是指通过各种方式获取所需要的信息。无论在何种志愿服务中，懂得如何收集信息对志愿者的工作而言总是百利而无一害的。信息收集是信息得以利用的第一步，也是关键的一步。信息收集工作的好坏，直接关系到整个信息管理工作的质量。收集信息的过程就像去超市购物，你首先要找到摆放这类商品的货架。然后，按照自己的需要，在丰繁的同类商品中，挑选一种最适合自己的，这也就是说，首先要广泛、全面地收集信息。其次要保证所收集到的信息是真实可靠，且具有时效性的。

1.图书馆

图书馆是每个人最熟悉的寻找信息的场所。今日的图书馆不仅是存放大量书籍、历史档案资料的场所，还是提供电子资源的重要平台。志愿者需要懂得如何利用一所大型图书馆的计算机分类系统、检索工具与电子出版物来查找信息，帮助自己迅速而有效地获得更多的信息。

2.网上搜索

网上搜索对我们每个人而言并不陌生。众所周知，网络包含着无穷的信息，不过，网络信息量的过于庞大，使得我们必须费时费力地找寻合适可靠的信息。如何在最短的时间里找到关键的信息，这是志愿服务中必不可少的技能。网上有许多搜索引擎，常用的有百度、Google 等，志愿者不但要知道各种搜索引擎的使用方法，还要了解不同搜索引擎的优点与缺点，以便提高搜索的效率。与此同时，志愿者必须注意信息提供机构的可信度，以便提高搜索的效能。

3.数据库

这里所说的数据库不是计算机软件，而是那些可以在图书馆或者可以购买到的高度系统化的专业信息载体。如超星阅览器、中国期刊网等数字图书馆，商务数据库……这些数据库包含了全面的统计数据、各种学术与背景知识以及各领域的专业信息，并且这些信息比网上找到的更有针对性也更可靠。

4. 与他人沟通

比起借助各种媒介获取信息来说，从与他人的沟通中收集所需的信息，是最节省时间的一种方法。专家或者在该领域工作的人都是最佳的信息资源。他们能给予志愿者更理想的基本信息，绝对比去图书馆或者上网搜索来得更快捷。即使他们只告诉你一些基本情况，如哪些是合适或者最好的网站、书籍、文章，也比毫无头绪的寻找要好得多。

（二）调查研究技能

社会调查是指人们有意识、有目的地通过对社会深入地调查、考察、了解，并进一步分析、研究社会，从而才能认识与发现社会的发展特点、规律的一种科学认识社会的活动。社会调查研究是我们了解社会、认识社会、发现社会新变化的最重要的方法和途径。

使用调查研究来获取所需的信息，是志愿者团队内部以及志愿服务对象所常用的方法之一。社会调查可根据调查的对象范围、调查内容、调查方式、调查区域、不同的业务领域或职业系统等分成不同的类型。志愿者参与的调查种类很多，主要包括各大企业的客户调查、针对各行业固定人群的市场调查、政府部门的民意调查、统计部门的人口普查等。

为了使调查所得的数据具有可靠性，使调查分析具有科学性。社会调查研究必须遵循一定的逻辑程序来进行。作为志愿者，必须全面了解科学的社会调查研究的过程，从而确定自己在整个调查过程中所处的阶段，明确自己的工作重点。科学的社会调查研究程序分为准备阶段、调查阶段、研究阶段、总结阶段等四个环节。

一般情况下，志愿者参与的是调查阶段，并且采用的调查方法往往是抽样调查法与问卷调查法的结合，即对某一固定范围内的人群进行的问卷调查。有时志愿者也会参与数据统计与比较、调查报告撰写等研究总结阶段的工作。甚至部分志愿者还能参与到设计调查方案和提纲、设计调查问卷等专业要求较高的准备阶段。

抽样调查法是从调查对象的总体中抽取一部分单位或一部分人进行调查，并将这些"样本"的调查结论推断总体的情况，分为随机抽样法、分层抽样法、分群抽样法、系统抽样法和分段抽样法等。

问卷调查法是用统一设计的问卷，向被调查者了解情况，收集所需信息的方法。它要求做出书面回答。

1. 调查问卷的设计

调查问卷的设计是一项专业性较强的工作，志愿者在志愿服务中一般接触较少，但这并不代表你不会遇上这类情况。如何根据志愿者团队内部及志愿服务对象的要求，设计问题与答案，从而获得可靠的数据与资料呢？这就要求志愿者必须了解问题与答案的设计要求及主要形式。

问卷的第一部分为调查对象的背景资料，主要包括性别、年龄或所处的年龄段、学历、职业、家庭人均收入、婚姻状况等。一般采用两项式与多项式的问答方式，让被调查者在备选答案中选填一个答案。

问卷的第二部分为调查的主要内容。一般情况下，应将同类性质的问题排列在一起，并且题目的安排应从较易回答的问题开始。除了两项式与多项式的问答方法，还可采用顺序填写式（等级式）、矩阵式（表格式）等封闭的问答方法。在问卷中，可设计少量的开放式问答方法，以便于调查的深入分析与研究。

2. 调查资料的统计分析

通常调查资料的数据统计会由专业人士来完成，志愿者要做的就是在专家完成数据统计后，能不畏惧这密密麻麻的数据，并且能以清醒的头脑分析这些数据间的关系，用图和表格的形式来显示这种关系及其所隐含的社会现象的数量特征。建议你使用条形图、柱形图或圆形图来表示事物的大小及内部结构等情况，也可以进行事物间的比较。另外，可以使用曲线图来反映事物的动态或分布特征。

六、环境适应技能

志愿者的工作性质及工作方式，决定志愿者常常会在不同的单位、组织和部门中进行志愿服务。这也就要求志愿者有较强的环境适应能力。

首先，志愿者必须了解志愿服务的单位、组织或部门的小环境及办公环境。其实，要做到这一点并不困难。当志愿者踏入崭新的工作环境时，要做一个有心人，细心地留意工作环境的基本格局，以及办公设备的摆放位置。这有助于志愿者较快地投入并开展志愿服务。当然，并不是每个办公环境都是一目了然的，也不是每个办公设备都是简单易操作的，如果遇到此类问题，建议志愿者"勤学好问"，这对你的志愿服务不会带来任何的负面影响。刚去的几周里，别人不会因为你问题多就觉得你笨。正好相反，多数人都喜欢你向他请教。当请教别人后，无论你是否同意他人的做法，都应该表示感谢，千万不要说诸如"我从来不这么做"或"我以前也试过但不管用"的话。

其次，在基本适应的基础上，志愿者必须了解志愿服务单位、组织或部门的大环境。一要熟悉内部组织及规章制度。志愿者应把自己看作服务单位、组织或者部门中的一分子，了解内部组织的结构、经营方针和工作方法，并和其他员工一样遵守规章制度。甚至要细心地领会那些不成文的规章制度，以及成文或不成文的习惯做法。这有助于你顺利地开展志愿工作，以免"碰钉子"、犯错误。二要熟悉组织文化。组织文化是一个组织长期以来形成的不可言传而靠行为来体现的思想、观念和态度。自觉融入这种文化中去，积极参加组织中的各种活动，通过平时的工作接触与休闲聊天，熟悉周围的工作人员，真正成为志愿服务部门的一员。这也为你的志愿服务开启了方便之门。

再次，通过熟悉大环境和小环境，志愿者可以认清自己在此环境中所承担的工作角色和职责范围。与此同时，根据新的环境，完善自己的知识结构，使自己尽快地胜任工作。还要指出的一点是，志愿者不仅在政府部门、企事业单位或非营利性组织中提供常态的志愿服务，而且往往会参与诸如国际论坛、各级全国人民代表大会、国内外学术研讨等会务活动，并提供会务接待、陪同参观等志愿服务。通常情况下，主办方都会事先向志愿者提供日程安排、陪同的来宾情况、会议及参观地点等基本资料。志愿者应该根据主办方提供的资料做好相应的准备。第一，要了解会议的性质和来宾的情况。不同的会议对志愿者的工作提出不同的要求。在专业性较强的会议中，作为陪同来宾的志愿者，应该在会议前学习一些相关的知识。在国际性会议中，出现的大多为各国领导官员、专家学者。这就要求志愿者对来宾的国家及文化背景、生活习惯、礼仪传统等都有一定的了解。第二，要熟悉会议与参观的地方。一般情况下，主办方会事先安排踩点，帮助志愿者了解并熟悉开会以及参观的场所。如果主办方没有安排，志愿者应该自行进行踩点。踩点不是走过场。在踩点的过程中，志愿者们要眼到、心到、手到，要精确地记住从宾馆到开会场所的路程与时间，细心地观察开会场所的环境，记住大门、会议室、餐厅、洗手间、逃生通道的具体位置，必要的话，可以画一张草图，把上述内容记录下来。另外，要摸清从大门至会议室、从会议室至餐厅的路线，计算出每条路线的时间，记录下最近的路线。特别是在外参观的时候，最近的路线将帮助你与你的贵宾在一些突发情况后，能尽快地赶上其他与会者。但是，我们也无法避免没有时间踩点的情况，而且这种情况并不少见。志愿者遇到此类情况时，最重要的是沉着、用心。尝试着记住你走过的所有路及这些路旁的所有物品或东西。即使不能做到面面俱到，但是在帮助你完成志愿服务的工作上是绰绰有余的。

第二节 志愿服务的工作技巧

一、志愿者工作的一般技巧

所谓工作技巧是指较高的工作技能，它建立在工作技能之上，但又高于一般的工作技能。志愿者的工作技巧也是建立在工作技能之上的，它具体表现为志愿者在工作时采用较高超的策略和方法以达到较好的工作效果。

在志愿者从事志愿工作时，必须掌握一些通用的工作技巧，如：应变技巧、沟通技巧和合作技巧等。这些技巧无论对于志愿者做哪一项志愿工作都有着十分重要的作用。

（一）志愿者工作的应变技巧

志愿者进行社会服务，并不是一项简单、机械的工作，在服务的过程中，常会遇到一些突发事件。如何处理好突发事件对于志愿者的工作能否顺利完成有着至关重要的作用。由于突发事件都是出乎意料、防不胜防的，处理起来往往比较棘手，因而处理此类事件，除了要求志愿者有广博的知识和良好的素质外，还需要具备一定的应变技巧。所谓应变技巧，就是指志愿者能够较好地应付事态变化的能力。以下就如何培养志愿者工作的应变技巧加以阐述。

1. 平日的积累

突发事件的出现，具有较大的随机性，一般无法预测，而且往往受到不可控因素的限制，因而常使人措手不及。但是并非所有的突发事件都无法预防，在平日的生活和工作中，志愿者要善于学习和思考，主动学习他人的经验教训，努力培养自己的应变能力，为正，确处理在志愿者服务过程中出现的突发事件做好准备。

（1）认真参加各项培训活动

在志愿者社会服务工作开始之前，有些主办机构会举办一些培训活动，以提高志愿者的服务技能。志愿者千万不可忽视这些培训活动，因为培训师往往会传授如何应对突发事件的技巧。由于培训师通常是某项社会服务或活动的专家，因而他们在日常工作中积累了相当丰富的经验，认真学习他们的工作方法和技巧，对于志愿者自己进行社会服务将起到积极的作用。

案例

小张有一次担任了某项国际大型交流活动的志愿者，她所在的 A 部门的领导要她去机场迎接来自美国的比尔先生。根据主办方提供的信息，比尔先生将乘坐 CA801 次航班，于 1 月 27 日下午 5 时抵达上海。于是，小张在当天下午 5 时到达了机场，等候比尔先生的到来。不久，有一位先生带着满面愁容向小张走来。这位先生叫艾伦，他也被主办方邀请来参加这项活动，但是在机场他却没有找到接他的人。当他看见小张举的牌子上写着这项活动的名称时，便向小张求助。小张在搞清了情况后，热情地接待了艾伦先生。她边安抚他的情绪，边联系 A 部门的领导。不久，小张得到了回复，原来艾伦先生是 B 部门邀请的外宾，但是由于 B 部门工作人员的疏忽，把艾伦先生乘坐的航班的时间搞错了，所以没人来接他。现在 B 部门再派人来接他就太晚了，于是，他们要求小张把艾伦先生和比尔先生一起接回来。小张听从了领导的指示，在接到了比尔先生之后，她把他们一起接回了工作中心，圆满地完成了任务。

在这次突发事件中，小张处变不惊的素质是值得赞扬的。但是她能成功地处理这起事件，还得归功于她在工作前参加的培训活动。在培训时，培训师反复教导志愿者：遇到突发事件一定要及时与上级联系，千万不可擅做主张。有时你认为正确的做法并不一定正确，必须在得到上级的指示后，才能行动。正所谓："外事无小事"。由于小张认真地参加了培训，牢记了培训师的教导，因而在处理这次突发事件时做得很成功。

（2）经常向有经验者讨教经验

在志愿者第一次参加社会服务工作时，往往会因为缺乏经验而感到紧张或害怕。在工作开始之前，向身边的有服务经验的人请教是十分明智的。他们可以帮助你消除紧张心理，并传授一些心得体会给你。

案例

志愿者小王曾做过多次国际学术交流活动的志愿者工作，担任过多位外国贵宾的翻译或陪同工作。经过一段时间的志愿工作，她总结了一些经验。例如：在陪同外宾参加活动时，一定要事先了解活动的主要内容是什么，有哪些步骤，你所接待的外宾在活动中需要做什么等事项，这样就可以有备无患。又如：在陪同外宾参加宴会等正式活动时，女孩子如果穿着裙子，那么万一脚上的袜子被钩破了该怎么办呢？最好的方法是事先在随身携带的包里多放一双长袜，这样如果袜子被钩破了，还可以去洗手间换一双新的，及时挽回自己的形象。再如：在陪同宾客参加户外活动时，最好多准备一块充足电的手机电板。因为户外活动的空间比较大，万一你与宾客走散了或是找不到活动目的地，就可以用手机联系。多带一块手机电板可以保证无论何时何地都能与他人取得联系，防止通讯阻断。还如：志愿者陪同外国宾客参加活动时，在沿途应多留意洗手间、紧急出口的位置。如果外宾有需要就可以及时带他们找到这些地方，为他们提供便利。

小王总结的经验教训对于很多第一次接待外宾的志愿者都有一定的帮助。大家在听了小王的讲述后纷纷消除了紧张心理，对于在工作过程中可能会遇到的困难和突发事件作了充分的心理准备，并掌握了一些应变技巧，在自己的实际工作中起了积极的作用。

2.临场发挥

正确处理突发事件除了需要志愿者平日多作准备之外，临场的发挥也很重要。志愿者在处理突发事件时，应该掌握以下原则。

（1）保持镇定，冷静思考对策

在志愿者工作的过程中，如果发生了突发事件，志愿者首先应该保持镇定，尽快全面了解事件的具体经过，判明有关情况，积极寻找对策。如果志愿者没有冷静的头脑，不能做到镇定自若，那么就会产生心理震荡和情绪波动，这反而会给突发事件的处理带来更大的障碍，使事态进一步恶化。因此，志愿者在面对突发事件时，必须沉着冷静，确立处理对策，实施有效的措施。

事实上，当志愿者陪同宾客（尤其是外国宾客）参加活动时，保持头脑的冷静是非常重要的。一方面，外宾往往远道而来，对志愿者所在的城市不熟悉，甚至连语言都不通，因此，遇到紧急事件时，如果志愿者不知所措，那么外宾就更摸不着头脑了；另一方面，如果志愿者在遇到突发事件时不冷静，那就无法处理事情，有时甚至连简单的事情都做不好。所以，志愿者在面对突发事件时一定要学会控制自己的情绪，处变而不惊，遇变而不怒，及时调整状态，思考对策。

（2）随机应变，寻找最有效的方案

面对突发事件，志愿者要充分发挥主观能动性，打开思路，寻找最有效的解决方案。

有时一个方案不行，就要寻找两个或两个以上的方案，直至把问题解决。在寻找方案的过程中，志愿者千万不可气馁，要正视困难，用自己的聪明才智正确处理突发事件。

案例

志愿者小林在一次国际交流活动结束之后，负责把来自印度尼西亚的罗娜女士送至机场。罗娜女士是第一次来上海参加活动,对上海的一切都感觉很新奇,因此买了不少纪念品带回国。当她到达机场,准备登机时,机场工作人员告诉她,行李超载了,还需付一笔额外的超载费。这下罗娜女士可着急了,因为她在购物时人民币和美金已经几乎全都花完了,身边只有一些印尼盾。小林想为罗娜女士垫付这笔费用,可她的钱也不够。这该怎么办呢?小林首先想到让罗娜女士在机场的货币兑换处用她的印尼盾兑换一些人民币。可是经过询问,她们了解到:在中国,印尼盾与人民币无法直接兑换,小林的方案失败了。接着小林又想到让罗娜女士用信用卡在ATM机上取钱,可糟糕的是罗娜女士的信用卡没有申办国际业务,无法在中国取钱,这个方法又行不通。这时小林和罗娜女士都陷入了困境,不知如何是好。突然,小林灵机一动,又有了一个好主意,她想到与罗娜女士乘坐同一个班机的乘客中,一定有中国人,那为何不找个去印尼的中国人与其交换钱币呢?这样正好可以各取所需。于是,她们马上走到登机队伍中,寻找愿意与罗娜女士换钱的对象。在经过一番解释和说明之后,终于有人愿意帮这个忙,与罗娜女士换了钱,帮助罗娜女士顺利化解了危机。

事后,小林有感道:在面对突发事件时,一定要随机应变,不断地开动脑筋想办法。一个办法不行就想两个,三个甚至更多,直至把问题解决。在此过程中,最忌讳的就是中途放弃。应该相信:所有的问题都有最佳的解决方案,关键就是如何寻找到这个最佳方案。只要努力,就一定会成功。

（二）志愿者工作的沟通技巧

志愿者的工作离不开与他人的沟通。沟通是人与人之间信息、情感和态度等的交流,是双向的。要使沟通顺利开展,就需要一定的沟通技巧。志愿者工作的沟通技巧,是指志愿者采用多种手段,通过最合适的方法与服务对象交流,以达到彼此相通的目的。

1.沟通前的心理准备

在志愿者与他人沟通之前,有一个心理准备过程。如果志愿者具备良好的心理素质,调整好心理状态,那就可以较好地与他人沟通,促进服务工作的顺利完成;反之,如果存在不正确的心态甚至心理障碍,那就会妨碍志愿工作的进行。因此,培养热情、自信、健康的心理状态,克服沟通中的心理障碍对志愿者而言是十分重要的。

（1）克服沟通中的自卑心理

自卑心理是指自我否定的心理定式,常表现为过分贬低自我、抬高他人;否定自己的工作成果;不敢尝试有挑战性的工作等。自卑心理是志愿者工作中的大敌，会使志愿者不敢与他人沟通，进而影响工作效果。自卑心理产生于自身的不足（包括生理和心理）以及挫折。其实，人无完人，每个人与他人相比总有缺陷之处，难免会感觉不自信，这是很正常的。但是如果过分关注自己的缺点，并因此而影响了与他人沟通的效果，那就需要克服和调整了。

克服沟通中的自卑心理，主要是保持心理上的健康与平衡，要学会正确地认识和评价自我。具体说来，首先，要正确地评价自己。战胜自卑心理，要从改变自我认识着手。要实事求是地看待他人和自己，对他人和自己的优缺点要能够正确地比较。例如：志愿者工作中，特别在接待贵宾时，总会遇见一些比较出色的人。如果你因为敬畏他们而不敢与他们交往，那么就会让人感觉你很拘束，影响工作效果。其实，即便是伟人也有自己的缺点，人与人之间是平等的，不要轻视自己。其次，要对自己有信心。如果失去了自信，人在沟通过程中就会觉得无所适从。克服自卑就要找回自信，从具体小事做起，一次成功会增强自信，成功体验多了，自卑感就会逐步被克服。最后，要勇敢地面对自己的缺陷，正确对待挫折。如前所说，一个人在某些方面的缺陷总是不可避免的，例如：有的人英语口语比较差；有的人计算机应用技能不好；还有的人不善言辞等等，关键并不是你有什么缺陷，而是如何看待它、克服它。正确的态度是承认和接受事实、接纳自我、扬长避短，这样就可以克服自卑，与他人顺利沟通了。

（2）克服沟通中的急躁心理

在志愿者做社会服务工作时，会遇到各种各样的服务对象。有些服务对象，志愿者可以与其毫无障碍地沟通，但也有些服务对象，志愿者与其沟通时会比较困难。例如：在养老院里年老体迈、耳聋眼花的老人；患有脑瘫疾病、口齿不清的儿童；不懂中文、英文水平也较差的外国人等等。在与这些人沟通时志愿者往往会产生急躁心理，有时一句话反反复复说了好多遍对方还不能理解是十分痛苦的事，于是有的志愿者就变得失去耐心，不愿和对方沟通了。

服务性工作对志愿者的耐性要求很高，在工作中一定要克服急躁心理，与服务对象耐心沟通，直至工作完成为止。克服沟通中的急躁心理，首先要求志愿者认识到其危害。只有充分认识到某事的危害，才有可能自觉地去克服它。志愿者在与服务对象沟通时，如果产生急躁心理会给对方留下不好的印象，破坏自己甚至整个志愿者团队的形象，因此，在工作中一定要沉下气来，三思而行。其次要有克服急躁情绪的决心，并落实到行动上。应当看到：世界是复杂的，不可能都按我们个人的意愿行事，任何一件事都可能受到其他因素的制约。有时光靠"急"是解决不了问题的，反而会将事情弄糟。因此，只有冷静思考、耐心地与服务对象沟通才是解决问题的真正办法；最后，适时进行自我暗示，可以帮助消除急躁心理。如：当急躁情绪出现时，就自己提醒自己；也可请人在发现自己有急躁情绪而自己尚未意识到时，及时提醒一下。这样能帮助自己恢复情绪的常态，避免沟通中的矛盾。

2. 善用肢体语言

人们之间的沟通方式除了有口头语言和书面语言之外，还有手势、眼神、触摸等多种肢体语言。肢体语言是一种无声的语言、广义的语言。肢体语言作为口头语言和书面语言的补充形式，可以帮助人们获得更好地沟通效果。善用多种形式的肢体语言可以提升志愿者服务工作的效果。

（1）手的语言技巧

人的手可以表达多种情感、思想，从手指、手掌到手臂都能传递语言信息。志愿者可以通过观察对方的手势掌握其内心的真正感受，或利用手势更好地表达自己的想法，使沟通更有效。

①手掌。一般认为，敞开手掌象征着坦率和真诚。判别一个人是否诚实，有效的途径之一就是观察他讲话时手掌的活动。小孩子撒谎时，手掌藏在背后；成年人撒谎时，往往将双手插在兜内，或是双臂交叉，不露手掌。常见的掌语有两种：掌心向上和掌心向下。前者表示诚实、谦逊，不带任何威胁性；后者则是压制、指示的表示，带有强制性，容易使人产生抵触情绪。在志愿者工作时，应适时敞开手掌，以显示自己对服务对象的真诚。

②大拇指。大拇指也常能反映出人的心理活动。当双手插在上衣或裤子口袋里，伸出两个大拇指，是显示"高傲"态度的手势；双臂交叉胸前，双拇指翘向上方，则既显示出防卫和敌对情绪，又显示十足的优越感，有这种习惯的人不易接近；若在谈话中将大拇指指向他人，立即成为嘲弄和藐视的信号。

③背手。有些有地位的人喜欢背手，显示出其至高无上、自信甚至狂妄的态度。背手还可以起到"镇定"作用，当人的双手背在身后，能缓和紧张情绪。但要注意：上述背手，指手握手的背手。若双手背在身后，不是手握手，而是一手握另一手的腕、肘、臂，则成为一种表示沮丧不安并竭力自行控制的动作语言，暗示了当事者心绪不宁的被动状态。而且，握的部位越高，沮丧的程度也越厉害。

④亮出腕部。男性挽袖亮出腕部，是一种力量的显示，表现出其积极的态度。"耍手腕""铁腕人物"等词语印证了腕部的力量。而女性的腕部肌肤光滑，女性刻意露出腕部具有吸引他人目光的意图等。

（2）脚的语言技巧

人的脚不像手那样容易引起他人的注意，脚表达的语言技巧也不像手那样丰富多彩，但是脚的动作却能更直观地揭示对方的心理。例如：人在挑衅时双脚挺直，厌烦或忧郁时双脚无力，兴奋时手舞足蹈。一般人脚交叉的姿势，也许是为了舒服，但有些情况则不同。例如：有些人常用一只手或双手掰住一条腿，形成一种"4"字形的腿夹，这暗示当事人顽固不化的态度；又如：一些女性，喜欢将一只脚别在另一只脚上，这是一种加固防御性的体态，表示她害羞、钮妮或胆怯。在某些场合下，抖脚表示轻松、愉快；跺脚表明兴奋（但在愤怒时也会跺脚）；脚步轻快表明心情舒畅；脚步沉重说明疲乏，心中有压力等。在志愿者工作过程中，可以通过观察服务对象脚的动作了解对方的真实意图，采取有效措施进行沟通。

（3）眼神的语言技巧

俗话说："眼睛是心灵的窗户"，透过一个人的眼神可以反映出一个人的内心。当人们与陌生人打交道时，最先看的就是对方的眼睛；衡量一个人有没有撒谎时，也看对方的眼睛；判断对方的诚恳度时，还看对方的眼睛。因此，志愿者在工作中应该学会察言观色，善于观察别人的眼神。

①注视他人的时间长短不同表达的含义不同。有时，我们和有些人说话感到很舒服，另一些人则令我们感觉不自在，还有些人甚至看起来不值得我们信任。这主要与对方注视我们的时间长短有关。当然，这也要区分不同的性别之间的交流。

当同性之间交流时，如果对方与你的目光相接往往不足全部谈话时间的三分之一时，对方就有不诚实或撒谎的意图；如果对方的目光与你的目光相接超过三分之二的谈话时间，那就说明对方认为你很有吸引力或是对你怀有敌意。因此，若想同别人建立良好的关系，在整个谈话时间里，你和对方的目光相接累计应达到50%—70%的时间，只有这样，才能得到对方的信赖和喜欢。相反，若你在交谈时眼睛不看着对方，那你自然很难得到对方的信赖和喜欢。

当异性之间交流时，不论男性或女性都不能长时间地注视对方，即使必要的注视也不能太咄咄逼人或太放肆。眼光必须是诚恳的、善意的，否则容易给人产生不良印象。

②注视他人的部位不同表达的含义不同。当人们在洽谈业务、磁商交易和贸易谈判时，眼睛通常都注视着对方额上的三角地区（以双眼为底线，上角顶到前额）。注视这个部位，显得严肃认真、有诚意。在交谈中，如果目光

总是落在这个三角部位，就可以把握谈话的主动权和控制权。

当人们在社交场合时，眼睛要看着对方脸上的倒三角区（以两眼为上线，嘴为下顶角），即在双眼和嘴之间，注视这个部位，会造成一种社交气氛。

在面对面的交往中，我们应针对不同对象，选择不同的注视部位。例如：当负责志愿者工作的老师批评做错事的同学时，若用社交时的眼神，那就削弱了批评的严肃性；但若当志愿者在接待贵宾时，用公务谈判的眼神，那就会让人觉得冷酷无情，毫无志愿者社会服务的意味可言。

③注视他人的方式不同表达的含义不同。眨眼是人的一种注视方式。眨眼一般每分钟5—8次，若眨眼时间超过一秒钟就成了闭眼。在一秒钟之内连眨几次眼，是神情活跃，对某事物感兴趣的表示（有时也可以理解为由于害羞、不敢正眼直视而不停眨眼）；时间超过一秒钟的闭眼则表示厌恶、不感兴趣，或表示自己比对方优越，有藐视的意识。这种把别人扫出视野外的做法很容易使人厌恶，这种人是很难沟通的。

（4）微笑的语言技巧

微笑能给人一种容易接近和交流的印象。善于沟通的人在与他人交往中的第一个动作就是面带微笑。一个友好、真诚的微笑会传递给别人许多信息。在志愿者工作时，如果经常面带微笑可以使沟通在一个轻松的氛围中展开，同时也展示出志愿者的自信心，使沟通达到预定的目标。

动人的微笑需要良好的心态，人在心情低落时，微笑是僵硬的，会让服务对象感觉不真诚。因此，志愿者在工作时，应该时时要求自己欣赏服务对象，努力寻找对方的优点、闪光点，引导自己产生愉快的心情，为"发自内心的微笑"准备起码的心态。

3. 化解沟通中的矛盾

在志愿者与他人沟通的过程中，有时会出现矛盾。矛盾无处不在，无时不有，关键是如何处理矛盾、化解矛盾。如果有了矛盾不能正确地处理，那就会使矛盾恶化，影响志愿者的服务工作；反之，就能使工作顺利开展下去。

（1）勇于承认自己的错误

在工作中，谁都会犯错误。在错误发生后，要勇于承担，不要推卸责任。如果出了事情只知道责备他人，不从自己身上找原因，就会与他人发生矛盾，这是志愿者工作中的大忌要做好志愿工作，就要勇于承认自己的错误。

案例

在一次国际交流活动中，某校的一支志愿者服务小组担任了外国贵宾的接待工作，小李是这个小组的组长。他负责把主办方通知的信息传递给每个志愿者，然后再由志愿者传递给外宾。有一天，因为某些特殊原因，原定于下午2：30举行的学术交流会改成了下午1：00举行。小李事务繁忙，记错了时间，在通知时把1：00说成了1：30。直到中午12：30时，他才突然发现了自己的错误。于是，他立即采取措施，亲自联系每一个外宾，向他们说明情况，并郑重道歉。当时，有的外宾正在午休；还有的外宾正在处理公事，他们听到这个消息后都十分不满，认为这打乱了他们原定的计划。但在小李耐心地解释和认真地道歉之后，外宾们都表示了理解，原谅了他的错误，并在下午1：00准时参加了会议。事后，小李再次为他的错误给外宾们带来的不便表示了歉意。他的态度和行为得到了外宾们的理解和肯定，没有人再责怪他了。

在这件事情发生后，小李勇敢地站出来承认了自己的错误并努力弥补错误，挽回损失，这是十分值得赞扬的。如果在犯了错误之后，消极对待，任其发展那就不对了。在工作中，具有较高沟通水平的人都懂得道歉的重要性，并且往往都是勇于道歉的人。

（2）允许对方发泄

如果在沟通中发生了矛盾，并且是由于志愿者工作中的错误导致的，那么当对方生气时，志愿者就要学会容忍，允许对方发泄。人在生气时都会难以抑制心里的怒火，忍不住要发泄出来，这是一种正常的表现。有时，脾气发出来了，心情就好了。志愿者在遇到这种情况时，要懂得忍让，不能以怒制怒。如果双方剑拔弩张，那是不利于矛盾的解决的，只会使矛盾更加激化。

志愿者的社会服务工作本来就是服务性质的，其最大的目的就是让服务对象满意。如果因为志愿者犯了错误，对方发几句牢骚那也是正常的，志愿者千万不可态度恶劣，与对方大吵大闹。正确的做法应该是安抚对方，让对方冷静下来，同时寻找弥补过失的最有效方法，把损失降低到最小。

当志愿者与上级领导发生矛盾时，也应该心平气和地虚心接受领导的批评。应该看到：领导对你的批评教育是希望你能改正错误，下次不再重犯。他对你是寄予希望的，否则就不会和你谈话了。因此，当领导在向志愿者指出错误时，志愿者要耐心听领导讲话，接受其善意的批评，并在今后的工作中不断改正错误，把志愿工作做得越来越好。

（3）用幽默扫除尴尬

幽默是一种富有魅力的语言艺术，它能给人以轻松有趣的感受，还能扫除沟通中的尴尬，化解矛盾。因此，在志愿者的沟通工作中要善用幽默这一手段来达到沟通顺畅的目的。

案例

志愿者小谢有一次遇到了一位很喜欢迟到的外宾。每次参加活动，他总爱迟到，少则十几分钟，多则半个小时。小谢提醒过他多次不要迟到，可都没用。在他即将搭乘飞机回国的前一天晚上，小谢对他说："先生，我一直很想当飞行员，可是我永远都当不了，您知道这是为什么吗？""不知道。""因为我的性子不够急，飞行员总是一到点就开着飞机飞走了，从不管乘客到齐了没有。"这位外宾在听完了小谢的话后，脸一下子红了。第二天，他很准时地出现在宾馆外，等着小谢把他送去机场。

小谢运用幽默的语气表达了他希望第二天外宾能准时赶去机场的愿望，这不仅避免了直接和外宾说这句话的尴尬，还达到了良好的效果。在志愿者工作的过程中，要活用幽默的手段，不断提高自己的沟通水平。

当然，幽默绝不是一般的说说笑笑，而是有明确目的的一种工作方法。要想把这种方法用得恰当、巧妙，也不是一件容易的事。这除了与人的性格有关外，还和人的思想修养、文化知识、反应能力等密切相关。志愿者在平日要多训练自己的幽默能力，在关键时刻才能用得上。但要注意的是：幽默的俏皮话并非格调低下的哗众取宠，表达时要恰到好处。多用则令人生厌，近于油滑。幽默风趣的目的是化解尴尬的氛围，绝不是不顾场合的挖苦和嘲弄。高明的风趣和幽默，折射出一个人的美好心灵，它是以不损害别人的人格和尊严为前提的。

4.怎样使沟通更有效

在志愿者工作的过程中，沟通是非常重要的。但是，光沟通不行，还必须有效地沟通。有效地沟通可以使志愿工作事半功倍，获得让服务对象满意的效果。因此，志愿者必须掌握有效沟通的技巧。

（1）学会倾听

在日常工作生活中，人们往往把沟通等同于掌握读、写、说的技能，但事实上，我们在日常的沟通过程中，花费了近40%的时间用于倾听。因此，可以说，沟通首先是倾听的艺术。在倾听的过程中，应注意以下几点：

①耐心倾听别人的讲话。有的人天生比较喜欢说话，在与别人交流的过程中，只顾自己滔滔不绝而忽略别人是否要讲话，这在志愿者的工作中是十分忌讳的。此外，在听别人说话时，一定要有耐心。有的服务对象说话比较啰唆，这时你千万不可产生这样的念头："他怎么又说了一遍？"或"他真的好烦啊！"否则，你肯定不会用良好的态度与对方沟通。在志愿者与他人谈话的过程中，即使对方表达缺乏条理，语言繁琐，你也要继续听下去，并尽

量控制自己的反应，切不可显示出烦躁不安的情绪。

②及时给予对方回应。在倾听的过程中，要用语言或非语言的动作来表示自己正在认真倾听对方的讲话。这样可以使对方感觉你很专心，并且已经领会了他的意思。有时对方会间接地表达出自己的想法，这时志愿者要抓住他说话的要领，及时给予适当的回答，让服务对象满意。在某些情景下，并不需要志愿者用语言回应，只需一个眼神、一个微笑或点一下头等动作就可以表达自己对对方的回应。

③适时适度的提问。在倾听过程中，恰当地提出问题，往往有助于人们的相互沟通。沟通的目的是为了获得信息，知道彼此在想什么，要做什么，通过提问的方法可以获得这些信息。同时也可以从对方回答的内容、方式、态度、情绪等其他方面获得信息。但是，提问必须适时适度。在交谈中遇到某种问题未能理解，应在双方充分表达的基础上再提出问题。过早提问会打断对方思路，而且十分不礼貌；过晚提问会被认为精神不集中或未能理解，也会产生误解。

（2）学会赞美

每个人都有赞美别人和接受赞美的天性。赞美是人与人交往的润滑剂。在志愿者与他人沟通的过程中，要学会赞美对方，这样可以使沟通获得更好的效果。具体说来要注意以下几点：

①赞美别人要有针对性。在志愿者与服务对象接触的过程中，不可能每时每刻都赞美对方，否则就显得很虚伪。因此，赞美别人要有针对性，要学会从具体的事件入手，善于发现别人哪怕是最微小的长处，并不失时机地予以赞美。如果只是含糊其辞地赞美对方，效果就很差。比如：在赞美对方穿得很漂亮时说，"您今天穿的衣服的颜色是今年最流行的"，比简单地说，"今天您给人的感觉不错"的效果会更好一些。因为这会让人感觉自己今天真的很漂亮，而不是一句简单的客套话而已。

②赞美别人要有真情实意。虽然人人都喜欢听赞美的话，但并非任何赞美都能使对方高兴。能引起对方好感的只能是那些基于事实、发自内心的赞美。相反，你若无根无据、虚情假意地赞美别人，对方不但会感到莫名其妙，还会觉得你油嘴滑舌、诡诈虚伪。例如：当你见到一位其貌不扬的小姐，却偏要对她说："您真是美极了。"对方立刻就会认定你所说的是假话，甚至怀疑你对她有所图。因此，赞美别人一定要在基于事实的基础上，适当地赞美。

③赞美别人要善抓机会。在赞美别人的时候，志愿者要利用各种偶然出现的情景，或者是对方无意之中表露出来、引以为荣的事进行赞美。例如：当老者无意间谈到自己年轻时自豪的经历时，志愿者加以赞美，这时的效果

就会很好。赞美时用词要恰当，时机要适宜，让对方感觉很自然，这样才会有好的效果。

（3）学会闲谈

闲谈之所以叫闲谈是因为其持续时间和谈话内容使然。一般说来，闲谈没有什么明确的目的。所以，乍一看来，闲谈根本不用学。但是，在志愿者的工作中，闲谈未必就很"闲"，它可以是有目的的信息和情感交流。带有一定目的的闲谈，可以拉近志愿者与服务对象之间的距离。在沟通的过程中运用闲谈这一手段，可以拉近志愿者和服务对象的距离，让对方对你有所了解，增进彼此的信任感。这样做可以为志愿工作做好铺垫，有利于工作的顺利展开。

在闲谈时要选择好聊天的话题，针对不同的服务对象选择不同的话题。通常情况下，与老人聊天，可以谈谈养生之道、保健方法或是老者年轻时的往事等等；与孩子聊天，可以说说童话故事、电视里的儿童节目等等；与学者聊天，可以讲些轻松、幽默的奇闻逸闻等等；与外国友人聊天，可以向他们介绍你所在城市的风土人情、传统习俗等等。

在闲谈时，双方还会向对方提问。但应注意：不要提一些挑战性的问题，以免引起激烈争论，弄得大家不欢而散。也不要在彼此不熟悉的情况下，询问对方的隐私，这会让人感觉你很不礼貌。在聊天时，不要自以为是，咄咄逼人，感觉你什么都懂的样子。如果几个人一起聊天，还要注意让大家都有发言的机会，不要让个别人占据所有时间。

（三）志愿者工作的合作技巧

俗话说："一个好汉三个帮"，这表明在人们日常的生活、工作中离不开与他人的合作。合作是个人或团队之间为了达到某一确定目标，彼此通过协调作用而形成的联合行动，合作要取得成功，也有一定的技巧。

志愿者的社会服务工作，从某种意义上说也是一项合作性的工作，包括志愿者团队内部的合作及志愿者团队与其他组织或个人的外部合作。这里所指的合作技巧专指志愿者团队的外部合作技巧。

1. 相互信任是合作的基础

人与人之间的合作必须建立在相互信任的基础上。如果没有信任，那就无法合作，甚至连基本的交往都不存在。在不同的志愿者团队中，如果成员之间不相互信任，那么就会影响整个志愿工作，有时还会造成负面影响。因而，合作要取得成功，建立相互间的信任是首要的。

培养不同团队中成员之间的相互信任，需要时间和机会，还需要合适的方法。在给志愿者做培训时，首先可以通过一些轻松的练习和游戏，让志愿者洞察自己的观念、思想以及行为模式等，让志愿者充分认识自我。在玩的过程中不要有评价和判断，只是鼓励志愿者积极地参与，这样能帮助他们克服与人自由交流的障碍。其次，要鼓励志愿者之间真诚地交流，让每个志愿者都有机会结识更多的朋友。随着培训的深入，不同的志愿者团队会形成相同或相似的特点，表现出自由的沟通方式、合作与信任、相互接受和理解。整个志愿者大团队将不再是两个或几个团队的简单集合，而是一个整体。虽然各个志愿团队、各个志愿者的差异仍然存在，但是大团队可以体现出一种整体感。成员间更加友善、和睦，团队活力得到提高。最后，在培训接近尾声时，大团队中各个志愿者的集体意识开始形成。这时，无论志愿者团队要执行什么任务，都会很顺利。

团队与团队的合作说到底就是人与人的合作。平时，人与人的合作要以相互信任为基础，团队也一样。团队间只有奠定良好的合作基础，合作才会成功，志愿工作也才会取得成功。

2. 共同的目标是合作的灵魂

不同的志愿者团队合作的目的是为了实现同一个目标，如果目标不同那就没有合作的必要了。通常情况下，当一个志愿者团队因为人员、资金、物质等资源的缺乏而无法独立完成某项志愿工作时就需要其他团队的支援了。当其他的团队加入这个团队时，它们的目标就一致化了，都是为社会提供某项无偿的服务。因此，相互团结，相互帮助，为服务对象提供更好的服务应是整个大团队的共同目标。在工作中，无论哪个团队的成员都应把自己最大的能量奉献给社会，在具体工作中兢兢业业、踏实肯干。

此外，需要明确的是：共同目标的树立必须由个人目标汇聚而成，借着个人目标的能量，才能汇集成强大的共同目标。如果一个人没有自己的个人目标，那么他对团队的共同目标的态度只会是附合、顺从，而不会产生内心真正的意愿。只有将团队强大的共同目标转化为自己的个人目标，才能激励自己。但是有时，团队的目标会和志愿者个人的目标起冲突。比如：在连续几天高强度的服务工作之后，志愿者感到筋疲力尽，希望能有时间好好休息一下，但恰巧这时又有新的任务要完成，那该怎么办呢？再如：团队领导分配某个志愿者去做他不喜欢的志愿工作，那又该怎么办呢？应该明确的是：作为团队中的成员，志愿者首先顾及的应是整个团队的目标，其次才是个人的目标。个人的目标要服从团队的目标。只有每个成员都把实现团队的目标作为自己最大的愿望，团队才会具有强大的生命力，大目标才可能实现。如果各人只顾自己的小目标，仅仅以实现自己的愿望为目的，只顾眼前利益，不顾长远利益；只顾个人利益，不顾整体利益，那么团队将因为缺少共同目标的支撑而出现危机，甚至会导致解散。

共同的目标是团队的灵魂，它是整个团队中所有人都非常关心的事情。在一个志愿者团队中，共同的目标是促使志愿者努力工作的动力，它可以让志愿者在合作的过程中团结得更加紧密。

3. 处理好竞争与合作的关系

在一项志愿活动中，有时会有几支志愿者团队共同参与。可以说，这些团队既是合作者又是竞争者。

首先，不同的志愿者团队是合作者，它们为了完成某项志愿工作而努力。在某些大型的活动中，光靠某一个志愿者团队的力量是不够的。无论从人力、物力上来说，只有把不同的志愿者团队整合起来，才能满足活动的需要。此外，不同的团队有不同的特点，相互之间可以实现优势互补。把所有团队的优点集合起来就可以实现志愿活动的成功。因此，不同的志愿者团队首先是合作者。其次，不同的志愿者团队又是竞争者。在一项志愿活动中，各个团队都希望以自己优异的表现获得服务对象和上级的肯定，希望自己的工作能比其他团队做得更出色，为将来的工作打下良好的基础。因此，不同的团队又是竞争者。

那么，志愿者团队应该如何处理好竞争与合作的关系呢？应该明确的是：在同一项活动中，各个志愿者团队的合作是首要的，竞争是次要的。如果没有各个团队的联合与协作，那么志愿者的社会服务工作就无法开展，志愿者团队也就没有存在的意义了。只有各个团队很好地合作才能缔造完美的工作效果，团队也才能因此获得服务对象和上级的肯定。对于志愿工作中存在的竞争，必须要有正确的看法。有些人把竞争对手视为心腹大患，是眼中钉、肉中刺，恨不得马上除之而后快。其实只要反过来想一想，便会发现，拥有强劲的对手是一种福分，一种动力。因为一个强劲的对手，会让你时刻有危机感，它会激发你所在团队的竞争精神和斗志。最终，所有的团队成员都会以最佳的状态来做好志愿工作，为团队赢得荣誉。因此，有竞争并不是坏事。在竞争的过程中如果其他团队的工作做得比自己的团队好，那也不要嫉妒别人。因为有竞争就有差距，所以要认识到差距，努力缩短差距，不要用嫉妒的眼光去仇视竞争对手，这样只会更加突出自己的不足。志愿者团队的积极竞争，是在共同进步的前提下的友好竞争。这种竞争既要有求胜利、求成功的强烈愿望，又要搞好合作与协调，以求志愿工作的顺利完成。

二、志愿者工作的特殊技巧

志愿者除了要掌握志愿工作的一般技巧之外，还必须掌握一些特殊技巧。

所谓特殊技巧就是志愿者在为某些特殊的服务对象服务时需要掌握的技巧。志愿者掌握这些技巧可以更好地为特殊人群服务。

（一）志愿者工作的服务技巧

1.志愿者为脑瘫儿童服务的技巧

脑瘫儿童作为社会中的一个弱势群体，在过去常被人用异样的眼光审视。但是随着时代的发展，现在，有越来越多的人把关注的目光投向了脑瘫儿童，志愿者的社会服务工作也逐渐涉及这一领域。在为脑瘫儿童提供志愿服务时，志愿者需具备一些特殊的技巧。

（1）用适合的方式对待脑瘫儿童

脑瘫儿童不同于一般的儿童，他们在身体和智力上有严重的缺陷，对待脑瘫儿童一定要用适合的方式。

①争取患儿的合作。当志愿者与脑瘫儿童接触时，要努力调动他们的积极性，在他们兴致最高时给予其指导。例如：当他们饿的时候，可以教其吃东西，并最好结合游戏进行，因为这时候教导的效果最好。可以开展的游戏，如：唱歌、吹气、做鬼脸、藏猫猫等。

②一次训练的时间应尽可能短，对患儿进行训练的形式要多样。脑瘫儿童的注意力集中时间会比普通儿童更短，因此，一次训练的时间不可太长。训练的方式不可单一，这样会更有利于患儿的进步。

③让患儿有成就感。训练脑瘫儿童的目的是为了让他们掌握生存技能，逐渐克服疾病带来的不便。志愿者不可取代患儿完成所有的生活事项，而是要让他们学会自己照顾自己，在这个过程中，他们会获得成就感。例如：手把手地教他们使用汤匙进食，帮助他握住汤匙后去取食物，再送到嘴边。重复几次以后，就可在食物快到他嘴巴之前放手，让患儿自己完成最后的动作，让他有一种自己完成的成就感。

④遇到患儿有反抗或消极情绪时，可采取不理睬的态度，不可一味顺从。例如：当他拒不吃饭的时候，不要生气，可将饭菜拿开，等到他想进食的时候才给他吃。这是一种教育的方法，这种方法比一味地强迫或迁就要好得多。

⑤对待患儿必须有耐心和时间。脑瘫患儿只有在家长、老师、志愿者等成年人的耐心指导下，才能学会一点东西，否则他是什么也学不会的。例如：对于四肢瘫痪的患儿，可以教他点头和摇头以表示"是"或"不是"；手不听使唤时，可以教他用脚来画画。在教脑瘫患儿的时候一定要有耐心，他们是有障碍的孩子，因此学习的速度会比一般的孩子慢，志愿者一定不能心急求成。

（2）了解脑瘫儿童的心理障碍

脑瘫儿童由于有肢体运动障碍等，其心理较为脆弱，容易产生心理障碍。主要表现在以下几个方面：

①情绪障碍。疾病给脑瘫患儿造成了诸多不便，使其活动受到限制，需接受长期或终身的康复治疗。社会上对脑瘫患者的歧视和偏见，使患儿容易感到紧张、焦虑、恐惧，担心被人讥笑。沉重的疾病负担使其情绪消沉、自卑、自弃，如：患儿感到孤独、不幸、悲观，甚至有严重的情绪障碍，如：焦虑、抑郁及羞耻感等。有些四肢和躯体运动障碍患儿、痉挛性患儿还有恐慌症，其表现为：发抖、心悸、出汗、呼吸短促、虚弱、害怕失去控制甚至窒息。恐慌行为多发于年长些的脑瘫患儿，他们害怕拥挤、人群及声音，喜欢独处。

②行为异常。脑瘫患儿的行为异常表现为性格改变，如：固执、多动、冲动、社交退缩、强迫行为、攻击行为甚至自我伤害。脑瘫患儿最常见的强迫行为2岁时即能表现出来，主要表现为反复固有动作，如：重复整理、反复动头和伸手、重复单词、机械重复操作行为，同时还兼有害怕情绪。另外，还可表现为选择性缄默症，主要表现为拒绝与任何人接触及说话，该症与人体气质差异和生物学的易感性有关，常伴有焦虑、恐慌、害怕注视、担心受社会歧视等。

③认识损害。儿童认知功能涉及学习能力、智力、记忆力及注意力等多方面。脑瘫患儿存在的认知障碍已为国内外众多学者证实。如：记忆障碍，学习新事物、记忆及集中精力困难等。认知障碍是影响脑瘫患儿生活质量的重要因素之一。脑瘫患儿的认知功能，主要取决于脑损害程度，此外，遗传和环境因素也有一定的作用。

（3）针对不同年龄的脑瘫儿童使用不同的训练方法

由于脑瘫患儿处于发育中，月龄和年龄不同，症状表现也不同，故应将患儿发育程度与正常儿进行对照，结合异常姿势和运动情况，进行不同的训练。

①婴儿早期的训练。对于3—4个月或6—9个月的脑瘫患儿，训练方法以促进正常发育为主。

②婴儿及幼儿期的训练。此时脑瘫患儿的脑瘫症状明显，但挛缩和变形尚未形成，为治疗关键时期；除采取相应的治疗方法外，还要在日常生活护理中，注意防治畸形，以促进其站立行走。

③幼儿期以后的训练。这时的训练主要为功能训练，此时脑瘫症状几乎固定，挛缩变形等已经产生，功能障碍也已显著，要一面继续运动功能训练，一面配合装具（如靴、杖、椅子、轮椅等）进行疗育。重者可配合矫形外科

手术疗法。

④年长患儿训练。对年长患儿要实行综合训练，包括教育、职业培训等各领域的适应，以及交通手段、居住环境改善等。

2. 志愿者为外国人服务的技巧

随着我国对外开放程度的不断加深，对外交往事业的不断发展，志愿者正在为越来越多的外国友人提供志愿服务。当志愿者与外国人打交道时，要特别注意世界各国、各地区由于地理、历史、文化、语言、信仰等原因形成的不同的风俗和习惯，尊重他人风俗习惯，保持友好的关系，这对于志愿工作的顺利开展有着十分重要的意义。

（1）使用正确的态度

在与外国友人交往时，志愿者首先应做到的就是用语准确、态度友好，这是开展对外志愿服务工作的基础。

无论与哪个国家的人交流，志愿者都要做到不卑不亢、落落大方，可以与对方先寒暄几句关于天气、旅途之类的话题，然后再转入正题。聊天时应当回避政治、意识形态、宗教等敏感话题，以免产生矛盾。谈话时，要注意神态亲切自然，还要注意双方之间的距离，不要与外国人贴得太近或躲得很远。

用恰当的态度与外国人谈话，可以使志愿者与对方成为朋友，有利于志愿工作的开展，同时，也可以树立良好的中国人形象。

（2）注意各国人的特点

志愿者为外国友人提供服务时，要考虑其文化背景、价值观等，要尊重他国的风俗习惯，以求获得较好的服务效果。以下选取一些国家作为例子，用以说明与不同国家的人交往时应特别注意的问题。

①法国人。法国人生性浪漫，有时也比较散漫。当法国人与别人约定见面时，常要求别人一定要准时，而自己却姗姗来迟。因此，如果志愿者与法国人约定时间见面，那么自己一定要守时，不能迟到。而当外宾要参加某些重要的会议或活动时，志愿者一定要反复提醒对方不能迟到，以免误事。与法国人交往时，还应注意穿着。志愿者应根据不同的场合、活动选择衣服。法国人还喜欢追求完美，所以有爱抱怨、爱发牢骚的毛病。对于某些好上加好的要求，我们可以表示理解，并努力改进。

另外，需要注意的是，美国人表示 OK 的手势在法国则表示一文不值，千万别误用。

②日本人。日本人在近代以来，受西方文化的影响比较大，并且因为一般的日本人英语口语都比较差，因此，如果志愿者能说一口流利的英语，会使日本人对你刮目相看。日本人颇以自己的烹饪技术为自豪。与日本人吃饭

时，如果能从色香味的角度表示欣赏之意，日本人会对你产生大大的好感；如果喜欢生鱼片、寿司之类的日本饭菜，则非常有利于搞好与日本人的关系。日本人还非常的爱面子。如果别人做了有损其面子的事，或者说了不该说的话，那就等于在羞辱对方。因此，在与日本人交往时，志愿者一定要非常注意自己的言行举止，说话要婉转，要三思而后行。此外，日本人说话喜欢绕圈子，不直接表露自己的真实想法，志愿者在与其交流时要努力揣摩对方话中的真正的含义，不要会错意。

③美国人。美国人非常有时间观念，因此，与美国人约定时间见面一定不能迟到，否则会给对方留下不好的印象。如果比约定的时间早到了，应在门外等到约定的时间再进去。美国人大多比较爽朗、直率，容易交往。首次与对方见面，志愿者可称对方"先生""夫人""女士""小姐"等，认识之后一般就可直呼其名，不用管其地位、职称、年龄的高低，有的美国人还会主动要求对方用昵称。如果我们套用国内的"王经理""朱主任""林书记"之类的称法，美国人可能会认为你不愿意同他建立友谊，有距离感。跟美国人一起用餐，千万别浪费食物。当志愿者与美国人一起吃饭时，要注意一次不要拿太多的菜，吃完可以再添，但是切忌剩饭剩菜。在美国，年龄、收入、婚姻等都是个人隐私，即使志愿者与美国友人的关系再好，也不应该询问涉及对方隐私的问题，除非对方自己提起。

④英国人。英国人很怕自己被别人称老。在国内，我们可以称别人为"老李"或"李老"，后者还特别适用于称呼德高望重的老前辈。但是，在英国，这却是十分忌讳的。如果你称呼一位老者为"老先生"或"老太太"会被认为很不礼貌，甚至引起别人的反感。英国民族个性中有保守的一面，所以英国人不易接受新鲜事物。当志愿者与英国人出去活动时，应选择比较传统的项目，不宜太新鲜刺激。很多人与英国人交往时，会觉得他们矜持傲慢、寡言少语，这也与他们的民族性格有关。在英国，人和人之间的关系比较疏离。英国人不像美国人那样健谈，通常要与一个人很熟悉之后才会成为朋友。因此，不要指望与英国人很快就无所不谈。

（二）志愿者工作的心理技巧

知识经济时代带给人们便捷的、现代化的生活方式，但是同时加快了人们的生活节奏和工作效率，人们逐渐感到激烈的竞争所带来的社会压力。随着压力增大，引起的一系列情绪障碍（如焦虑、抑郁）等心理生理反应，也日渐困扰着人们。人们的心理健康问题日益受到社会的关注。关注社会公众的心理健康已成为刻不容缓的事情。

志愿者服务面临着新的课题——为人们提供心理咨询服务以及在服务中关注人们的心理问题。

1. 心理健康及心理问题

（1）什么是心理健康

一般来说，心理健康是指"精神卫生""身心健康""精神保健"等。世界卫生组织（WHO）认为："健康的含义不仅是指一个人没有症状或疾病，而是指一个人具有良好的身体、精神和与社会相适应的心理状态"。

我国对心理健康的研究起步较晚，关于心理健康的界定也不尽相同，一般来说，心理健康是指：有幸福感和安定感；身心的各种机能健康；符合社会生活的规范，自我的行为和情感适应；具有自我实现的理想和能力；人格统一与调和；对环境能积极地适应，具有现实志向；有处理和调节人际关系的能力；具有应变、应激及从疾病或危机中恢复的能力。

（2）常见的心理问题

心理问题是心理不健康的表现，是轻微的心理异常，是正常心理活动中的局部异常状态，它不同于心理障碍。心理障碍也称之为心理失常，是指心理异常各种表现中的一种类型。心理障碍通常是心理问题累积、迁延、演变的表现和结果。平时人们所说的"心理困惑""心理困扰"等，通常指的就是心理问题。常见的心理问题有：

①忧郁。忧郁是指忧愁郁闷的消极心境，主要表现为郁郁寡欢、闷闷不乐、自怨自艾、沉默萎靡，常给人一种心事重重的感觉。忧郁是一种带有弥散性特点的消极心态，忧郁的发生具有明显的情景性，即其发生有明显的客观原因，例如受到不公正待遇，遇到重大挫折和压力等。

②期待性焦虑。期待性焦虑是指担心即将发生的事件会出现最坏的结局，时刻等待不幸的到来所表现出的消极心态。期待性焦虑常与不能达到目标或不能克服障碍，致使自尊心与自信心受挫，或使失败感和内疚感增强的某些活动相关。

③自卑。自卑是指自我评价偏低、自觉无能而丧失自信，并伴有自怨自艾、悲观失望等情绪体验的消极心理倾向。

④多疑。多疑是指神经过敏、疑鬼疑神的消极心态。具有多疑心态的人往往带有固有的偏见，通过"想象"把一些无关的事联系起来，从而没有根据地怀疑别人。

⑤孤独。孤独是指孤单寂寞的消极心态，常常表现为莫名的寂寞、烦恼。孤独时常常出现毁灭性的行为，如大量地吸烟、酗酒，使自己处于麻醉状态，严重的时候还能做出出格或冒险的举动，甚至自杀。

⑥攻击性。攻击性是指具有对他人有意挑衅、侵犯或对事物有意损坏、破坏等心理倾向和行为的人格表现缺陷。

（3）志愿者提供心理援助服务的形式

在我国志愿者为社会公众提供心理咨询服务目前正日益受到重视。一些组织、甚至政府正在倡导志愿者为人们提供心理服务。从目前来看，志愿者提供心理援助服务的方式有以下几种：

①心理咨询热线。这种心理援助形式主要由政府部门或相关机构，如团委、妇联等建立。面向一定的人群，向其开通免费心理咨询热线，热线由具有一定心理咨询知识与背景的人接听，及时地给人们提供援助。

②在社区建立心理健康咨询站。在街道建立心理健康咨询站，由具有心理执业资格证书的志愿者为社区居民登门提供心理咨询服务。这样既方便了群众，又利于及时地解决居民的心理问题。

③心理咨询志愿者服务队。具有心理执业资格的志愿者成立心理咨询志愿者服务队，利用自己的职业和资源优势，深入到社会各个层面，进行心理咨询，开展心理健康知识宣传，并依据心理咨询师的职业规范，有序地反映不同社会群体心理层面的想法和建议。这种服务队还可以与110、120联动，从而建立"自杀救援与心理危机干预"组织，变消极施救为主动干预。

④心理健康教育讲师团。可以成立心理健康教育讲师团，面向企事业单位及社会团体普及健康心理知识；建立社区心理服务小分队和青少年心理健康援助团，定期到社区开展心理咨询服务；配合警方对服刑犯人进行心理健康援助。

2.志愿者为老年人服务的心理技巧

人到老年，生理功能开始衰退，出现视力、听力下降，记忆力减退，行动迟缓等变化。这些生理变化往往导致老年人悲观失望、焦虑不安、精神不振、生活兴趣低下等等，使老年生活质量大大下降。老年人生理和心理的变化使他们需要获得更多的帮助。老年人一方面需要得到帮助；另一方面又碍于面子口头上拒绝别人的帮助。这样一来，就给志愿者的工作带来了困难。因此，可以说，服务老年群体是志愿者工作的重要内容之一，也是艰巨的内容之一。

（1）让老年人接受帮助的技巧

①试探性地坚持，不能轻易退缩。在为老年人提供帮助的时候，志愿者要学会察言观色，当老年人拒绝的时候，看其是坚决地拒绝还是不坚决地拒绝。如果其语气非常坚定，表示不希望得到志愿者的帮助，这时候就应该"恭

敬不如从命"。因为过度的坚持会让老年人感到反感，从而引起他们不快的情绪，严重的还可能导致其大发雷霆；如果语气不够坚决，则说明其是碍于面子的客气，这时则应坚持为其提供帮助。

②语气要委婉。大多数老年人自尊心较强，往往非常敏感，他们不愿意承认自己是一个无用的人，更不愿意让他人觉得自己是一个累赘，因此，为老年人提供帮助的时候，志愿者应给予老年人足够的尊重，用语要委婉。

③懂得体贴。老年人在很多方面需要得到帮助，但是，大多数老年人不喜欢开口求人，作为志愿者要懂得体贴，经常观察了解老年人的需要，为其提供帮助。有些事在志愿者眼中可能是小事，但是对老年人来说却是大事，如果能为他们做好这些事，他们会非常高兴。

（2）帮助老年人克服心理问题的技巧

老年人的心理问题常常表现为孤独、忧郁、健忘、敏感等等。对于不同的心理问题志愿者应该采用不同的服务技巧。

①孤独。生活、工作的快节奏，使年轻人承受了很多的压力，他们没有更多的时间照顾老人，老人空巢的现象增多，很多老年人都感到孤独、寂寞。作为志愿者应该采取的护理措施是：

A. 让老年人维持与社会的接触。有些老人喜欢把自己关在屋子里，不愿和他人接触，对生活是一种漠然的态度。所以志愿者应该尽量让这些老人走出自己的屋子，多和邻居、朋友交往，这可以使老年人孤独寂寞的心得到一些寄托。有时哪怕就是坐在旁边听别人聊聊天，也能使他们感到没有被社会遗弃，他们仍然生活在人群中、社会中，从而激起他们对生活的热情。

B. 帮助老年人保持家庭关系的和谐。俗话说"老小孩，老小孩"，老人常常像孩子一样情绪变化无常——刚刚还好好的，一会儿就自己一个人生起气来了，弄得周围的人哭笑不得。随着年纪的增大，老年人往往变得很敏感。一方面，他们希望家人格外关心自己，使自己不在孤独中度过；另一方面，他们又怕周围的人嫌弃自己。这种矛盾的心理使他们变得紧张、脆弱，也常给家人带来烦恼，进而影响家庭的和谐。因此，志愿者应尽自己所能，帮助老年人处理好家庭关系，使他们的家庭生活和谐快乐。

②忧郁。退休在家的老年人常常因生活环境发生变化而产生强烈的失落感。他们找不到精神寄托，或者觉得自己无用武之地，或者觉得自己孤独寂寞，或者因身体不好而情绪低落，其中一些人常常有忧郁的情绪状态。对有忧郁倾向的老年人，志愿者应采取以下的护理措施：

A. 给予老年人心理上的支持。老年人的忧郁总是由于各种各样的原因引起的，志愿者应弄清引起老年人忧郁的原因，对其进行开解，以获得老年人的信任，让老年人敞开心扉。同时要时刻了解老年人的思想变化和情绪波动，在他们需要安慰与帮助的时候给予他们心理上的支持。

B. 让老年人参加一些力所能及的运动和户外活动。情绪和健康是相辅相成的，一方面，老年人因为忧郁导致情绪不佳，从而使自己的免疫力下降，容易得病；另一方面，如果老年人身体不好，那么心情肯定也不好。运动和户外活动则可以帮助老年人保持一定体力，增强抵抗力。志愿者可以建议老年人参加晨练，无论是舞剑、做操、跳舞还是打太极拳都是很好的锻炼方式。对于体弱的老年人也可以用散步等户外活动代替运动，使自己增加活力。

C. 组织老年人适当参加文娱活动。老年人愉快的心情常源于充实的生活，如果老年人经常参加各种活动，使自己的生活丰富多彩，他们将不会感到忧郁。

D. 帮助老年人学会自我排遣寂寞。因居住的地理位置或其他条件限制，无法参加各种文娱活动的老人，可以通过自娱自乐的方式调剂自己的生活，如：种花、养鱼、收藏东西、练习书法等等。虽然这些活动是在家里进行的，但是可以使老年人修身养性，保持良好的心态。

③健忘。健忘也是老年人普遍的心理特点。对于健忘的老年人志愿者可以采取以下护理措施：

A. 帮助老年人安排规律的生活。健忘常常给老年人的生活带来一些麻烦和烦恼，也会给老年人增加心理负担。一些老年人因为担心自己可能会忘记一些重要的事而变得紧张。可以建议老年人制定比较规律的作息制度，每天按时作息。对于一些特殊的事情，比如：和朋友约会、去医院复诊等，则可以用一个小本子记下来，并把小本子放在身边随时翻阅。

B. 加强健脑锻炼。为了防止老年人健忘，或减缓老年人健忘的速度，可以对老年人进行健脑锻炼。如下象棋、打牌等。

（3）掌握老年人心理保健的五个要点

要帮助老年人克服心理障碍，志愿者就应该知道老年人该怎样进行心理保健，并向老年人宣传心理保健的知识。

①保持乐观精神，培养健康的心理。老年人对生活要充满信心，心胸要开阔，要保持乐观的情绪，尽量发挥自己在知识、经验、技能、智力及特长上的优势，寻找新的生活乐趣。

②拓展丰富多彩的生活空间。老年人应当根据身体条件和兴趣爱好，把生活内容安排得充实些。这样既可以舒展心灵，又能珍惜时光、学习新知识，使生活更有意义。

③善于摆脱烦恼，保持清心寡欲。面对生活中的烦恼事不必心绪不安，

更不要处于郁闷状态，而要通过各种途径把坏情绪及时释放出来。对于外界名利之事要善于超脱，对家务事不要操劳过度，让自己保持一份好心情。

④注意饮食营养，加强体育锻炼。一个人拥有健康的身体更能保证心理的健康。老年人平时要多摄取优质蛋白质，多食用富含维生素、低脂肪的食物，如：瘦肉、奶类、蛋类、豆制品及莲子、桂圆等。老年人还应选择适宜的运动项目，如：散步、慢跑、做操等等。

⑤重视人际关系和心理交流。老年人既要注意联系老朋友，又要善交新朋友，要经常和好友聊天谈心，交流思想情感，做到生活上互相关心体贴，思想上沟通交流，在集体活动和人际交往中取长补短，吸取生活营养，使自己心情舒畅、生活愉快。

3. 志愿者服务残障人士服务的心理技巧

残疾人和他们的家庭往往要承受平常人想象不到的心理压力。一些人的自尊、自信都受到极大的损害，有的还因此丧失自强自爱。因此，为残疾人服务也是志愿者工作的一部分。

（1）残疾人常见的心理特点

①强烈的自卑感。对于大多数残疾人来说，缺陷是一个难以解开或不能彻底解开的结。由于遗传或因意外事故导致某种身心缺损和功能丧失，丧失了健全人的生活能力，这些缺陷使残疾人产生了强烈的自卑心理，他们认为自己被别人瞧不起和低人一等，因而性格变得孤僻、胆怯，从而意志消沉，丧失生活的信心。

②深深的抱怨心理。自身的缺陷，常常使残疾人怨天尤人，他们抱怨父母没有给他们健全的身体，抱怨命运不公平，甚至抱怨人们对他们有偏见；认为天地之间，难以容身；人海茫茫，唯我多余。

③严重的挫折心理。残疾人常常有挫折心理，尤其是那些因人为事故或意外原因造成残疾的人，受挫感特别强烈。

④急切的感激心理。身残之后，残疾人往往在自卑之中产生自怜，希望获得人们的同情和帮助。性格内向不愿表露的人，在得到帮助之后，感激之情与回报之心油然而生。

（2）帮助残疾人克服心理问题的技巧

①关注他们的感受。残疾人的个体差异与奋斗的艰难往往被人忽视。因此，志愿者在为残疾人服务时要关注残疾人的感受，在给予他们帮助的同时尊重他们，理解他们作为一个个体的内心感受及他们希望与正常人享有同样权利的想法。

②帮助他们树立生活的信心。竞争越激烈，残疾人面临的现实越严峻，

心理压力也就越大，当他们无法承受压力时，就会丧失生活的信心。志愿者要鼓励残疾人，让他们认识到：任何人都是有价值的，每个人都能为自己做些什么，一次没做好，再做一次；这件事没做好，还可以把那件事做好！让残疾人树立起对生活的信心，坚强地生活。

③帮他们制定生活的目标。过低的要求和过多的保护使一部分残疾人产生了过度的依赖心理而不求上进。志愿者应帮助残疾人制定具体可行的生活目标，在他们最可能做到的事上，为他们设定努力达到的标准。从鼓励他们生活自理，到独立处理一些事情，到坚持工作，再到有一番作为。

（3）解决残疾人心理问题的基本方法

①大力宣传关注残疾人的重要性，生活中充分发挥残疾人的积极性，使其聪明才智得到最大限度的发挥。充分发挥社区及志愿者的力量，对残疾人群体给予高度关注。

②建立残疾人心理咨询与治疗中心，让残疾人有回到家的归属感，像面对亲人一样面对心理医生。在咨询与治疗中，感受到被尊重、被理解、被关爱、被重视，从而解决心理问题。

③健全人经常与残疾人平等地相处与沟通，要把他们看作是最需要帮助的朋友，最可信任的同事。残疾人的心理问题，应该引起全社会的重视；残疾人的心理健康，应引起全社会的关注。

4.志愿者为离异家庭子女服务的心理技巧

父母离异极易导致孩子产生强烈的自卑感、被遗弃感、怨恨感等消极情感。而且，在很多孩子身上，这些消极情感不但不会随着时间的流逝而减轻消失，反而会愈积愈深。尤其是那些年幼的孩子，因为心智尚未发育成熟，无法接受家庭的突变，在没有心理准备的情况下很容易将父母的离异归结于自己，形成严重的心理创伤。

（1）离异家庭子女的心理特征

与正常家庭的孩子相比，离异家庭的孩子有以下几大心理特征：

①敏感，心理开放度低，有较强的攻击性。离异家庭的孩子由于经历了家庭破损的全过程，父母的行为使他们对社会的认识产生了偏差，变得敏感甚至压抑、焦虑，怀疑周围的人或事。他们的知心朋友很少，与老师的相处也表现出一定的不合作，甚至反感，导致攻击性行为。在不和睦的家庭中，家庭成员间经常争吵、打闹，极易使孩子产生冷酷、悲戚的心情，并由此导致惊慌、恐惧、心绪不良的情绪，长此下去，就会形成粗暴的性格。特别是离异家庭中那些父母另有新欢后被虐待、遗弃的子女更是如此。研究表明，多数单亲家庭学生曾经怀疑过老师和同学不喜欢自己。

②情绪消极，自卑苦恼，缺乏自信。他们一方面试图采取独立自主的行动倾向；另一方面常会想到自己不健全的家庭，情绪不稳定，忧虑，对前途信心不足。离异家庭的孩子自我评价较低，消极的自我情绪体验使他们形成扭曲的自我形象，既不能正确评价自己，也不能正确对待别人，以至于不能接受自己。强烈的自卑感使他们不能自如地与他人交往，唯恐被人轻视或排斥，当恐惧感超过亲近别人的欲望时，就会压抑自己的欲望，对他人采取冷漠的态度，造成性格孤僻。

③持久性差，不能长时间做一件比较枯燥无味的事情。孩子若在烦恼、焦虑、担心、忧虑等情绪下学习，会压抑他的积极性和主动性，使其感知、记忆、思维、想象、注意等认知机能受到压抑和阻碍。离异家庭学生由于在家庭破损过程中受到过一定的心理伤害，又由于家庭教育的残缺，容易形成不良学习习惯，因此，他们学习的持久性往往比较差，不能坚持长时间地做一件比较枯燥的事情。

（2）帮助离异家庭子女解决心理问题的技巧

①用爱心唤醒他们的热情。离异家庭的孩子需要爱，需要别人的关心和体贴。因此，作为一名志愿者对离异家庭子女给予最大的帮助就是——给他们爱。爱的方式有很多：在生活上关心他们；在情感上支持他们；和他们一起分享痛苦和快乐；关注并尊重他们的感受；和他们做知心朋友等等。

②用理解剔除他们的偏激。离异家庭的孩子在家庭发生变故以后，心理难免失衡，往往比较偏激，有时也会有过激行为。志愿者在帮助他们时要给予他们充分的理解。在遇到问题的时候，尽量倾听他们的想法，了解他们的内心世界，然后再下结论，并帮助他们解决问题；也可以就某些事经常和他们探讨，交流想法，获得他们的认可和信任；引导他们以积极的心态面对生活，使他们更好地融入同龄人中，杜绝偏激的行为。

③用鼓励驱除他们的自卑。离异家庭的孩子思想负担重，怕周围的人知道家中真实情况，因此变得比较自卑，不愿意和同学有更多的交往。志愿者应该帮助他们对父母离异的问题有一个正确的认识——即父母的事应该由他们自己去处理，孩子无法左右家庭。志愿者要善于发现这些孩子身上的闪光点和能力特长所在，鼓励他们勇于参与各项活动，在活动中发挥自身的潜力，从各个方面培养他们的自信心和责任感。

（三）志愿者工作的翻译技巧

随着我国对外开放力度不断加大，志愿者参与外事活动的机会也日益增多，语言沟通架起了国际交流的桥梁。掌握良好的翻译技巧和培养较强的翻译能力成为志愿者服务质量优劣的关键。

1. 译员的素质

志愿者在翻译活动现场的表现与平日的积累和磨炼密不可分，翻译时的临场发挥也相应地展现出译员所具有的包括语言、知识、应变在内的个人综合素质。在志愿者活动中，表现优秀的译员，应该具备以下基本素质。

（1）精通语言

①词汇。语言是由词汇组成的，因此一定的词汇量是翻译活动的基础。为了成功完成翻译任务，不仅需要掌握高频出现的日常生活词汇，还应熟悉各种术语、方言、隐语甚至外来语。所以每一名译员都应建立起自己的专业词汇库，并与时俱进不断更新充实自己的词汇库。

②口音。即使在掌握相当词汇量后，译员还是可能因不熟悉对方的口音而感到举步维艰。因为多数译员在学习语言时大量使用标准发音的教材，在习惯了这些标准语后，很难分辨语调、音色与之不同的其他口音。我们发现，尽管一名译员能够完全听懂标准美国之音，却难以理解一些非英美国家人员所讲的英语，如埃及人或日本人讲的英语。因此，译员可以在平时适当作些不同口音的听力训练，使耳朵渐渐适应各种语音。由于志愿者要接待来自世界各国不同地区的客人，所以熟悉各种口音显得尤为重要。

（2）知晓百事

许多经验告诉我们从事翻译工作的人不能仅限于语言专才，同时还应是知识通才，应该对自然、社会、宗教、历史、文学及艺术等各领域都有所了解，当然了解程度点到为止即可，无须太过专业。所以只有平日注意收集、积累点滴知识，临场翻译时才能心中不慌。

（3）机敏睿智

外交无小事。这是从事外事活动必须遵循的原则。所以，志愿者无论在翻译还是其他对外交往过程中，都应当保持冷静谨慎，不可草率。即使是细枝末节，也不容忽视。首先，译员应注重自己的言谈、举止、衣着和态度，热情但不轻浮，礼貌却不拘紧，睿智而不油滑。

其次，在翻译过程中，译员应尽量做到面对突发情况沉着应对，处变不惊。例如，翻译时出现未听清的句子或影响句意的生词短语，尤其是一些专业词汇时，译员可以礼貌地要求对方重复或稍加解释，不应该手足无措囫囵吞枣，更不可胡编乱造蒙混过关。

2. 翻译的原则

我国翻译家严复先生在《译例言》中提出：译事三难，信、达、雅。这里我们借用"信、达、雅"的标准稍加转义，应用于志愿者翻译中。

信，即忠于原文。译员的工作是利用自己的双语功底为谈话双方架起沟通桥梁，故应忠实地传达两端信息，决不可掺入个人思想观点，也不可为了卖弄，胡乱添油加醋。譬如，有的译员在传达一方观点时用第一人称 Isuppose，但是当对方表达的观点与自己相左时，又突然改用 He thought。如此 He、1 人称的不一致，导致接受信息方思维混乱，造成不便。

达，即传情达意。如果把语言交流比作计算机网络，译员就充当了 modem 的角色，其作用为将一方输出的语言转换成输入方可以理解的语意。显然，其目的主要是为了使信息输入方（听话人）会意，所以译员最基本的职责是达意。实际操作中这一点尤为突出。

请看以下这句话"（面对这些难题）只要我们万众一心、携手共进，必能突破千难万险、战无不胜、攻无不克"。短短的一句话中竟连着五个成语，译员可能感觉一时无从着手，其实只要表达出发言人的意图就可以了，即翻出"只要我们协力，就能攻克这些难题"这层意思。这里要注意，在翻译时不可以撇开意思机械地逐字强译。为了有效传达说话者的意思，译员可以有选择地运用加译、减译、合译等各种翻译技巧。

雅，即优美流畅。针对志愿者翻译，我们所强调的雅侧重于行文的通顺流畅，是为了更好地做到达。当然"雅"较"信、达"而言，对于译员自身的素质要求更高。

3. 翻译的实践

志愿者翻译按其操作内容可以分成导游翻译、宴会翻译、会议翻译和宣传翻译等类型。

（1）导游翻译

导游翻译的工作范围包括接待、陪同、参观、游览、购物等活动。其形式较随意，译员的任务以介绍性翻译为主。我们建议译员事前先了解当日行程及可能要介绍的内容，有针对性地收集相关信息。如陪同参观城市风貌时，译员应对参观景点的背景、特点等情况有简单了解；随同参观会场时，可先熟悉会场地形及各展台内容等。

由于导游翻译的随意性，译员与外方有更多接触的机会，同时也可能产生摩擦。此时，我们应本着互相尊重的原则，沉着应对。例如，美国人崇尚自由，在逛街参观时，偏好随性地单独行动。译员寸步不离伴随在他的左右，会使他感觉拘束。欧洲人正相反，他们一般喜欢与译员打成一片。而日本人与欧美人相比，则显得比较沉默，导致有的译员感到非常困惑，因为自始至终都是自己滔滔不绝，甚至怀疑对方是否对自己的工作满意。其实以上各种差异都因文化差异所致，译员应当寄予理解和适应。

（2）宴会翻译

志愿者所参与活动的宴会中，比较常见的是圆桌宴会，相对正式，因此译员应在细节方面多加准备留意。宴会前译员可以先踩点，尽量记住同席者的名字（餐桌上一般放着写有同席人员姓名的卡片），方便之后的翻译工作。在入席时，如果主办方没有为译员安排席位，则译员在外方就餐时，稍微靠后坐。若译员也参加会餐，则应随外方习惯，注意就餐礼仪。与日本人同席时，夹菜用公筷，若无公筷，可以反用筷头夹菜等。同时，由于宴会时每桌所配备的译员不多，一般 1—2 名，每位译员的工作量就极大。因此译员应该把握用餐节奏，利用没有翻译任务的间隙就餐，也可以预先吃些点心，但要注意翻译时口中不能含食物残渣。

（3）会议翻译

会议翻译比起前述的两种类型最为正式。如果外方受邀发言致辞的话，往往会事先准备发言稿。译员可以在会前先笔译外方的发言稿，以确保翻译的准确性和流畅度。此处，值得一提的是，会前译成的稿件只表现了发言人思维的基本框架，有的发言人会即兴发挥，所以译员不可以照本宣科，还是应该以外方当场的发言为准。

同时，正由于会议翻译的重要性，发言人一般会使用一些格式化的客套语（有的通常在其他语言中找不到对应词，这时可以采用意译或简译的方法）。为此译员也应该在平日进行适当积累和练习，这样，临场翻译时就能自然而然地脱口而出了。

除此之外，译员还应在会前记住一些会议相关的专业词汇。有的会议主办方会就会议主题发布中文或译成其他文字的广告等宣传资料，译员可以充分利用这些资源。

4. 几个具体问题

（1）不会译的对策

志愿者在翻译时，难免会遇到不会译的内容，尤其是专业词汇。译员们一般都有各自的处理方法。这里我们将不会译分为两种情况，分别讨论，提出几条对策以供参考。

①有些内容不懂，特别是术语。遇到这种情况，译员可以请发言方稍加解释。如果对方不愿解释或者解释后译员仍无法理解时，只有直接念出该术语，有时还要再补充承认自己不能翻译该词。这种方法最简单，也不太会招致听话人的责备，特别适用于一些国际通用的专业缩略语翻译，如 CIF（到岸价），FOB（离岸价），TCP/IP（传输控制协议 / 网间协议）等。

②译不出，即无法将听懂的词转换成专业术语，或对所用的术语没把握。

这时，可采用解释说明的方法，使信息接收方理解其含义。如果对方明白，便可能在下文中使用正确的术语。捕捉到对方的提示后，译员应立即记录该词，以备后用。如，某译员在听到蛋白质这个词时，无法马上想起对应的英语单词，于是利用解释的办法译为 a material in egg white（蛋白中的一种物质）。对方明白了译员的意思，并在接下来的谈话中使用了 protein 一词。译员发觉这就是刚才一时没想起的词，于是默记下该词。

（2）听话要听音

受过良好教育或是在相对含蓄文化熏陶下的人常使用委婉语，特别在为了表达消极含义的场合。例如，A 和 B 经过一段时间的对话后，A 说：I've had a lot of fun and I hope you have too。由于对话双方文化差异，如果将这句话直译为："和你谈话很有意思，我希望你也从中找到不少乐趣"，B 见谈话中插入这么一句话可能觉得莫名其妙。其实，A 的真正意图是打算结束谈话。此时，译员应以"可以接受的翻译（an Acceptable Translation）"为准则，将 A 话中暗含的意思一并译出："今天就谈到这儿吧。和你谈话很有意思，我希望你也从中找到不少乐趣。"当然有的委婉语，听话方也可大致猜出其中含义。如 My thoughts are quite giddy（我现在头昏脑涨！暗示不能再谈，得休息了）。听话方或许隐约感觉到对方不想再谈了，此时译员仍应当提醒听话方说话者的意图。

（3）避免望文生义

志愿者活动中的翻译大多要求译员在极短时间内完成翻译工作，几乎不容斟酌。而有些译员贪求翻译速度，片面注重单句翻译，忽略了全局架构，这往往导致个别句子翻译中出现望文生义的现象。

以下单句选自一段有关球员介绍的译文。He has a geometry of the game. 乍一看，很多人会译作：他有这项运动的几何学。中国人当然听不懂。如果联系全文，展开一些想象，可以明白其含义是：这个球员天生知道比赛的时候该站什么位置，往什么地方跑，知道全场的布局。又如，He never left his office alone 一句，马虎的译员自作聪明地翻译为：他从不一个人单独离开办公室。实际上应该译成：他一直在忙自己的事，从不懈息。为了避开这种望文生义的陷阱，译员必须始终保持全局意识，领会说话者的语意，把握他的语言逻辑。

（4）同形异义词

有些译员能说一口流利的美式英语，可在为英国人翻译时，却无法使对方理解自己的表达。那是由于有部分拼写相同的词语在英式英语和美式英语中的不同释义而产生的问题。

例如，chips 这个词在英式英语中指薯条，而在美式英语中指炸土豆片（美国人称薯条 french fries，英国人称炸土豆片 crisps）。又如，pants 在美国指长裤，在英国则指内裤。guy 是美国口语中最常用的称呼词，相当于中文口语中的朋友、小伙子，但在英国比较少用这个词，因为它指代穿着怪异的人。这里值得一提的是 first floor 的释义，美式英语中意为 1 楼，而在英式英语指 2 楼（在英国用 ground floor 表示 1 楼）。所以，当外国人说 first floor 时，译员应弄清楚他究竟是英国人还是美国人。

（5）同义异形词

这类词主要存在于使用同一语言的不同文化中，即对同一件事物的不同表达。

以"厕所"一词在英式英语和美式英语中的表达为例。英式英语中，私人住宅中的厕所称为 the lavatory，toilet，WC（已陈旧）或 loo（用于口语），公共场所的厕所称为 the Gents/the Ladies 或 public conveniences；美式英语中私人住宅中的厕所称为 the lavatory，toilet 或 bathroom，在公共建筑物中的称为 the washroom 或 rest-room。

5. 国际交流注意点 / 提示

与来自不同国家的客人接触交流时，应当特别关注其用词偏好、社交习惯及风俗禁忌等有关文化特点的各方面。这么做既体现了我国互相尊重的外交原则，有效避免了一些文化摩擦，又有利于志愿者成功完成翻译工作，促进了与外国友人的沟通交流。

以下就主要以我们的邻邦日本为例，浅谈几项注意事宜。

（1）敬语

日本非常讲究长幼尊卑之分，对于身份地位比自己高的人用尊敬语和郑重语，相对的谈论自己时用谦让语，以示对长辈及上司的尊重。然而现在有的日本年轻人不太讲究这些区别，有些较少使用敬语。不过，作为一名有教养的志愿者翻译，还是应当适时规范地使用敬语。

（2）称呼

虽然敬老，但是日本人却不服老，向往年轻。所以遇到老年的日本客人时，尽量避免当面使用"老人"之类的词。面对女性时，不要使用高于她年龄的称呼。这里还要补充一点，不能询问女士的年龄、婚姻状况及收入等涉及个人隐私的问题。如果志愿者不会日语却需要使用日语词汇时，可以稍事咨询懂日语的人，不要看到日文中的汉字就望文生义。日语中的汉字源于中国，有的词义却异于中文。曾经有一位中国学生要到日本的机场接某同学的妻子，他在接机处高举一张牌子写着："××爱人××"，在场的日本人却用异样的眼光看着他，原来"爱人"在日语中是"情人"的意思，日本人是奇怪哪有光天化日举着牌子替人接情人的。

（3）数字

中国文化喜好双数，求的是成双成对。而日本人却偏爱单数，所以志愿者在为日方筹备礼物时，尽量准备1、3、5等单数个礼物。尤其当对象是夫妇时，忌送偶数个礼物，因为偶数代表夫妻离散，与中国恰恰相反。并且，日本文化忌讳4和9，因为四、九的日文发音同"死"和"苦"的发音同理，送礼时不送梳子。

（4）手势

译员在翻译过程中有时搭配一定的手势等肢体语言，此时应当注意不同文化中手势的含义不尽相同。例如，将拇指尖与食指尖相抵，形成环状，一般我们理解为OK，但对日本人来说，尤其在谈判桌上，他会认为你将给他一笔钱。除此之外，类似抓头皮（表示愤怒不满）等小动作都具有某些特殊含义。

（5）说话方式

日本文化追求"和"，为了避免正面冲突，他们说话较婉转，甚至有时反话正说，绕弯子。这个特点形成了做日本人翻译的一个难点。为了攻克这个难点，译员需要对日本文化有一定了解，从文化入手解析他们的真正意图。以吃饭为例，中国人通常会问对方"好吃吗？""饭菜合胃口吗？"之类的问题，日本人一定会回答说"好吃"，但这只是客套话，到底他爱吃与否还得靠译员自己观察判断。同样的，由于我们是好客热情的民族，所以向客人碗内夹菜被视为尽地主之谊的表示，然而，日本人为了不伤和气，势必要把碗里的菜都吃掉，即使是他最不喜欢的食物，也得硬着头皮吃完。这可能致使我们误解他们喜欢吃这些酒菜，于是请他们再多吃些，此时日本人会说已经很好了，言下之意这些足够了，我已经吃饱了。

第六章 志愿服务的心理机制与志愿服务的开展

第一节 志愿服务的心理机制

志愿者为什么投入志愿服务？在什么情况下志愿服务会发生？哪些因素会影响志愿服务的产生？……这些都涉及志愿服务的内在心理机制。志愿者为了服务他人和社会而产生的志愿行为，其本身包含着"为了自己"而为他人服务的内涵，这是一个社会高度文明之后个人的一种自我需求。经济的发展、社会的发展本身并不会驱动个体去从事志愿服务，而是志愿者自身思想意识提升的结果。

本节将从个体的层面来对志愿服务的发生、发展过程进行阐述。本节主要根据艾森伯格的亲社会行为理论模型来探究志愿者从事志愿服务心理的发生发展过程。因为志愿服务就其本身而言，是一种助人行为，更是一种亲社会行为。艾森伯格的亲社会理论模型对亲社会行为的发生、发展过程中的心理机制作了较全面、深刻的剖析。该理论同样也适用于解释志愿服务的心理发生模式。志愿服务是一种持久的助人行为，就其根本来讲，志愿服务心理机制发挥其作用是一个由内而外的过程。

志愿服务是随着经济的发展、人类社会的进步而产生的。正如前面章节的介绍，当前中国正处于转型期，出现了很多的社会矛盾，很多弱势群体需要帮助，需要志愿服务。弱势群体需要社会帮助与个体助人的意愿相互作用，并在一定条件下可以形成个体这种潜在的助人需要，个人潜在的助人需要由于诱因的作用又会转化成现实的助人行为。如果这种个人因素（现实的助人动机与个体的特质）和外部条件相统一，便会进一步转化成个体的内部动机从而引发志愿服务。这便是志愿服务的心理发生机制。综上所述。志愿服务是需要（社会需要和个人需要）互动的结果，即社会的需要向个体转化，与个体自身的需要相互作用而产生的。

一、志愿服务心理的发生

人们最初想帮助别人的想法是从何而来的呢？怎样才能把人人都存在于潜在的助人想法转变成实际行动，转变成志愿服务呢？依据心理学的角度，志愿服务的发生是志愿者在自我调节的作用下，通过社会大环境影响与志愿者内在需求相协调，形成激发、维持志愿行为的力量从而持续进行下去的。

（一）人们的志愿服务观

认知观简单来说就是志愿者对于志愿服务的一些基本看法，包括志愿服务的来源、属性特点等。现阶段人们对志愿服务的认识如何？这里我们基于湖北省志愿服务的调查，对人们的志愿服务观进行分析。在人们思想观念中对志愿服务的认识主要表现在以下几个方面：

1. 志愿服务是雷锋活动的延续

1963年，学习雷锋的活动在全国开始展开，从此在每年的3月5日雷锋纪念日，全国都会举行以"学雷锋"为主题的做好人好事活动。很多人把它看作我国最早的志愿服务活动，事实上也确实影响了很多人从事志愿服务活动。在谈到中国志愿服务的起源这个问题时，在访谈的20名志愿者中有4位访谈者明确提出了志愿服务是雷锋活动的延续。在我国，志愿服务常常被看作是"学雷锋"活动的延伸，这也为它迅速被广大群众所认同奠定了最深刻的思想基础和心理基础。

例如湖北省红十字会志愿者将志愿服务的发展归结于"学雷锋"活动，他们说"志愿服务发展于雷锋运动，近代壮大于共青团"。湖北省总工会的志愿者则明确提出志愿活动是"学雷锋"活动的延伸，志愿服务是"学雷锋"的继承和延续，但是上升到了体系这个高度。

共青团某省委一名工作人员在谈到志愿服务的起源的时候，觉得"学雷锋"和志愿服务只是名称上的差别，其本质是一样的，他是这样说的："用最通俗的话来说，以前叫学雷锋，现在叫志愿服务，简单地理解，就是这样一个情况。"

2. 志愿服务是一种精神追求

随着社会物质水平的不断发展提高，人们越来越注重精神领域的追求。志愿服务作为社会进步的体现，受到了不同社会不同阶层的认可与赞赏，自然也成为不少人精神追求的方向。

一位志愿者是这样说的："你说怎样表达爱心，表达爱心是通过每一项活动体现出来的，所以你说它小也比较小，大和小怎么结合，是比较难的一个问题。""志愿服务，志愿服务从某种程度上也就是一种奉献精神，是一种奉献，是一种互助，就像我们现在推广的信息农村合作医疗一样就是一种互助的社会活动，在这个互助过程中弘扬的是一种奉献精神，就是我们志愿工作者的四个特性：志愿性、无偿性、公益性和组织性，所以我认为志愿服务的精神就是奉献友爱互助和敬仰。""我们是以集体的行动、团队的力量来展示志愿活动的公益性。"

一位志愿者也认为，"志愿服务是随着社会文明水平的提高而发展起来的一个新的概念。随着社会分工的不同和改变不断深入的发展，人们出于一种爱心，出于一种社会的责任，出于一种对社会公平的体现，就自发地开展志愿者的服务。""在国外，志愿者服务被认为是一种高尚的行为，它是一种精神上的升华，而不是一种表象的表现形式，那就歪曲了志愿者服务本身的概念。""志愿者服务是一种发自内心的充满爱心的一种奉献。"

3. 志愿服务是一种利他行为

无论是早期的"学雷锋"活动，还是当今的志愿服务活动，从小处着眼都可以概括为做好事，也就是帮助别人的行为。

红十字会的志愿者直接就提出了志愿服务的利他性。一位志愿者说："志愿活动是一种利他的、无偿的行为。是一种个人对社会对他人的无私的奉献，因为它毕竟是志愿嘛。也就是说从个人意愿出发，有帮助别人的意愿，所以它是无私的，无私奉献的行为。所以我就说这是一种文明的体现和象征。红十字会的志愿者表达则更加直接——"志愿服务主要有三个特点：自愿、无偿、利他"。

体育局的一位志愿者提到，志愿服务是为了"满足社会需要"，"我们刚才谈了我们体育部门是满足社会需求的，提供体育机械啊，为老百姓健身提供条件"。另外，某社区的一位志愿者表示，"志愿服务主要是一种自己发自内心的意愿，首先要自己愿意做这份工作，并且是不以拿报酬为目的的，概括来说就是为服务人民"。某省博物馆的一位志愿者表示，"志愿服务分为三个层次：第一个是用财富施于人，第二个是用精神或者智慧施于人教化人，第三个是用自己的体力劳动帮助人"。

4. 志愿服务是无偿自愿的

志愿服务活动本身只是政府倡导的一个行动，除了政府的一些组织机构之外，对于民间的很多自发组织并没有强制要求。事实上很多参加志愿活动的人都是本着自愿的态度参与进来的，不仅没有经费支持，有时候还需要志愿者自筹经费进行活动。虽然相关法规并没有规定志愿服务一定是无偿自愿的，但是很多人实际已经把这当成志愿活动的一个特点。在访谈过程中，很多志愿者提出志愿服务是"不能强迫""发自内心""自愿""不求回报"和

"无偿"等，这些都说明了志愿服务的无偿自愿性。

志愿者的话很有代表性，不断说到志愿服务是个人自发的行为，不带有功利性。"志愿者反馈社会也好，回馈社会也好，是一种直觉的行为，他怎么做，不能去强求他，每个人有每个人的观点，每个人有每个人行为处事的方式，他回馈的方式也不一样。如果我们通过志愿服务非要强迫某个人或某个人群他回馈社会的话，这真的是与我所说的这种志愿服务相违背的，所以开展志愿者活动，不能提出这种反馈回馈社会或回馈施救者或施助者，这个说法我觉得是错误的。"

"献爱心时是发自内心的，不能说我本来就不想，组织要求我去做的，他能献出什么爱心呢？我觉得强调志愿服务，换一个字的话可以换成自己的'自'，实际上是一种自愿的行为，你只有自愿了你才能奉献自己的爱。简单来说，也就是我个人的理解的话就是志愿的贡献自己的个人的时间和精力，不谋求物质报酬，在这个前提下，说大一点就是为了推动社会的和谐进步，提供一些力所能及的或结合自己的特点、专业、特长做的一些活动。"

志愿者也强调志愿活动是基于自愿开展的，"但是不是要求每个人都去做一样的，不是每个人都去关注孤老啊，等等，除了关心孤老，就没有什么志愿活动了……哪里有个大灾小难的，都是发自内心地关心，想帮助。这个意识是越来越强，追求积极向上的人文关怀是值得提倡的。这个行为还是志愿行为，不是强迫的，我认为吧，这些行为都是志愿服务。因此每年都有大量的志愿者，而这些志愿者大部分都是没有报酬的"。

5. 志愿服务是责任意识的体现

所谓责任意识，指的是清楚地知道什么是责任，并认真、自觉地履行社会责任，把责任转化到具体行动中去的心理特征。责任意识属于一种自觉意识，表现得既平常而又朴素，把志愿服务看作是责任意识的体现，体现了社会人的自我要求和自觉意识。

（二）参与动机

在志愿者产生志愿服务意识的过程中，不仅社会环境这种外部因素起了作用，志愿者自身的参与需求也是促使其进行志愿服务的重要内部动力。

不同的需求源自于不同的参与动机。在志愿者产生助人行为的想法时，可能是出于不同的考虑，动机是其中的一个重要动力条件，起到了决定性的作用。通常一名志愿者会有许多不同的动机，包括从最无私的到最利己的。在整个志愿者生涯中，动机也可能是不断改变的。同一名志愿者参与不同活动的动机的差异也是相当大的，志愿者投入的多少会随着时间和年龄的变化而变化。志愿者为什么参与志愿活动？也就是志愿者参与志愿活动的动机是什么呢？志愿者在参与志愿服务的过程中，动机并不是一成不变的，它会随着参与志愿服务的时间会发生变化。吴鲁平对24名青年志愿者的深度访谈分析报告，指出了七种具体的动机结构模型，并依据其构成要素，将其分为两类：一类是"单一结构模型"，具体包括典型传统型、典型现代型和典型后现代型等；另一类是"多元混合结构模型"，具体包括传统动机与现代动机混合型、传统动机与后现代动机混合型、现代动机与后现代动机混合型、传统动机—现代动机—后现代动机混合型等。

1.单一性动机

（1）典型的传统型志愿者的动机

这种动机是基于责任感而参与志愿活动，是一种典型的传统性参与动机。除了责任感外，还包括义务、帮助别人、做力所能及的事情、做有意义的事情等要素。典型的传统型志愿者是指在其动机结构中只含有单一的传统动机部分，不含有现代型和后现代型动机成分。

持有这种动机的志愿者认为，"志愿者应当力所能及地开展有关爱心慈善救济、环境保护、扶贫发展、弱势群体权益保护、社区服务等方面的活动。尽心尽力，用行动说话，才是最好的表达爱心方式"。

还有的志愿者用"本能"来形容这种动机，可以概括成一种人具有的助人愿望。某省总工会一位志愿者在解释"爱心妈妈"活动是这样说道："我开展这个活动的时候，下边的人，自愿的可能就有四五十人。这是处于一种母性的爱，母性的本能，爱孩子也要爱别家的孩子，看着没妈的孩子可怜，出于母亲的本性，去做'爱心妈妈'，并且工作做得很好。'爱心妈妈'定期地去看望孩子，跟孩子交谈，甚至把孩子接到自己家里，送东西给孩子，暂时虽然不能完全代替他们的妈妈，但是至少让孩子能感受到妈妈带来的温暖和爱。这是'爱心妈妈'志愿服务活动的团队。"

（2）典型的现代型志愿者的动机

随着现代化的发展，工具理性逐渐在人们的生活中占据了重要的位置，越来越多的人也不再讳言对于价值层面的追求。社会中的个人也越来越把自我发展作为个人的核心价值来追求，成就动机也就自然成为很多志愿者的内部驱动力。现代型志愿者动机除了发展外，还有专业实践、专业研究、锻炼能力、结交朋友、自我提升等。典型的现代型志愿者是指在其动机结构中只含有单一的现代动机部分，不含有传统型和后现代型动机成分。

例如，老龄办的志愿者在提到大学生志愿者就把社会实践作为一种主要的动机来谈，他们认为，大学生就是有热情，有激情，有学习之外的时间，然后现在大学生找工作很难，就把这种活动作为接触社会、了解社会、锻炼自己、培养自己的一种实践活动。

（3）典型的后现代型志愿者的动机

到了后现代化时期，人们开始了对于早期现代化的工具理性的反思，并发现了它的局限性。于是，人们不在以个人发展作为自己的核心价值，摒弃了把成就动机作为终极目标，转而开始了对快乐和幸福的追求。后现代型志愿者的动机除了快乐之外，还包括了好奇、兴趣、充实、满足等。典型的后现代型志愿者是指在其动机结构中只含有单一的现代动机部分，不含有传统型和现代型动机成分。

例如，某司法厅的志愿者在提到动机时说，志愿活动对于人的精神愉悦有促进作用，"其实志愿者活动特别有助于人精神的愉悦，是一种升华。"在谈到选择志愿服务时，他们强调不能盲从，要针对自己的兴趣点来。有时你让我去开展志愿服务，但我对这对象不感兴趣，有些人对捐资助学感兴趣，有些人对照顾孤寡老人感兴趣，每个人的兴趣点不一样。

2. 动机的融合

（1）责任与发展混合型动机

这一类型的特点是既有责任动机的成分，又含有发展动机的成分。有些志愿者谈到了这两种动机，属于这种类型。

例如，一位志愿者的一段话表现出了典型的这种混合型："通过参加志愿服务，既促进了社会的和谐进步，同时也使自己的能力在这个活动中得到了提升，思想境界进一步升华，这是一种精神上的升华。"另外还有"回馈社会""做力所能及的事"属于责任动机成分，"收获益处""专业实践"属于发展动机成分。"志愿者反馈社会也好，回馈社会也好，是一种直觉的行为，他怎么做，不能去强求他，每个人有每个人的观点，每个人有每个人行为处事的方式，他回馈的方式也不一样"（回馈社会）。

（2）传统与后现代混合型动机

该类型的特点是既有责任动机的成分，又有快乐动机的成分。在谈到志愿动机时，其所涉及的方面比较多，但是可以归类为责任动机和快乐动机。其中提到的"做人的基本道理""做力所能及的事""助人是一种习惯"和"责任"属于责任动机的成分，"帮助别人，快乐自己""兴趣爱好""充实生活"和"简单的想法"属于快乐动机的成分。

（3）发展与快乐混合型动机

该类型的特点是既有发展动机的成分，又有快乐动机的成分。例如，某位志愿者在谈到动机的时候虽然比较单一，但是仍然涉及发展动机和快乐动机两个部分。其中"锻炼能力"和"互相感染"属于发展动机的成分，而"兴趣爱好"则属于快乐动机成分。

"日常的工作，包括讲解服务，还有每年都要安排一些培训……新招的志愿者要培训他们。包括对学生、小小志愿者，也要让他们暑假寒假都走进来，从小就培养他们热爱中国历史文化，锻炼他们（锻炼能力）。"

"大家都非常赞同，非常尊重。志愿者就像火种一样，当他传播志愿理念的时候，在这过程当中就有很多人愿意加入这个队伍。有些观众多来几次，感染几次，也会当志愿者（互相感染）。"

（4）三种混合型动机

大部分个案谈到的动机都是比较复杂的，各方面都会说到一点，属于是总体混合的类型。该类型的特点是既有责任动机的成分，又有发展动机的成分，还有快乐动机的成分。

例如，在谈到参加博物馆志愿活动的动机时就说得非常丰富，其中"做力所能及的事""责任"和"义务"属于责任动机成分，"学习提高"属于发展动机成分，"帮助别人，快乐自己""兴趣爱好""幸福感"和"舒服"则属于快乐动机成分。

"如果我做义务劳动要耗去我很多精力的话，我想我是做不到的。就说大实在话，一定要做自己力所能及的事（做力所能及的事）。"

"我心里总觉得不安全，心里有一种责任感，就是觉得私办的福利院，就怕它不规范。其实它有很多不太规范的地方，我们认为它不规范，所以就没再去了。有一天到这边来参观的时候，我就跑进来报了名。但是基点是什么呢，基点就是我们要感谢生命（责任）。"

"第一种考虑就是想义务为社会做点事。我也要感激这个社会，我就想做点义务劳动（义务）。"

二、志愿服务心理的过程

志愿服务心理机制发挥其作用是一个由内而外的过程，首先要从志愿服务内部做起，通过建立志愿服务的内生机制和运行机制，提高志愿服务工作的效率，使其真正发挥应有的功能；与此同时，外部环境要配合志愿服务的开展，为志愿服务提供法律保障与社会支持，通过建立志愿服务的保障机制和环境机制，将志愿服务工作纳入法制化、正规化轨道，积极构建志愿服务的社会支持网络，为志愿服务普及和推广创造条件。

志愿服务就其本身而言，是一种助人行为。在心理学的界定中，助人行为是亲社会行为的一种。美国学者艾森伯格对亲社会行为发生、发展的心理机制作了较全面、深刻的剖析。她提出了亲社会理论模型，该理论模型同样也适用于解释志愿服务的心理发生模式。艾森伯格的理论将亲社会行为产生的过程分为 3 个阶段：对他人需要的注意阶段、确定助人意图阶段、意图和行为相联系阶段。第一个阶段是对他人需要的注意阶段。艾森伯格认为在一个人帮助他人之前，他（她）一定是注意到他人有某种需要帮助的具体的愿望和行为表现。一个人尽管十分困难和危急，但别人并不知道，他（她）的困难和危急也不会被人们纳入帮助的视野。因此，从助人行为产生的过程来看，注意到他人的需要是助人行为的初始阶段。

第二个阶段是亲社会行为意图的确定阶段。一个潜在的助人者一旦注意到他人的需要，便须决定是否要助人，从而进入亲社会行为意图的确定阶段。艾森伯格认为，这个过程至少可通过两种方式进行：一种是在紧急情况下，另一种是在非紧急情况下。在紧急情况下助人意图的确定，由于时间紧迫，不容许潜在助人者全面地分析个人得失，在助人与否的决策中认知变量和人格变量所起的作用相对较小，而情感因素，如移情、同情、内疚感或个人痛苦等则起主导作用。潜在助人者可能对他人产生同情，进而萌发亲社会行为动机。另一方面，潜在助人者也可能通过移情产生个人痛苦，为减轻个人痛苦而产生助人的动机。倘若潜在助人者具有更简便的、代价小的方法减少个人痛苦，如逃避现场，就可能产生不助人的动机。在非紧急情况下，由于个体有足够的时间和信息来对自己的行为进行判断分析，并且受助者的需要并不具有足够的情感力量而直接催发人们产生助人的动机。在这种情况下，个人是否产生助人的动机受多种因素的影响，个人对助人行为的看法和人格因素起着重要的作用。

第三个阶段是意图和行为建立联系的阶段。个体有了助人意图以后，是不是必然会产生助人的行为呢？其实不然，助人意图与亲社会行为并不是直接呈现出一一对应的关系，其中也存在着很多的变化因素。艾森伯格认为，助人意图和亲社会行为之间的关系主要受个人的有关能力、人与情境的变化两方面因素的影响。

在某些情形下出现有助人意图而没有产生助人行为的原因是潜在助人者无能为力或感到无能为力。比如如果求助者的要求超出了自己的资助能力，那么助人者即使"有心"也"无力"，有一些助人活动需要助人者特定的技术，比如求助落水者、帮助别人打开家门、帮助救助危险地带的人群等，这就需要助人者具备一定的专业技能。有关的个人能力，如助人的特定技能、自我效能感、自我调节技能、有效策略的知识、人际间问题的解决能力等，都影响着助人意图向亲社会行为的转化。个人有关能力的高低影响到助人意图与行为联系的加强或减弱，如适当的训练（提供与助人有关的知识和技能）在某些情况下能有益于助人行为；个人能力的相对水平也影响助人意图和行为的联系，如在紧急条件下，若有能力更强者在场，或者专门的助人部门，比如110、120等，个体的助人行为将部分地受到抑制，而把这种助人行为转移到专门的部门。在某些情况下，一个人的助人决定与助人时机之间往往有一段时间间隔，在这段时间内，个体特征与情境因素随时间而发生的变化也可能要影响到已有助人动机的个体是否会做出助人行为。

在大多数情况下，出现助人意图而没有出现助人行为，可能与个体对情境的评估有很大的关系。一般来说，个体对情境的评估主要表现在以下几个方面：一是对亲社会行为的主观效用分析，也就是对亲社会行为的代价和受益的主观评估。例如，如果助人的代价增大（如身体上的伤害、物质上的损失等），即使是富有同情心、乐于助人的人，其助人的可能性也会减小。二是对潜在受助者的归因。如果潜在的助人者把潜在受助者需要的原因归于受助者不可控制的外部因素，比如天灾人祸、命运不济、运气不佳或有身体方面残疾等，就更可能萌发助人的动机；如果把受助者需要的原因归于他（或她）可控制的内部因素，比如一个青壮年的人去街头乞讨，就很容易被归因为个人主观不努力，就不可能很好地诱发助人的动机和行为。三是对助人行为的主观认知，比如关于"助人"和"仁慈"特质的自我认同，自尊和自我聚焦（self.focus），个体的价值观、需要和偏好等。如果一个人认为自己具有仁慈、助人、慷慨等特质，或者自认为是一个利他主义者，那么其亲社会倾向就更强。因为一个人一旦形成利他自我形象后，便会努力保持这种自我形象，并且使自己的行为与之保持一致。自尊水平和自我聚焦的程度也影响个体的助人意图。人的自尊水平不同，助人的原因也可能不同，如与自尊水平较高的人相比，中度自尊和低度自尊的人更可能为赢得社会赞许，或避免受拒绝而产生亲社会行为动机。四是对助人情境中他人行为或他人助人的意图的认知。人是社会的动物，个体是否产生助人行为，除了与个体本身的认知因素有关以外，还受其他社会因素的影响，如个体A看到个体B骑车摔倒了（注意到他人的需要），想上前扶起个体B（产生助人动机），但一个离个体B更近的人扶起了个体B（情境发生了变化），这时个体A的助人动机与助人行为之间就没有联系起来。在这个过程中，就存在着一个个体在助人行为过程中的"责任"问题，也就是个人认为他是否有责任来对其他人产生助人行为。如果一种情境中存在着诸多的潜在助人者，这样就非常有可能出现"责任扩散"的现象，即诸多潜在助人者都会存在着这样一种心理，可能大家都会想，也许会有其他人会帮助，我就不必帮助了，这就是为什么会出现歹徒在光天化日之下行凶而无人制止，有人在大庭广众之下落水却无一人救助的主要原因。

艾森伯格为亲社会行为理论的发生提供了一个有益的框架，基于艾森伯格新社会行为理论，可将志愿服务心理过程分为以下几个阶段。

（一）助人需要的形成

助人需要的形成是从社会性需要向个体身上转化的过程。自然、社会和人类自身的发展变化与一个国家或企业原有发展水平之间的矛盾是社会性助人需要产生的根本原因。一方面当前我国经济快速发展，社会上产生了这样或那样的社会矛盾，随着这些矛盾的形成和加剧，社会越来越需要志愿服务；另一方面人们也有更多的财力、物力进行志愿服务，助人需要也随之逐步形成和发展起来。究其根本，自然、社会和人类自身的发展变化是永无休止的，当一个社会需要满足了，新的需要又会产生。但是，人们的社会性助人需要往往是潜在的，需要去发现、揭示。在志愿行为发生前，外界的环境因素与个体因素相互作用产生相应的助人动机，这时形成的动机是潜在的动机，也可以称之为意向。在发生志愿行为的过程中有三个因素：个人因素、组织因素和社会因素。在此阶段，组织因素、社会因素与个人因素相互作用可能影响一个人成为志愿者。其中个人因素包括是性格、人口统计学上的特质、人格特质等，组织因素包括志愿者组织机构的宣传和号召等，社会因素包括社会经济水平、精神文明发展水平以及由此产生的社会需要等，这些在一定程度上影响到对他人需要的注意。组织因素与社会因素共同作用于个人，外部因素逐渐内化，最终与个人因素相结合，产生助人的需要。

这些因素有关于"助人"和"仁慈"特质的自我认同，自尊和自我聚焦，个体的价值观、需要和偏好等。如果一个人认为自己具有仁慈、助人、慷慨等特质，或者自认为是一个利他主义者，那么参与志愿服务的可能性就大。因为一个人一旦形成利他自我形象后，便努力保持这种自我形象，并且使自己的行为与之保持一致。自尊水平和自我聚焦的程度也影响个体的助人意图。人的自尊水平不同，助人的原因也可能不同，如与自尊水平较高的人相比，中度自尊和低度自尊的人更可能为赢得社会赞许或避免受拒绝而产生亲社会行为动机。自我聚焦在不同情况下对亲社会行为的影响也不同，在他人需要比较明显时自我聚焦能促发亲社会行为，但在他人需要不太明显时，自我聚焦则可能会妨碍对他人需要的注意，从而影响助人动机的产生。一个人的价值观、需要和偏好也会影响到志愿行为的决策过程。

（二）助人动机的现实化

社会大环境和志愿者自身意愿相互作用的结果就是将志愿者的需要（比

如自我实现等）与社会助人的需要统一起来，就是助人需要的现实化，换句话说就是助人需要的可实现程度。在人们形成潜在的助人动机之后，是需要在外部条件刺激下，才产生志愿行为的。在产生志愿行为前的这个阶段，个人动机是一个很重要的因素，个人动机在很大程度上决定了志愿行为的发生与否，其他因素会通过动机影响志愿行为的持续性。

在某种情况下，志愿者并非处于一种十分危急的状态，其助人需要并不具有迫切性。在这种情况下，个人是否产生助人的动机受多种因素的影响，其中认知因素和人格因素起着更重要的作用。根据艾森伯格的理论，这个条件符合非紧急情况下的助人意图建立的条件。根据该理论可知在非紧急情况下，认知因素对亲社会行为意图的影响主要包括两个方面：一是对亲社会行为的主观效用分析即对亲社会行为的代价和受益的主观评估。例如，如果志愿服务有很大的风险如会造成身体上的伤害、物质上的损失等，即使是富有同情心、乐于助人的人，助人的可能性也会减小。很多志愿者在有助人意图的时候，并不完全是利他动机，其中也掺杂了很多利己的成分。二是对他人需要原因的归因。如果有助人意识的志愿者把潜在受助者的需要归于不可控制的外部因素，就更可能萌发助人的动机；如果归于他（她）可控制的内部因素，就可能萌发不助人的动机。例如，张三的家庭经济非常困难，原因是他所在的工厂效益不好（不可控制的外部因素），李四的家庭经济也非常困难，原因是他不好好工作（可控制的内部因素），人们可能想帮助张三，而不想帮助李四。

（三）志愿服务的反馈

志愿行为发生后，志愿行为的收益（或称动机满足）与前面两个阶段有着交互的动态影响。这个阶段的志愿者已经通过参加志愿服务对志愿行为有了新的态度，也培养了一定的对组织的态度，这些都可以影响志愿者继续进行志愿行为的意愿，影响志愿行为的持续性。志愿行为的实施本身会强化以后的助人行为，这是与志愿者参与志愿行为的动机相联系的。首先，志愿服务的实施能增强助人者关于助人形象的自我认知和利他性的内部归因，志愿者为保持这种形象则可能做出与之一致的亲社会行为。其次，志愿者所做的志愿行为可能改变了自身的价值观，这一变化可能有利于志愿行为的产生。再次，在志愿服务过程当中，有时候会得到物质的、社会的或情感的报偿，为继续得到这种报偿而更愿意从事志愿服务。最后，志愿者从事志愿服务，使其在志愿活动当中得到了提升和锻炼。

对于志愿者退出组织的影响因素，有的研究者发现并不是任务的难度，而更是志愿者对"应该"收获的和"实际"收获的差距使其放弃最初自愿的选择，志愿者希望可以收获良好的自我体验，但组织却将志愿者只看成可以工作的单独个体，志愿者因为没有收获这种预想的自我体验，为了避免继续体验消极情绪而退出志愿活动。志愿者自身的获取才是使志愿精神能够发展壮大的核心原因，志愿者组织给志愿者营造的氛围、价值观才是真正可以维持其组织经久不衰的良药。

动机的需要理论和行为主义的理论认为，志愿者因为有一定的需要，因此产生一定的动机。而一个志愿者活动可以为志愿者提供的功能性收获是多方面的，既可以促进社会交往，又可以表达价值，还可以提升自我等。如果志愿者重要的功能性需要在活动中得到满足，那对志愿者来说，是一种正强化，那么他会对志愿者活动产生好的评价，并愿意进一步参加志愿者活动。反之如果这个相应的功能性动机不能满足，那么对志愿者来说这是一个正惩罚，那么他对志愿者活动的评价将不高，并且更加不愿意参加后续的活动。基于这个理论认为志愿者功能性动机的满足可以预测志愿者志愿行为的持续性。

Clary 等人从功能分析的角度假设，志愿者的重要动机能否在志愿行为经历中得到满足是影响他们动机持续性的因素。有研究表明，动机与收益的匹配程度越大，志愿行为的工作满意度越大，则持续服务的意愿越强烈，持续性越高。志愿者的动机和对收益的期望与服务经历匹配的程度对志愿行为的工作满意度和倦怠感有显著的预测作用。例如，有研究者的研究结果在一定程度上证明了动机与收益匹配对持续服务时间的影响。社会动机强烈的志愿者，如果是在凝聚力较强的小组中工作，则服务时间越长，越可能完成服务；而小组凝聚力的强弱对价值观动机强烈的志愿者完成服务期没有影响。

三、影响志愿服务的心理因素

志愿行为是助人行为的一种，它的发生是一个涉及许多因素共同影响的复杂过程，但是各因素对志愿行为的作用机制目前还没有形成系统一致的观点。一般认为影响志愿行为的因素有个人因素、受助者因素、情境因素、社会文化因素等。其中个人因素包括生理因素（如年龄、性别等）和心理因素，本节主要从心理学的角度来探讨认知因素、情绪情感因素和人格因素对志愿者参与志愿服务行为的影响。

（一）认知因素

1. 观点采择能力

观点采择，经常被形象地比喻为"从他人的眼中看世界"或者"站在他人的角度看问题",即个人所具有的把其他人的观点和自己的观点区分开来的能力或倾向,它包括考虑别人的态度,觉察别人的思想和情感。观点采择能力是一个人顺利实现社会互动的必要条件,是个体产生志愿行为的前提条件。个体在实施助人行为之前,一定是注意到了他人某种需要帮助的行为表现。如果不能察觉出别人的需要,自然就不会做出助人行为。因此只有一个观点采择能力较高的人,才能够设身处地地为别人着想,理解别人的需求,进而表现出助人行为。李丹的研究发现,儿童的观点采择能力与捐赠行为相关较高,观点采择能力越高的儿童,表现出的捐赠行为越高。

2. 认知归因

归因是指根据行为或事件的结果,通过知觉、思维、推断等内部信息加工活动而确认造成该结果之原因的认知过程,简单来说,一般指人们对自己和别人行为的结果做出解释的过程。人们对自己的行为做出的归因直接影响他们随后的思想、情感和行为。奥地利心理学家海德将人们的行为原因分为两类:

(1)内部原因,即产生行为的个人方面原因,如性格、动机、态度、努力程度、能力和情绪等;

(2)外部原因,即产生行为的环境方面原因,如运气、工作难易程度、环境氛围和奖赏惩罚等。

美国心理学家伯纳德·维纳在海德的基础上将影响行为的原因划分为三个维度:控制点、稳定性和可控性。

当个体将自己成功的原因归为内部、不稳定、不可控的因素——努力程度时,个体会产生满意感,并提高以后学习的积极性。当个体把失败的原因归为外部、不稳定、不可控的因素——运气时,个体会产生愤怒感,并降低学习的积极性。

同样,个体的归因风格也会影响到对他人行为的判断。当人们认为他人的困难是自己意志无法控制时,就会给予帮助;当判断他人的困难是自己能力或努力等个人内部因素造成时,就不会给予帮助。例如,志愿者更愿意去敬老院里帮助老人们打扫卫生、去贫困地区做支教活动等,而不会去帮助一个自甘堕落、不愿努力的人。

3. 道德判断水平

所谓道德判断是指运用已有的道德概念和道德知识对道德现象进行分析、鉴别、评价和选择的心理过程。20世纪50年代科尔伯格提出了以道德认知和道德判断为核心内容的儿童道德发展阶段理论。后来,心理学家发现人们的亲社会行为与道德发展水平之间呈现正相关,道德判断的水平越高,个体所表现出的亲社会行为也越多。Rubin 和 Schneider 做过一个实验，给 55 名 7 岁的儿童呈现 6 个道德判断的两难故事和两次助人行为的机会：第一次助人的机会是将糖果送给可怜的孩子；第二次助人的机会是帮助年幼的孩子完成某一项任务。实验结果发现道德判断水平和在两个任务中表现出来的利他行为的程度存在正相关。艾森伯格在纵向研究中发现那些道德判断能力水平相对较高的儿童和青少年比那些道德判断水平较低的同伴更倾向于助人和慷慨，后来又发现内化的道德判断推理与亲社会行为呈显著正相关。道德判断能力是志愿者参与志愿服务的一个必要条件，只有当个体的道德判断能力发展到一定的水平，个体才会有意识去帮助别人，才会出现志愿行为。

4.需要与动机

需要是有机体内部一种不平衡状态，是个体积极性的源泉。美国心理学家马斯洛将人的需要从低级到高级划分为五个层次：生理需要、安全需要、爱与归属的需要、尊重的需要和自我实现的需要。当个体的低级的物质需要得到满足后就会追求较高级的精神层面的需要。当今社会人们的物质生活水平都相对比较优越，在不需要为了物质生活忙碌奔波时，人们希望能够扩展自己的心灵，满足自尊的需要，更好地实现自我的价值。而志愿服务就是在慈善主义理念感召下，人们获得心灵的满足，实现自我价值的一种方式。

当个体的需要强烈到一定程度时便会产生获得该需求的动机，从而促使人们采取实际的行动。心理学家一般将动机定义为激发、维持、调节并引导人们从事某种活动的内在心理过程或内部动力。随着志愿服务队伍的不断壮大，志愿活动的重要性不断凸显，国内外学者对志愿者的参与动机展开了深入的研究，并提出了各种看法：

Omoto 和 Synder 以艾滋病患者援助志愿者为研究对象，提出了志愿者的五类参与动机：大多数志愿者的参与动机是为了个人价值，认为自己有帮助他人的人道主义义务，而一般人强调是出于对团体的关心，其他动机如为了增加知识、为了个人的发展和提高自尊。

Clary 等人对前人的研究进行了进一步的系统总结，提出了志愿者的六类参与动机，分别是：价值观（为了表达或实践个人重要的价值观，例如人道主义、利他精神；为了帮助更不幸的人）；理解（为了获得新的认识、实践知识、锻炼技能）；社会（为了加强社会关系）；职业（希望获得和现在或今后的职业相关的经验）；保护（通过志愿工作来缓解消极情绪）；增强（寻求心理上的成长与发展，如增强自尊，体验自我价值感）。

还有研究者通过访谈和问卷调查的方法，将北京市非营利组织志愿者动机分为六个维度，按照得分从高到低的顺序依次为：学习、奉献、获得心理成就、人际交往、获得组织认同、盲目从众。研究者从不同的角度对志愿者的动机进行区分，需要指出的是，志愿者的参与动机并非是一成不变的，而是一个不断发展的动态过程。由最初的单一动机变成多种动机的混合；由受外部因素影响程度大的动机向受内在需求影响程度大的动机变化。

动机对志愿者具有三个方面的作用：

第一，始发功能。人们参与志愿活动总是由一定动机引起的，它对志愿者起着启发、激活的作用，如果没有动机的人们就不会主动地参与到志愿服务中。

第二，指向功能。在动机的支配下，人们会朝着预定的目标行动。动机不同，人们所参与的志愿活动也不会相同。如在学习动机的支配下，个体会倾向于参与与自己专业相关或能增长见识的志愿活动。心理爱好者选择心理健康进社区等志愿活动，体育爱好者参与大型体育比赛的志愿服务。在补偿动机支配下，个体倾向于参加扶贫敬老的相关志愿活动等。

第三，维持和调节功能。当志愿行为产生以后，个体是否会维持这种行为同样要受到动机的调节和控制。如果志愿者的某种需要和动机在志愿活动中得到了满足，那么志愿行为的工作满意度就会较高，这对志愿者来说是一种强化，促进了志愿者继续参加志愿活动的热情。相反，如果志愿者在活动中没有得到需要的满足，那么就不会对志愿活动产生积极的评价，这对他们来说是一种惩罚，志愿者的参与动机就会逐渐减弱，甚至完全停止活动。

（二）情感因素

1. 移情能力

移情能力是体验他人情绪情感的能力，是个体能够设身处地为他人着想，识别并体验他人情绪和情感的心理过程，即感人之所感。

移情是利他行为的重要触发机制，巴森特和他的同事提出了移情——利他主义假设。该假设认为，当个体察觉到他人需要帮助并能够设身处地地体验对方的情绪和感受时，个体就可能会做出助人行为。如果个体不能体验到他人的感受，即没有发生移情，助人行为就不会发生。巴特森做过一个关于移情与亲社会行为的研究：向大学生讲述一个关于卡罗尔的故事。卡罗尔在一次交通事故中撞断了双腿，因此学习成绩落后了很多。听完故事后询问被试者是否愿意帮助卡罗尔。试验是通过控制提示语来调节移情程度的。高移情条件下的指导语是："请你试着从卡罗尔的角度考虑一下吧，想想发生车祸后她有什么样的感受？这件事情会对她以后的生活有多大的影响？"低移情条件下的指导语是："请你尽可能客观地、仔细地注意所呈现给你的信息，尽量使自己不要卷入卡罗尔对车祸事件的情感中。"结果发现，在高移情条件下，被试者对卡罗尔的不幸遭遇表示同情和慈悲，更愿意伸出援助之手。目前很多慈善组织为了得到更多人的捐赠，往往会选择那些形象很可怜的受害者来做广告，这就是利用人们的移情能力来唤起人们的同情心，让人们提供更多的帮助。

研究者 Smith 还提出了同感性愉快假设，认为人们帮助别人是为了看到对方的需要得到满足后而体验到的快乐感受，"你的微笑是我最大的守候"。移情能力高的个体，更容易出现志愿行为；另外，志愿者在志愿活动中接触那些需要帮助的人后所发生的移情也是维持志愿行为的一个重要因素。当志愿者通过自己的努力帮助了他人之后，一方面是志愿者体验到了自己的价值，另一方面受帮助者的满足是对志愿者的奖赏，同时志愿者也体验到了受帮助者的愉快心情。

2. 情绪

志愿者的情绪状态会影响其参加志愿活动的积极性和志愿服务的质量。社会心理学家研究发现，个体主观的情绪会影响其利他行为。情绪对人的行为具有促进或抑制的作用，它既能提升人们参加某种活动的积极性，也能阻止或干扰活动的进行。情绪具有积极和消极之分，不同的情绪对人的作用也不一样。

所有的研究达成共识，积极的情绪更容易促进个体做出利他行为。在积极情绪状态下人们的思维会变得更灵活，且信息更具有开放性，能够帮助我们理解周围的事物。心理学家艾森通过实验研究发现，如果被试者相信他们在一项测验中得分非常高，在遇到搬一大堆书抱不动的妇女（实验员）时，更愿意提供帮助。在日常生活中这也很容易理解，当我们心情好时，我们会更愿意帮助向我们寻求帮助的人。在志愿活动中，积极的情绪会提高志愿者的服务热情。

消极情绪对利他行为的影响存在两种相反的观点，但心理学家都同意消极情绪的效果受到其他因素的影响。当人们过于关注自己的消极感受时，为他人提供的帮助就会减少。很难想象一个整天顾影自怜的人会成为志愿者。当人们关注的焦点指向他人时，消极的情绪反而会促进人们的志愿行为。关于这点就两种解释：一种是解除消极状态模型；另一种是补偿假设。解除消极状态模型认为，当人们处于消极状态中，会想努力改变这种不适感。个体帮助他人后获得的快乐感觉可以减轻自己的消极情绪，使自己感觉良好些。补偿假设人们做好事是为了弥补自己的罪恶感、内疚感。瑞格恩做过一个实验来检验内疚感对利他行为的影响，他让一些妇女以为是自己损坏了购物中心的照相机，在随后会有人向这些妇女请求帮助，结果发现不感到内疚的妇女只有15%提供了帮助，而感到内疚的妇女60%都提供了帮助。积极情绪对消极情绪具有抵消作用，当志愿者做好事时体验到的愉快心情可以使原来的消极情感体验得到中和。

（三）人格因素

1. 利他人格

人格是由不同成分构成的一个结构系统，它反映了一个人总的心理面貌，是相对稳定、具有独特倾向性的心理特征的总和，包括气质、性格、能力、兴趣、爱好、理想、信念等。人格中的多方面因素与人格特征有关。研究者对二战中冒死救助犹太人的英雄进行调查研究，发现他们身上存在着一系列不同于非援助者的人格特质。艾森伯格等人发现，具有较高的积极情绪性、共情能力和高自我效能感的儿童更懂得关心他人，更容易做出助人行为。雷锋的事迹是每个中国人耳熟能详的，他的经历感动了成千上万的中国人。为什么雷锋短短的一生不管是对熟人还是陌生人都做了那么多好事？抛开其他因素，从心理学的角度看，雷锋可能具有利他人格，正是这种人格特质使他总是乐此不疲地去帮助他人。为什么有的人乐于参加志愿活动，而有的人却不愿意？我们认为，志愿者身上普遍存在着不同程度的利他人格特质。

2. 自我效能感

艾森伯格指出，在助人行为第三阶段，助人意图和行为联系的阶段会受到个人有关能力的影响。有关个人的能力不仅包括个体实际具有的助人技能，也包含个体的自我效能。自我效能感是个体对自己的行为能力及行为能否产生预期结果所抱有的信念，它对个体的行为具有重要的影响。自我效能感对志愿者的影响主要表现在以下四个方面：

一是对志愿活动类型的选择。志愿者对自我效能的判断，部分地决定了其对所参加的活动和社会环境的选择。一般来说，人们会选择那些他们认为自己有能力完成的事情，而避开他们认为超出自己能力范围的事情。自我效能感较强的志愿者，比较有自信，倾向于选择适合自己能力水平具有挑战性和难度大的志愿活动；而自我效能感比较弱的志愿者倾向于选择难度比较低容易完成的志愿活动。

二是影响志愿者在困难面前的态度。人们的自我效能感越强，就越相信付出是能够带来成功的，因此就会付出更多的努力，坚持更长的时间。当处于困境时，那些自我效能感较弱的志愿者会怀疑自己的能力和付出是否会带来期待的结果，因而就会退缩，显得不那么努力，甚至退出活动；而对于自我效能感较强的志愿者，他们对自己有自信，会付出更大的努力去征服困难。

三是影响志愿服务时的情绪。自我效能感决定个体的焦虑、抑郁等情绪反应。自我效能感高的志愿者在志愿服务中信心十足，思维活跃、情绪饱满，积极寻求解决问题的办法，促使事情朝他们预期的方向发展；而自我效能感低的志愿者则相反，他们在志愿服务中会更多地关注自己的缺陷或能力不足，将困难看得比实际上更严重，容易体验到应激反应和焦虑感。此外，个体的自尊水平和自我概念等因素也会对志愿者的志愿行为产生影响。人的自尊水平不同，志愿行为的动机也会不一样。中度自尊和低度自尊的人相对于高度自尊的人更可能为赢得社会赞赏而参加志愿活动。如果人们认为自己是一个善良的、乐于奉献的、有价值的人那么他就会做出与之相符合的行为；相反，如果一个人认为自己是自私的、冷漠的，他的助人行为就会比较少。

影响志愿服务的因素相互影响、共同调节志愿行为。同一个行为受到多种因素的调节，同一个因素也会影响到多个志愿服务阶段。人格因素是影响志愿服务的根本因素，认知因素是基础因素，情绪因素是推动因素，它们同时会受到环境因素、受助人因素等的影响。

第二节 志愿服务的开展

志愿服务是为了增进个体、社区、社会的福祉而进行的非营利性的行为，它内容丰富、形式多样。志愿服务的开展涉及各个领域，呈现出丰富多样的志愿服务活动。那么，这些志愿服务活动是如何产生的？为什么有些志愿服务活动效果好，有些志愿服务活动效果差？本节将从影响志愿服务开展的因素、志愿服务开展的具体程序以及志愿服务开展的保障三个方面进行阐述。

一、志愿服务开展的影响因素

随着社会经济的不断发展，志愿服务开始蓬勃兴起并呈现出强劲的发展势头。特别是在整个社会经济结构出现调整、群众利益开始呈现多元化的时候，志愿服务作为缓和社会矛盾和促进社会和谐的重要方式逐渐被认可。因此，志愿服务是社会发展到一定阶段后的必然结果。志愿服务的有效开展不仅仅受志愿服务主体、志愿服务管理组织的影响，更与当时的社会环境息息相关。

（一）社会环境

我们可以把社会环境分为硬环境和软环境，硬环境指的是当时的社会发展水平，是志愿服务开展与否的客观条件；软环境指的是社会的法律制度、文化理念等，为志愿服务如何开展、怎样开展指明了方向。

1. 社会发展水平

首先，社会发展水平指的是经济发展水平，这是志愿服务得以开展的客观前提。志愿服务强调在无任何物质报酬的情况下为改进社会而提供服务，只有当人们的物质生活达到相对富裕的情况下，才有空余的时间、相当的能力和资源去从事本职以外的事务。脱离一定的社会经济发展条件，单纯地提倡和强调志愿服务是缺乏客观物质基础的。

其次，社会发展水平指的是社会发展状况。社会发展进程中所出现的贫富差距、社会保障、就业压力、生态环境等种种问题，单凭公权力一方往往不能解决，需要第三方参与，这是促使志愿服务开展的直接原因。因此，志愿服务的开展与推广必须与当地的社会发展的实际条件结合起来，不可一味地模仿和盲目地攀比，不能脱离本地区的实际，要因地制宜，循序渐进。

2. 法律制度

法律制度在这里指的是与志愿服务相关的法律制度。完善的法律、法规可以规范、保障志愿服务，让志愿服务有章可循，与志愿服务相关的法律制度包括以下两个层面：

第一是全国性的志愿服务立法。一方面，国家通过法律的形式，认可志愿服务的权威地位，让志愿服务在公众中引起充分重视；另一方面，通过立法，规定政府对志愿者组织的投入资金，为志愿服务稳定长久的开展提供资金保障；明确政府部门与志愿者组织各自的权责，搭建政府与志愿者组织互动的平台；确定志愿者在参与志愿服务时的权益，让志愿者在参与志愿活动时没有后顾之忧，以吸引更多的人参与其中。

第二是与志愿者组织相关的制度法规。首先，确定志愿者组织登记注册制度，包括登记机构、登记条件、登记程序、登记结果等。通过注册登记，赋予志愿者组织法人身份，通过特定的法人身份获得相应的法律保障和政策待遇，同时也接受监管机关的监管和社会监督。其次，完善志愿者组织内部的各类制度，包括志愿者招募制度、志愿者激励制度、志愿者管理制度等。通过这些制度的完善，便于志愿者组织高效、有序地开展志愿活动。

3. 志愿文化

志愿文化具有自愿性、公益性和社会性等特点，它强调社会责任，注重社会道义，体现社会公平，体现了人们对美好、和谐生活的追求和向往。博爱、给予、利他、济世是志愿文化的道德情怀，奉献、友爱、互助、进步的志愿者精神是志愿文化的核心。只有对志愿精神理解愈深刻，个体参与志愿服务的自觉性才会愈强，志愿行为才会越长久，志愿服务才能得以产生、发展、壮大。志愿文化可以为志愿服务提供文化上的解释和支撑，引导和感召更多的人参与其中。志愿文化规范文化共同体的各成员"该做什么""不该做什么""应当怎样做"。良好的志愿文化能够为志愿者提供理想、信念支撑，从而节约志愿服务开展的制度成本。

志愿者在志愿文化的熏陶、感染下，不断地增强着自身的主人翁意识和社会责任感，时时刻刻保持着一种积极进取的状态，从而保证了志愿服务主体的主动性、积极性、创造性。志愿服务依赖于个人意志，良好的志愿文化是志愿服务得以开展的内在驱动力。

同时，志愿文化也可以促进志愿服务方法的推陈出新。志愿文化是在长期志愿实践中形成的，它根植于志愿实践，又在实践中不断提炼。文化的熏陶性使得志愿者和志愿者组织将志愿行为与社会文化对接起来，从而促使志愿服务领域不断拓宽，服务项目日趋多元化，服务的层次也由最原始的关注弱势群体，走向关注人的生存和可持续发展。

（二）志愿者个体

志愿服务由志愿者展开实施，因此志愿者的个体因素会对志愿服务产生影响。主要体现在以下三个方面：

1. 志愿者的服务动机

志愿者参与志愿服务的动机直接影响着志愿者参与志愿服务的热情度，直接影响着志愿服务的效果。我们可以把参与志愿服务的动机化分为：利他动机、利他与利己结合动机、利己动机三类。纯粹的利他动机是比较高端的动机，志愿者完全出于爱心和奉献，这类志愿者最有志愿精神，他们是志愿服务的"精英"群体，能够持之以恒地从事志愿服务；利他与利己动机相结合的志愿者希望通过志愿服务锻炼自己的专业技能，提高自身的综合素质，这类志愿者参与志愿服务也是充满动力和热情的，经过培养和熏陶，有望成为充满爱心和奉献的群体；出于利己动机的志愿者参与志愿活动更多的是出于功利目的，这类志愿者参与志愿服务的热情不会太高，质量也不会太好，大多是走过场，带有应付性质。

2. 志愿者的受教育程度

志愿者的受教育程度间接影响着志愿服务的效果。现在很多的志愿服务项目越来越要求专业化，志愿者只有经过培训才能具有相关的志愿服务能力。相比较而言，受教育程度较高的志愿者，因为具备相当的学习能力，善于吸收、转化新知识，可以快速、高效地从事相关的志愿服务；而且，对于志愿者组织而言，可以缩短培训时间、节约培训成本；反之，受教育程度较低的志愿者，对于培训的知识接受缓慢，而且不易吸收。因此，志愿者受教育的程度越高越有利于志愿服务高效的开展。

3. 志愿者的服务能力

志愿者的服务能力是影响志愿服务质量的决定因素。志愿者的服务能力包括专业技术能力、沟通协调能力、自觉服务能力等。首先，专业技术能力是开展志愿服务的前提，没有相关的专业技术能力，就无法开展志愿服务；其次，沟通协调能力体现在志愿服务的进程中，良好的沟通协调能力可以快速地突破服务对象的心理壁垒，使服务对象迅速地融入团队，从而便于志愿服务的开展；最后是自觉服务能力，志愿者由被动走向主动，不会因志愿服务工作开展中的一点点挫败而备受打击，而是积极热情地投入到志愿服务中，保证志愿服务的最终实现。

（三）志愿者组织

志愿服务主要通过志愿者组织来实施，志愿者组织自身的建设和管理直接影响着志愿服务的开展及其效果。

1. 志愿者组织的管理体制

志愿者组织是"第三部门"的重要组成部分，是独立于政府与企业之外的社会组织。志愿者组织独立与否，直接关系到其能否发挥政府不能发挥的作用，关系到志愿服务能否得以最终开展。志愿者组织相对于政府而言，具有更强的灵活性，会根据不同情况及时做出调整；同时志愿者组织不同于政府千人一面的服务模式，它更贴近社会基层、贴近困难群众，为广大群众提供了多元化的服务。

在实践中，有些志愿者组织体制不明，带有浓厚的行政色彩，千方百计地利用政府背景寻找政府的各种便利和资源支持，并将志愿者组织挂靠党政部门，享受国家编制，按照行政级别确定福利待遇和隶属关系。政府同时也将志愿者组织视为自己的下级单位，并利用这些组织承担自己的部分职责，导致这些志愿者组织在开展志愿服务的时候缺乏足够的制度空间，更不能充分发挥其在公共领域弥补政府职能不足方面所发挥的优势。为此，理清志愿者组织的管理体制，保证志愿者组织"第三部门"的独立性，是志愿服务开展的重要保证。

2. 志愿者组织的组织能力

要提升志愿者组织的组织能力，涉及以下三个因素。

第一，志愿者组织需具备高素质的管理人才。由于志愿服务是崇高的，所以相当一部分的志愿者组织管理人员都是在无偿劳动或兼职劳动，在没有物质保障的情况下志愿者组织很难吸引到社会上的优秀管理人才。一个志愿者组织，如果大部分的管理者不具备相关的社会学、管理学方面的专业知识，不具备管理志愿者组织的相关经验，只是机械地照抄照搬其他政府部门的管理办法，甚至有的管理者自身对志愿服务的理解也有偏颇，这势必会影响志愿者组织开展志愿服务。但凡志愿服务比较发达的国家和地区都有一支高素质的管理队伍。如香港特区政府规定："凡从事专职社会服务工作的人士，必须接受过大专以上社会工作系或社会学学历并取得毕业证书；青年中心的主任必须是政府认可的大学社会工作专业的毕业生（学历在学士或以上）才能担任；而较大型的像青年协会这样的志愿服务机构则要求社工硕士或双学位的人士担任执行干事一职。"

第二，志愿者组织需建立完善的管理模式。志愿者组织的管理不同于其他部门的管理，组织成员与机构没有直接的利害关系，如果没有一套高效科学的管理模式，很难把分散的志愿者集中起来，高效地开展志愿服务。为此，志愿者组织要完善志愿者组织的动员机制、管理机制和激励制，加强和完善志愿者的系统化、程序化、细节化的管理，提升志愿者对志愿者组织的信心，增强志愿者组织的凝聚力，从而促进志愿服务高效地开展。

第三，志愿者组织要有充分的资金保障。志愿者组织从事的都是公益性、无偿性的活动，无创收可言。而志愿者组织开展志愿服务活动又需要一定的资金，单凭政府的专项资金拨款，不能满足志愿者组织开展志愿服务活动的所有资金支出。因此，为了保障志愿服务稳定而持续地开展，志愿者组织除了要争取政府的资金支持外，更要去开拓融资渠道。

二、志愿服务开展的程序

志愿服务开展的程序是指开展志愿服务所必经的途径。近年来，越来越多的志愿服务采用项目化运作的方式，这已经成为志愿服务发展的新趋势。所谓项目，是为实现某种目的而相互联系的非长期性的工作任务。或者说是创造某一独特产品或服务而做的临时性努力。临时性是指每个项目都有明确的开始和明确的结束，独特是指该产品或服务与其他产品或服务在某些方面有显著的不同。志愿服务开展要实施项目化运作，必须经过立项、实施、反馈等环节。

（一）志愿服务项目的策划与设计

志愿服务项目设计的质量高低直接决定着志愿服务的效果，影响到志愿服务能否达到预期的目的，能否满足服务对象的需求以及能否实现组织目标。

1. 志愿服务项目设计的原则

（1）坚持需求导向原则

现代经济学理论认为，在市场领域，市场在资源配置中起基础性作用。市场价格在资源流通和配置中发挥着导向作用，这是需求导向性的表现。从志愿者组织的发展来看，志愿服务领域也是需求导向型的，引起需求的是一个个具体的志愿服务对象。志愿服务项目必须满足志愿服务对象的要求，从多个需求中找出最急需服务的作为项目内容。

（2）坚持量力而行原则

志愿服务对象的需求是志愿者组织努力的方向，但大多数志愿者组织从成立之日起，就受到资源、财力和人力等因素的约束，在一定程度上制约了志愿者组织服务空间的拓展、服务能力的提高。因此，设计志愿服务项目必须将服务对象的服务需求与志愿者组织的组织服务能力有机结合起来。志愿者组织在设计志愿项目时，必须考虑自身的服务能力，自身拥有的人力、财力等资源，任何超出志愿者组织自身能力的项目，即使服务对象的需求再大，也是不可行的。

（3）坚持创新原则

在中国，志愿服务已经得到广泛开展。如全国性的基金会承办的公益性项目就很多，如大家所熟知的希望工程、春蕾计划、灯塔计划等。即使在某一个志愿服务领域，也有很多的志愿者组织在开拓自己的服务项目。如果某个志愿者组织想在特定的志愿服务领域开拓志愿服务项目，就必须有创新性。只有这样，才能在竞争中取胜。创新是一个民族进步的灵魂，同样，它也是志愿服务开展的灵魂。

2. 志愿服务项目设计的步骤

（1）评估需求

一个好的志愿服务项目应是志愿者组织的能力、志愿者的期待、服务对象的需求达到最佳契合的项目。首先要做的是了解这个志愿服务项目需要实现的目标是什么？即对志愿服务对象需求的把握。包括以下四个方面的内容：第一是对志愿服务领域的总体把握，即对志愿服务的这个市场和市场上的消费者服务对象的把握。第二是对志愿者组织自身所拥有的志愿服务力量和资源的把握，即志愿者组织在设计志愿项目时，要根据自己的活动能力和掌握的各种资源，对志愿服务项目做出取舍。第三是公众和社会的认同度和感知度的把握，当今社会，信息能在短时间内迅速地传递到社会的各个角落，志愿者组织的所有服务都在公众的监视下；因此，构建志愿服务项目时，需要公众对此有较高的认同度和感知度。第四是对志愿者和服务对象的需求的把握，基于此志愿项目设计者能够掌握服务对象和志愿者的目的以及他们的利益所在。

（2）确定目标

在把握了志愿者和服务对象的需求后，志愿项目的规划者要结合志愿者组织的能力和资源设定项目拟达到的目标。志愿服务项目的目标必须具有可操作性，而且要与志愿者组织的宗旨一致。

（3）制订方案

制订的方案包括需求评估分析、项目目标、项目内容、项目执行时间表、项目的责任分工、项目的预算、风险分析、项目所需的物质设备、项目所需的文字资料、应急措施等内容。

（二）志愿服务项目的组织实施

志愿服务项目设计好以后，如果不贯彻实施，就仅仅是摆设而已。因此，志愿服务项目的组织实施，是志愿项目运作、志愿服务得以开展的关键阶段。

1.志愿服务团队的组建

（1）确定招募目标

在组建志愿服务团队之前，我们必须了解本次志愿服务项目对志愿者有什么要求？志愿服务对象需要哪些帮助？需要多少志愿者？这是进行志愿者甄选的前提。

①服务对象的需求。志愿服务对象需要什么？志愿者能够从项目中得到什么？志愿者组织对此要作全面了解，有时可以对所在社区的需求做出全面的把握，根据该区域内服务对象的需求，策划符合需要的志愿服务类别及实践方法，确定志愿者招募的类型。

②设定志愿服务岗位。服务岗位根据志愿服务对象的需求而设，岗位设定只有跟招募目标、服务要求相一致，才有可能达到最佳效果。志愿服务岗位设置要求划定具体的工作范畴、确定志愿者的工作范围、订立招募条件、确定招募人数。

（2）招募志愿者

①确定潜在参与群体。要使志愿服务项目有效开展，志愿者组织必须吸收、使用有一定才华的志愿者。在招募志愿者的时候，志愿者组织对志愿者要有一个评估，要清晰地判断志愿者能在志愿团队中所扮演的角色，是当志愿领袖，还是直接参与服务、提供一些直接服务的辅助性工作，或是从外围提供方便性的服务。

②招募流程

·确定、发布招募公告。招募公告的内容包括：

招募原则：确定公开、公正、公平的原则，以公开招募的方式，按考试的程序招募选拔志愿者。

志愿服务项目的简介：以简洁的语言概括说明此项志愿服务项目的宗旨、内容等。

招募岗位：招募的岗位性质、岗位职责以及任职的资格要求。

志愿者报名条件：志愿服务项目对志愿者年龄、户籍、学历、专业等方面的要求。

志愿者报名所应带的材料：如简历、身份证复印件、各种证书复印件、照片、户口所在地等个人信息。其中具体的需要应视不同的志愿服务项目而定。

报名方式：报名可以通过电邮将简历等材料发至志愿者组织的邮箱，或者登录某个专门的网站，或者用邮寄报名的方式。因此需要提供志愿服务组织部门的通信地址、电话、传真或邮件地址。

·宣传、推广招募活动。进一步宣传和推广招募活动，通过邀请专家讲座，制作海报及宣传单等渠道进行广泛宣传。

·招募：初审：招募工作小组根据报名资料进行筛选，具备条件的通知参加笔试。

笔试：由招募工作小组统一组织笔试，重点考察对志愿精神、志愿服务理念的理解，对本次志愿服务项目的目的、宗旨的认识，对自己所能从事的志愿服务角色的认知以及如何做一个合格的志愿者。

面试：笔试合格的志愿者被通知参加面试，面试重点考察志愿者的专业技能、沟通协调能力等。招募工作小组邀请相关方面的专家组成专家委员会进行面试。

资格的获取：面试合格的，获得参与此项志愿服务的资格。

考察：向志愿者所在单位、学校了解志愿者的思想状况、平时表现，并征求所在的单位、学校的意见。

确定人选：根据笔试、面试和考察的机构，确定人选名单。同时，根据岗位需要，按照一定比例从面试合格的报名者中选定后备人选，以备不时之需。

（3）培训志愿者

培训是志愿者团队建设的重要环节。确定志愿者人选后，在正式上岗前，要对他们进行培训。

①培训需求调研：在正式培训前，科学分析志愿者的培训需求，着重关注志愿者素质、志愿者培训历史及现状，从志愿者个人、服务对象、组织等

不同角度分析志愿者的培训需求。

②培训计划的设计：

• 在制订计划时应遵循一定的程序，即确定与培训总体方向一致的目标→结合内外部条件制订最好的培训方案→制订具体实施计划→培训效益分析。

• 培训计划的内容包括培训原因、培训目标、培训对象、培训规模、培训时间、培训地点、培训教师、培训方式、培训费用等。

③培训的开展：培训的开展是建立在志愿者对自己正确定位的前提下，为志愿者所要承担的特殊责任做准备。主要涉及两个领域：第一是关于志愿者工作，为什么要做志愿者以及为什么要完成设定的工作，哪些事情不能做，哪些在特定环境下必须做；第二是明确角色和责任，包括自己的角色、他人的角色定位，责任定位。

2.志愿服务项目的实施

（1）志愿精神的渗透

每个志愿服务项目都有自己的项目目标，但是贯穿在不同志愿服务项目中有"普遍性"的道德价值，即对志愿精神的践行。志愿服务项目作为志愿精神实现的重要载体，要在每个环节渗透志愿精神。志愿精神是内化的东西，只有通过项目的实施以及志愿者的具体行动，才能将志愿精神外化，让志愿者和服务对象以及关注该志愿服务项目的公众深刻地感知志愿精神。除了志愿服务项目各环节要体现志愿精神外，更要让参与志愿服务项目的管理者、志愿者和服务对象领悟并宣传志愿精神。

（2）按项目计划行事

志愿服务项目在设计的过程中，就已经制订了详细而周全的计划，有各种措施保障计划的顺利执行。一份完整的项目计划通常都会明确服务项目的目标、项目内容、项目执行时间表、项目责任分工、项目预算、项目风险分析、项目所需的物质设备、项目所需的文字资料、应急措施等内容。只要志愿服务团队严格依照计划行事，各司其职、各尽所能，是能够保证质量的。同时，在项目计划的指导下，实行严格的流程控制；明确每阶段志愿者的职责、阶段性工作完成的期限以及工作成果，并严格地监督执行，从而保证项目实行的连续性。

（3）志愿团队的有效管理

优秀的志愿者团队是志愿服务项目实行的中坚力量，有效的团队管理更是志愿服务项目实施的重要保障。志愿服务团队的管理有很多诀窍和技巧，重点要关注以下两点：

第一，选择好的团队领导。首先，该领导要对志愿服务很虔诚，并能深刻领悟志愿精神，有宣传推广的极大热情；其次，要具有专业技能和凝聚力，是"德才兼备"之人；再次，要有极强的责任心。一个好的团队领导会激发团队志愿者成员的积极性、增强团队的凝聚力，从而促进志愿服务项目的实施。

第二，要合理搭配志愿团队内各成员。首先要人尽其才，结合志愿者自身的特长安排岗位；其次要合理搭配，在一个志愿团队中，既要有积极的激励者，也要有坚定的执行者、创意的提出者。只有合理搭配、恰当分工，才能够提高志愿服务项目实施的效率。

（4）设置志愿服务项目督导

志愿服务项目督导不同于团队领导者，志愿服务项目督导可以不是志愿者，但必须具备督导、管理相关的专业知识，督导可以说是志愿团队的顾问，需要监督、指导志愿服务项目的正常运行，同时在志愿项目实行过程中出现突发事件时做出迅速反应，予以积极指导。志愿服务项目的督导不仅对整个志愿团队负责，更要对整个项目的监控、督导负责。

（三）志愿服务项目的评估反馈

志愿服务项目的评估是为了了解志愿服务项目的运作情况以及其取得的效果，从而不断规范志愿项目的建设，全面提高志愿服务项目的社会影响力。对志愿服务项目进行科学的评估是检验志愿项目成败的重要依据。

1. 评估目的

（1）项目资助人的要求：很多提供项目资金的政府、企业、个人或者一些基金会组织常常会委托专门评估机构对该项目进行评估。根据评估的结果，决定继续资助与否。

（2）志愿者组织自身发展的要求：志愿者组织希望通过项目评估掌握志愿服务项目运行过程中所存在的问题，从而改进项目的建设，不断提高志愿者组织的影响力。同时，志愿者组织一般没有成熟的项目管理模式，而通过评估可以提高志愿者组织项目管理水平。

（3）项目自身发展的需要：在中国，志愿服务是一个全新的领域，没有可借鉴的经验。很多志愿项目具有试验的性质，带有一定的创新性。对这些项目进行评估，有助于发现项目运作中的问题，避免今后在类似的项目中犯错，同时能够总结项目成功的经验，做进一步推广，保证项目的可持续发展。

2. 确定评估重点

明确评估目的后，根据评估的经费、人力确定评估重点。同时要兼顾不同的利益群体情况，掌握信息。

3. 选择评估框架

结合国内外现状，目前常用的项目评估框架有以下五种：

（1）"三 E"理论：所谓"三 E"，指经济（economy）、效率（efficiency）、效果（effectiveness），主要针对项目花了多少成本，具有什么样的产出，是否实现目标等进行评估。

（2）"三 D"理论：所谓"三 D"，是指诊断（diagnosis）、设计（design）与发展（development），强调在项目实施过程中的监管和监控，这种理论注重考察外界环境变化对项目的影响，比较适用于中期评估。

（3）"顾客满意度"理论：该理论认为评估的导向应以服务对象为焦点，重点考察和了解服务对象所接受的服务与其期望值的契合度。

（4）宏观的"APC 评估"理论：对志愿服务项目的问责性（accountability）、项目的绩效（performance）、实施项目的组织能力（capacity）进行评估。

（5）微观的"综合绩效评估"框架：这个框架是对宏观的"APC 评估"理论的深化，具体针对"P"即项目的绩效评估。主要包括项目的适当性、效率、效果、满意度、社会影响和可持续性进行评估。结合具体的志愿服务项目，选择评估框架。

4. 确定评估方式

有问卷调查法、观察法、文献法、观察法等。

三、志愿服务开展的机制保障

志愿服务开展的保障机制是指志愿服务持续、有效开展的个人因素与社会因素的有机整合。关于志愿服务开展的影响因素在第一节有过介绍，结合中国志愿服务开展的现状，不难看出，要保障志愿服务有效、有力、全面的展开，需要从制度、组织、资金三个层面予以全方位的支持。

（一）制度保障：与志愿服务相关的立法支持机制

1. 国家层面的志愿服务立法

一个国家志愿服务有效开展的基础就是法律的制约和保障，将志愿服务纳入法制化轨道是西方国家普遍的做法，也是志愿服务发展的必然趋势。自1999 年 8 月广东省通过第一个关于志愿服务立法的《广东省青年志愿服务条例》以来，全国相继有一半的地方开展了志愿服务立法方面的工作。但我国一直缺少一部国家层面统一的志愿服务法规，制约了全国志愿服务事业的发展。为此，制定全国性的统一的"志愿服务法"，是从制度层面保障志愿服务开展的前提。相关的立法架构如下：

（1）立法原则

第一要联系实际，中国志愿服务的立法必须立足中国国情，与中国的法治文化传统习惯、经济社会发展水平相适应；第二要立足于现有的法规并积极借鉴国外立法的经验，增强法律的可操作性和实用性。

（2）明确志愿者的权利和义务，保障志愿者的合法权益

志愿者的权利有自主选择权、人身保障权、受尊重权、接受培训的权利等；义务包括服从组织管理、尊重他人、接受监督的义务等。在这里，特别要强调的一点是志愿者合法权益的保障。志愿者在提供志愿服务时经常面临各种各样的风险，而这些风险会使志愿者身体受到伤害、财物受到损失、人格受到侮辱等。如果志愿者的这些合法权益无法得到保障，必将会影响志愿者参与服务的热情，最终影响志愿服务事业的发展。所以，立法要特别关注志愿者在提供志愿服务过程中合法权益的保护，对特殊的志愿服务领域，如抢险救灾、环境保护等，当生命、健康、财产受到损害时能够得到必要的补偿和赔偿。

（3）志愿者、服务对象与志愿者组织三方的权责

在志愿服务活动中，存在着三对法律关系：即志愿者与服务对象、志愿者与志愿者组织、志愿者组织与服务对象。志愿者、志愿服务对象和志愿者组织他们都有相应的权利和应履行的义务，如志愿者组织有选拔、招募志愿者的权利，也有提供合适工作岗位给志愿者的义务；志愿者有提供志愿服务的权利，也有按照约定提供优质服务的义务；服务对象有选择服务的权利，同时也有尊重志愿者的义务。只有从立法上明确规定志愿服务三个主体各自的权利和义务，才能更好地促进志愿服务的发展。

（4）志愿服务的奖罚规定

对参与志愿服务的公民予以各方面的优惠条件及奖励，确定奖励的标准。

（5）志愿服务资金筹集以及管理运作

用法律的形式规定政府应予以资金支持，并将各志愿者组织灵活机动的多元化资金筹集方式予以合法化；同时明确规定志愿者组织资金使用要接受政府和社会的监督，增强资金使用的透明度和规范化。

2. 完善税收激励的立法

制约当前中国志愿者组织发展的一个重要因素是经费的缺乏，用立法的形式减免相关税收，是保障志愿者组织经费的有效途径。主要表现在以下两个方面：

（1）减免志愿者组织的税收

志愿者组织是以"非营利"为宗旨的社团组织，从事的是公益活动，提

供的服务基本上是公共产品或准公共产品，对社会产生积极有效的效应。因此，在立法上要给予志愿者组织的所得税、财产税较全面的免税优惠，从而减轻志愿者组织的经费压力，更好地服务社会公益事业。在确定立法后，要出台相关的实施细则，确保减免税收落到实处。

（2）捐赠人的税收优惠

目前我国的对企业捐赠有一定的税收优惠，但对于捐赠人尚未有规定。而在实际运作中，志愿行动的一个重要资金来源就是社会捐赠。社会捐赠在志愿者组织资金来源中占据越来越重要的地位。许多国家都用税收制度促进社会捐赠的积极性，如匈牙利规定，企业和个人向志愿者组织提供捐助后，税收收入的 20%—50% 可以减税。我们应借鉴此类成功经验，给予捐赠人以适当的税收优惠，激励社会捐赠热情。

3. 慈善立法

志愿服务主要集中在慈善事业领域，因此，加快慈善事业法制化建设，是志愿服务获得更多的资金和政策支持的重要保障。尽管在 2005 年，民政部就启动了"慈善法"的起草工作，但目前关于慈善事业的立法还在开展立法调研阶段。慈善法可以对慈善机构的具体制度做出明确规定，避免机构成为金钱的奴隶、权力的傀儡，增强慈善机构的公信力。从而规范志愿服务，为打击借志愿服务之名从事非法营销活动提供依据。

（二）组织保障：志愿者组织管理机制

当越来越多的人投入到志愿者的队伍中，传统单枪匹马式的活动已不适合现代志愿服务事业的发展，志愿者空有满腔热情也无法施展。为此，只有将志愿者有组织地规范起来，才有可能促进志愿服务健康的发展。这些志愿者能否有机组合起来，取决于志愿者组织的制度是否健全。一般来说，志愿者组织的管理机制体现在以下四个方面：

1. 志愿者的招募机制

志愿者的招募机制是用科学的方法给予志愿者合适的岗位，激发志愿者自身的潜能去完成组织目标与个人目标，从而保障志愿服务的开展。

（1）招募原则

志愿者参与志愿服务的动机是多元而且复杂的，在招募志愿者的时候，要将志愿者潜在的追求与志愿者组织的需求有机地结合起来，从而实现志愿者的目标，也可以达致志愿服务项目的最初愿景。据上，我们将原则确立为以下两条：

第一，设置多种具有吸引力的岗位，并辅以科学的项目设计方案与设计规划进行招募。第二，拓宽传统招募的资源通道，组织引导个体、私营、三资企业和各类社会中介组织的人员加入到志愿者队伍中。

（2）招募方法

①社会招募。这类招募主要针对技术性不强、经过简单培训就可以上岗的志愿服务项目。

具体操作如下：在人员密集地区宣传志愿服务项目的详细内容以及粘贴招募启示；通过电视、广播、杂志、报纸、网络和手机的形式进行多元化招募；通过社区进行招募。

②定向招募。这类招募主要针对技术含量高、不是普通志愿者可以胜任的志愿服务项目。在实行定向招募时，应注意以下问题：首先是什么样的志愿者适合参与、完成这样的服务项目；其次要明确服务领域、承诺服务时间；最后是志愿者组织怎样做到与志愿者之间的有效沟通，采用何种方式激励志愿者以最终达到双方的共赢。

2. 志愿者注册机制

志愿者注册是志愿者队伍建设的核心，参与志愿服务的青年和社会各界人士通过注册能够找到组织，并及时获得参与志愿服务的机会和渠道，注册机制为志愿服务持续、广泛地开展搭建了一个开放的工作平台。志愿者注册包括志愿者注册机构、程序、管理培训的相关规则，以及志愿者的基本条件、权利和义务的规定，志愿者的权益保障、制度保障等基本条款。同时，要加强志愿者注册的网络化管理。全国成立一个统一的志愿者注册管理中心，根据地域不同，给每个省份统一配号，各省根据各地市的地域分布和系统结构，进行统一编号。让每个志愿者拥有唯一的一个志愿者序列号和证书，经过全国统一注册后，实现志愿资源的共享和有效配置，使有限的资源能够最大满足社会的需要，避免资源的浪费。

3. 志愿者培训机制

向志愿者提供专业的培训是提高志愿者服务技能、服务能力的关键，是促进志愿服务有效开展的重要保障。培训内容、培训方式因人、因地、因机构而不同，不会千篇一律。志愿者培训机制总体包括以下内容：

（1）培训原则

①志愿者要注册，必须经过系统的综合培训。

②志愿者如要开展具体志愿服务项目，必须进行正规的专业培训。

（2）培训内容

①志愿服务理念的培训：

• 通过生动的形式宣讲志愿服务、志愿者、志愿精神的内涵，全面阐述志愿服务的价值及其社会意义，提升志愿者的志愿服务意识。

 ·志愿者组织开展灵活多样的团队活动，增进志愿者队员之间的情感交流，促进志愿精神的互相传递。

 ·树立学习榜样，定期举行志愿者事迹的宣讲，同时组织观摩志愿服务影片、阅读相关书籍，使得志愿者充分体会到志愿精神的伟大与光荣，让志愿者有向杰出志愿者靠近的动力。

 ②团队合作品质的培养。志愿服务的开展是一个志愿服务团队的集体行动，团队的合作化程度越高，凝聚力就越强，志愿服务的工作效率就越高。志愿者组织在日常的管理中向志愿者有意无意地灌输志愿服团队价值的内容，在内部形成良好的团队氛围，提升其团队合作意识。

 ③志愿者权利义务知识的培训。概括现有的有关志愿服务的政策，阐明在志愿服务时志愿者应享有的权利，即生活、安全保障等内容；同时还有志愿者需要完成的使命及其应履行的职责，特别是对志愿者必须遵循的组织、政治、言论、财务等方面的纪律要予以明确要求，并辅以相应的制约措施，以保证志愿服务的正确方向。

 ④技能培训。包括作为志愿者所具备的基本技能，以及志愿者从事基本特定活动所需的专业技能。基本技能培训要围绕扶贫、环保、孤老残障人员的护理、大型会展等志愿服务重点领域；设定相关的服务内容和标准，教授相关的通用知识；讲解服务文明礼仪，学习沟通与接待的能力，制订应对突发事件的处置方案，对志愿者进行心理疏导；采取应对媒体的合理方式，确保志愿者在服务过程中有章有法，避免技术性的失误。专业技能培训主要通过岗位培训或临时性培训获得。针对具体岗位，提供必要的工作信息和材料进行培训或者在大型志愿服务工作前，对志愿者展开临时性突击提高培训。

 ⑤管理方法培训。这类培训主要针对志愿服务管理者和志愿者领袖。一是对管理者的培训，志愿者组织的管理者需要在组织内举行工作导向活动，学习合作及沟通技巧。二是对志愿者领袖的培训，通过训练学习分析问题、解决问题的方法，学习团队合作及互动技巧、志愿活动程序设计等。

 （3）培训方式

 灵活机变的培训方式便于志愿者理解、接受志愿服务相关的内容，掌握志愿服务相关的技能，使志愿者在愉快的气氛中感受志愿者精神。在培训中要避免三种倾向：第一是避免将培训当做任务；第二是避免将领导讲话等同于培训；第三是避免将课堂授课作为唯一培训方式。采用讲座、研讨、专题讨论、实地考察、角色扮演案例生动、形象的培训方式，将知识培训与实践培训结合起来，通过以老带新的方式，由资深志愿者带领新成员从事志愿服务，以增强新队员的实践体验能力。

4. 激励机制

激励机制能促使每个志愿者努力去实现组织的目标，同时通过实现的目标带来个体需要的满足。志愿服务源于爱心和奉献，但没有一项事业仅凭拳拳爱心、满腔热情就能发扬光大、长盛不衰，只有通过探索建立完善的激励机制，才能维持志愿者的热情，促进志愿服务朝着常规化和持续化方向发展。我们将完善的激励机制分为以下三类：

（1）自我激励

自我激励是激发志愿者主动性和创造性的内因，是志愿精神内化为志愿者的品格和行为的过程。自我实现的满足感愈大，志愿者参与志愿服务的心志就愈坚定。主要通过以下方式：

①自我价值型激励。志愿者在参与志愿服务的过程中可以重新发现自己的价值、自己的作用，从而影响自我评价的改变。比如在志愿者原有的工作中，处于较低的职位，对自己缺乏足够的信心，自我评价不高。但通过参与志愿服务，受到服务对象的欢迎，得到他人的肯定和赞许，找回了自信，对自我价值有了重新的认识。这种自我价值型激励较外在的荣誉、物质激励更持久、更有效。

②自我成就型激励。志愿者在志愿服务活动中所获得的成功感，对志愿者的激励作用明显。现代社会，人们对成功的要求往往需要出色地完成任务、实现明显的效益，这样容易让人产生压力，而志愿服务在于从小事做起，为社会和他人提供具体的帮助，志愿者的服务很容易得到他人的肯定，令志愿者产生成功感。所以，志愿者组织要善于肯定志愿者提供的服务的效果，激励志愿者创新服务形式，丰富服务内容，在做志愿服务的同时感受人生价值。

③自我发展型激励。它是志愿者"自我实现需要"在服务中得以实现的内在激励机制志愿服务能够提供职业岗位之外的锻炼机会，既锻炼了志愿者应对矛盾和解决问题的能力，又培养了志愿者的领袖能力等。如果将这些能力运用到职业生涯中，志愿者的职业生涯就会发生变化。当下志愿者组织必须想方设法多设计一些能为志愿者提升素质、发展自我提供平台的活动项目，以此激励、保持并扩大志愿者人力资源存量。同时，参与志愿服务也是提高人生境界、完善人格素质的有效途径。

④自我愉悦型激励。志愿者善于在志愿服务中寻找快乐，从中获得愉悦的体验。只有快乐的志愿者才能坚持不懈地进行志愿服务。推动志愿服务开展的是无私奉献的精神，但维系志愿者长期坚持志愿服务的则是快乐激励。

（2）组织激励

志愿者组织是志愿者的精神家园，在当前中国志愿服务参与率和社会认同度较低的情况下，志愿者组织对志愿者的激励尤为重要。组织激励主要体现在以下两个方面：

①对志愿者的关怀。志愿者也是普通人，在扶助弱势群体的同时也需要来自组织的"扶助"，特别是在精神和情感方面。志愿者组织要时刻关注志愿者的思想动态，及时发现解决志愿者在思想上的困惑和服务中的困难，特别是志愿者在工作生活中遇到困难的时候，给予热情的关心和帮助。

②建立一系列的激励制度。例如：第一，志愿服务认证制度，将志愿者参与的志愿服务的时间和效果都详细记录在案，并由服务对象和志愿者组织予以确认，充分体现对志愿者劳动的尊重和认同；第二，志愿服务评估制度，对志愿者工作的实际效果进行科学的评估，并予以量化，使志愿者对自己的劳动成效有真切的认识，以增强成就感；第三，志愿者表彰奖励制度，对现行的各级各类表彰进行规范，实行全国范围内认可的星级志愿者评选制度，把志愿者的贡献与荣誉挂起钩来。

（3）社会激励

广泛的社会认同，是激发志愿服务活力的源泉。要在社会广泛树立"志愿服务光荣、志愿者可敬"的风尚，政府、学校、新闻机构对此负有不可推卸的责任。首先，政府要用法规的形式将志愿服务列为公民就业、获取相关荣誉及晋升的参考因素，同时，志愿服务的情况也应作为公民道德评价的标准；其次，学校应将志愿服务课程化，作为学生考核、奖励的重要依据；最后，新闻媒体要充分挖掘志愿者事迹，营造良好的社会舆论氛围，在全社会范围内弘扬志愿精神和理念，引导更多的社会成员加入志愿者行列。社会激励主要体现为以下两种方式：

①社会荣誉型激励：这是一种最普遍的激励方式。大到政府的"志愿者金奖"，小到街道社区颁发的"优秀志愿者奖励"，都属于这类型。社会给予的荣誉激励、精神激励能够让志愿者体会到志愿服务的价值，促使其自身自豪感的产生。如政府根据志愿者、志愿者组织参与志愿服务效益和考评结果进行评奖，并授予荣誉，如评选"杰出志愿者""志愿者金奖""优秀志愿者组织"等，并享受一些与荣誉称号相应的待遇，在系统内广为传播，提高了志愿者的公众影响力，促进志愿者自身自豪感的产生。

②社会回馈型激励：尽管志愿事业是出于高尚、无私的奉献动机，但社会要创造条件，让志愿者得到回报，充分挖掘志愿者的服务潜能。比如"时间银行"方式，将志愿者为他人提供的服务折成小时数，存储在"时间银行"

里，将来一旦需要，可以获得志愿者组织提供的同等时间的优先服务；"互助服务"形式，将志愿者能够提供的服务项目和服务效果公示，一旦志愿者本人有需求，也能够获得大家的热情相助。

（三）物质保障：志愿服务开展的资金筹集机制

资金一直是制约中国当前志愿服务的重要瓶颈，完善资金的多元筹集机制，加强资金的内部管理是志愿服务最终得以有效开展的保障。

1.资金的多元筹集机制

一个组织仅有价值目标，没有稳定的财源支持，组织的工作与发展是无法进行的。志愿者组织的筹资就像一个商业组织必须找到愿意购买自己商品和服务的顾客，志愿者组织的潜在顾客包括：政府、企业、基金会、私人。

（1）政府

目前，在中国，志愿者组织的主要资金来源是政府。政府主要通过以下三种方式提供给志愿者组织经费：

①政府财政拨款。财政拨款和补贴广泛存在于一些"自上而下"的志愿者组织，如共青团下的青年志愿者协会，就有来自政府的专项拨款。但对于更多的"自下而上"的志愿者组织而言，要获得政府的这类专项资助很难。这类财政拨款覆盖面较窄，不是政府与志愿者组织之间主要的合作方式。

②政府购买服务付费。在国际社会，很多发达国家都鼓励非政府组织从事某一领域的工作或开展一些特殊方面的工作，然后由政府来购买非政府组织的服务解决社会发展中出现的问题。在我国，政府购买非政府组织的服务已经成为一种必然趋势并被逐渐接纳和推广。在这里，政府购买服务付费，指的有资格享受某些政府项目的人不是由公共机构提供服务，而是由志愿者组织提供服务，或是向志愿者组织购买了服务，然后由政府公共机构向志愿者组织支付服务费或者给从志愿者组织购买服务的人支付一定的补偿费。这种方式不同于直接提供财政补贴，一方面有利于政府资金的高效使用，另一方面促使志愿者组织为了获得后续的服务购买支付而不断提高服务质量。

③政府提供项目经费。从国外很多非政府组织的实践经验来看，开发项目以弥补资金缺口已成为一种必然趋势。志愿者组织要寻找政府提供项目经费，首先要策划一份项目申请书，申请书中详细说明该项目与政府的关注点的密切性，项目的实施可以为政府带来的好处以及社会效益；其次要采取积极的措施与政府部门保持良好、密切的联系，收集相关政府部门的信息，熟知申请资助的相关程序，确保本组织的行动适应政府工作部门的工作重点和兴趣愿望。

（2）企业

对于企业而言，参与社会公益事业有利于提高其自身的竞争力和美誉度，有利于企业实现长期的商业目标。一家有远见的公司往往会有一套全面性的捐赠指导，并时常更新。

企业捐赠最终的目的是提高企业的利润。企业捐款的动机不外乎以下三种：一是为了得税收的减免；二是为了树立企业良好的形象；三是为了实现企业的社会责任。基于以上动机，志愿者组织在争取企业捐款的时候要注意如下三个方面：

①要明确志愿服务活动的收益。志愿者组织要明确自己的志愿服务活动能给合作企业带来的利益；否则，很难与企业建立良好的合作关系。有些志愿者组织认为自己从事的志愿活动很高尚、很美好，总觉得会有一批人急于施舍资金，于是守株待兔。其实无论是在国外还是在国内，为志愿者组织提供资金支持的个人和团体并不多，特别是在我国，由于捐献免税方面的相关法律不完善，企业和个人在思想观念上也存在问题，捐助的意识较弱。为此，志愿者组织要吸引企业的目光，就得设计出完美的资助申请方案和实施方案，使企业确信向本组织捐赠是最合适、最正确的选择。

②要选择合适的企业。志愿者组织在寻找企业资助的时候，要有的放矢，志愿者组织与企业之间是互惠互利的关系。只有当志愿者组织的项目目标与企业的目标利益一致的时候，才能获得资金资助。如一个环保志愿者组织的潜在支持者就可能是关注环保的企业。所以，志愿者组织首先要选与自己有地缘关系的企业，同时，也可以选择与自己关系好、有业务关系、有良好形象的企业，并且要根据不同的项目寻找不同的企业。

③要加强与合作企业的沟通交流。在合作时双方要明确彼此的权利和义务。在合作伊始就要制订比较详细的合作计划，对活动的开展进行明晰的界定，并对活动过程进行必要的监督和控制。志愿者组织要积极与合作企业交流，并及时地将项目的执行情况反馈给企业。

（3）基金会

基金会是国内外社会团体和其他组织以及个人自愿捐赠资金进行管理的民间非营利性组织。基金会的宗旨是通过资金资助推进科学研究、文化教育、社会福利和其他公益事业的发展。在国内外，存在着种类繁多的基金会组织，并掌握着大量的资金。每个基金会都有明确的目标和资助的领域，而且现在的基金会管理人员的都具有一定的专业素质，对基金资助项目有着明确的方向。因此，要获得基金会的资助，志愿者组织规定的计划目标必须与基金会的吻合，在众多基金会中确定了少量可能对项目感兴趣的基金会或国家资助组织后，精确分析这些基金会的兴趣，以提高获得资助的成功率。

基金会的资助是志愿者组织募集资金的重要途径。

（4）个人

向个人募集资金是志愿者组织获得经费的一个传统途径。个人对于组织的捐赠往往与个人的道德修养以及经济状况相关。在经济条件和道德意识允许的情况下，个人对公益事业进行捐赠，以履行社会责任。志愿者组织向个人募集资金，是以满足捐赠者的心理需要为前提的。主要有通过以下方式：

①会员制。向志愿者组织的每个会员征收会员费，并用这会员费作为志愿者组织的活动经费，这可以成为志愿者组织最稳定的资金来源。每个志愿者组织可以根据自己组织的发展情况制定会员费的收费标准。

②个人捐助。向个人募捐需要志愿者组织通过真诚的努力挖掘潜在的群体。可以通过下述途径：

第一，发挥志愿者组织高层管理人员和理事会成员在募捐中的作用。目前志愿者组织的理会成员和领导都由一些比较知名的人士担任，通过这些人直接向潜在捐赠者发出请求，因为这些成员都是有影响力的个人，所以会起到很好的效果，而且邀请的也是经济实力较强的个人。

第二，电话、邮件或信函募捐。志愿者组织事先把握顾客的潜在需求，对潜在顾客群体进行详细的划分。有针对性地用电话、邮件或信函方式募捐。相对来讲，邮件或信函方式筹款成本比较高，但这种方式需要志愿者组织整理出募捐者的详细资料，便于志愿者组织归档，可以为下一次募捐活动奠定基础。这种募捐方式能获得的资金量带有不稳定性。

第三，通过公益活动进行募捐。常见的有义演义卖等大型公益活动，通过电视、广播等新闻媒体的宣传，号召公众进行捐赠。这类募捐往往会起到较好的效果，但由于涉及资金数额巨大，往往要求志愿者组织有良好的管理能力和协调能力，事先要做好充分的准备，做好宣传工作，事后要及时公布捐款的使用情况和项目的进展状况。

除了以上列举的向政府、基金会、企业、个人募集资金以外，志愿者组织经费的来源还有一种方式来自志愿者组织自身的创收。比如各志愿者组织根据自身的特点和优势，办相关的语言、技能培训班所获得的收入；还有些志愿者组织将所获得的资金在实行志愿服务之前，通过资本运作进行投资所获得的收入。

志愿者组织在筹集资金的过程中，根据自己组织的规模和组织所掌握的社会资源以及项目的具体情况，可以选择单一的筹集方式，也可以是多种方式的组合。

2. 资金监管机制

在这里，资金监管机制指的是志愿者组织有关资金的筹集、分配、使用等财务活动所进行的计划、组织、协调、控制等工作的总称。资金监管机制有助于提高志愿者组织的财务使用率，提高志愿者组织的社会公信力，从而筹集更多的资金，实现志愿服务的可持续发展。

（1）财务管理

要实现志愿者组织的可持续发展，必须规范财务管理，建立严格的财务制度。志愿者组织的财务管理主要包括三个层次：第一层次是财务会计层次，主要记录一个组织的财务开支，其中主要包括财务记录和财务报告两部分。第二层次是财务管理的内容，主要包括筹资决策、项目投资管理、成本分析和财务分析等。其中最重要的是支出管理，志愿者组织支出是志愿者组织为其自身的生存和发展开展业务活动以实现其社会使命而发生的各种资金消耗，包括项目支出、日常的办公支出、工作人员的工资福利以及基本建设支出等。志愿者组织支出不同于企业支出，注重的是社会效益，因此在支出的时候要注重四个坚持，即坚持按照批准的预算和计划办理；坚持按照规定的定额和开支标准办理；坚持按照合法的原始凭证办理；坚持按照规定的资金渠道办理。第三层次是财务预算和控制。预算是志愿者组织财务管理的计划环节，预算可以为志愿者组织有限资源的合理分配打下基础，也可以指明未来筹资需求的规模和时间，更可以为管理者提供决策依据。

（2）财务监督

志愿者组织的财务监督是指根据国家有关方针政策和财务制度的规定，对志愿者组织的财务活动和其他有关的经济活动进行监察和维护。这种监督包括组织内部、外部对财务的审核和监督。财务监督的内容涉及志愿者组织预算、收入、支出、财产物资方面的监督。在我国目前的实践中，时下对志愿者组织起到财务监督作用的主要是媒体，各类媒体成为社会公众了解志愿者组织资金管理的唯一渠道。但媒体由于自身的特性，只会关注特定事件或突发事件，不能持续关注志愿者组织的财务管理情况。因此，单纯依靠媒体很难实现财务监督，借鉴国外的经验，这些工作应由专门的或专业化的评估组织来完成，这些组织也应是志愿者组织。

参考文献

[1] 王忠平.志愿服务管理论与实务 [M].北京：北京交通大学出版社，2015.

[2] 广州志愿者学院组织.志愿者服务岗位能力培训教材骨干级 [M].广州：广东人民出版社，2014.

[3] 张仕进，任明广，刘安早.青少年志愿服务体系与培育机制研究 [M].南京：南京师范大学出版社，2014.

[4] 广州志愿者学院组织.志愿者服务岗位能力培训教材基础级 [M].广州：广东人民出版社，2014.

[5] 田军.志愿服务理论与实践 [M].上海：立信会计出版社，2007.

[6] 孙昌增，崔忠江，丁东升.当代青年社会主义核心价值观培育与志愿服务 [M].成都：西南交通大学出版社，2015.

[7] 江新姿.高校图书馆学生志愿者科学教育与管理研究 [J].镇江高专学报，2019(03):42-44.

[8] 王丹，叶玉珍.对国内博物馆志愿者队伍管理工作的思考 [J].客家文博，2019(03):40-43.

[9] 钱洪伟，李梦杰.农村应急志愿者组织组建机制与运维管理策略 [J].中国安全科学学报，2018(10):183-188.

[10] 邹艳星，周萍，袁晖.高职院校学生志愿者工作运行与管理方法研究 [J].科技经济导刊，2018，26(34):149.

[11] 妮璐法尔·卡哈尔，克拉拉·克里木，岳莉.关于医院志愿者管理工作的实践探索 [J].中国卫生产业，2018(33):197-198.

[12] 吴小蕊，张校.公共文化服务机构未成年人志愿者管理现状及对策 [J].图书馆工作与研究，2018(S1):192-196.

[13] 董健鹏，彭龙龙.大学生体育赛事志愿者管理研究 [J].运动，2018(18):28-29.

[14] 张智辉，何敏仪.社会资本视阈下社工机构的志愿者开发与管理研究 [J].河北青年管理干部学院学报，2019(01):51-57.

[15] 周艳华，陆煜颖，罗永全．高校"产学研用"模式下大学生志愿者服务模式探索 [J]. 知识经济，2019(07):173-174.

[16] 王焕．基于资本视角的高校社工机构志愿者管理研究——以 C 社工机构为例 [J]. 改革与开放，2019(02):123-126.

[17] 焦杨．公益慈善组织志愿者档案管理工作浅析 [J]. 黑龙江档案，2019(01):81.

[18] 谢桂红，刘婉君．高校志愿者工作管理创新思考 [J]. 文化创新比较研究，2019(13):184-185.

[19] 焦杨．志愿者档案管理信息化初探 [J]. 黑龙江档案，2019(02):53.

[20] 吴瑾仪，郭燕纯．浅析非营利组织志愿者人力资源管理 [J]. 文化创新比较研究，2019(19):149-150.

[21] 高风尘．社区志愿者管理的"五环"工作法 [J]. 中国社会工作，2019(18):44-45.

[22] 揣小明，陈萌．我国应急志愿者组织管理对比分析研究 [J]. 科技与创新，2018(19):10-12.

[23] 王迪．智慧经济背景下"00后"大学生志愿者激励管理研究 [J]. 领导科学论坛，2018(05):64-65.

[24] 李艳春．人力资源管理视阈下高校大学生志愿者管理研究 [J]. 产业与科技论坛，2018(22):273-275.

[25] 张勤．医务社工与志愿者在医院服务管理中作用的评价 [J]. 中国卫生产业，2019(08):73-74.

[26] 朱怕怕．如何提高志愿者积极性——志愿服务团队的有效管理与激励 [J]. 科技视界，2018(18):213-214.

[27] 孟超慧．加强大学生志愿者服务组织管理 [J]. 现代交际，2017(05):112.

[28] 赵侠．女性志愿者参与志愿服务动机与管理问题研究 [J]. 现代商贸工业，2017(19):68-69.

[29] 王存良．美国公共体育服务中社区体育志愿者的管理模式 [J]. 武汉体育学院学报，2016(08):13-17.

[30] 华烨．刍议博物馆志愿者的服务管理策略 [J]. 才智，2014(33):338.

[31] 杜丽娜，王绪东，徐长江．我院志愿者服务管理模式现状分析及对策 [J]. 江苏卫生事业管理，2012(05):34-35.

[32] 崔铁宁．构建志愿者服务机制，促进参与型社会管理模式发展 [J]. 团结，2012(06):46-47.

[33] 张勤．志愿者培训与可持续发展研究 [M]. 北京：中国社会科学出版社，

2016.

[34] 陈新亮 . 中国大学生志愿者行动研究 [M]. 长沙：湖南人民出版社，2015.

[35] 时勘 . 志愿者服务心理指南 [M]. 北京：清华大学出版社，2008.

[36] 中华志愿者协会 . 志愿服务组织研究 [M]. 昆明：云南人民出版社，2014.

[37] 中华志愿者协会 . 志愿服务功能研究 [M]. 昆明：云南人民出版社，2014.

[38] 张晓红，任炜，李凌 . 大型活动志愿服务组织与管理 [M]. 北京：中国青年出版社，2014.

[39] 穆青 . 志愿服务理论与实践研究 [M]. 北京：北京理工大学出版社，2010.

[40] 马国栋 . 志愿服务探索与实践 [M]. 咸阳：西北农林科技大学出版社，2017.

[41] 王忠平，沈立伟 . 志愿服务实务丛书志愿服务组织建设与项目管理 [M]. 北京：中国人民大学出版社，2018.

[42] 陈秋明 . 大学生志愿服务理论与实践 [M]. 北京：商务印书馆，2018.

[43] 丁元竹，郑瑞涛，王鹏 . 志愿服务指标体系研究 [M]. 北京：清华大学出版社，2018

[44] 共青团中央青年志愿者工作部，中国青年志愿者协会，中国青年院校工作协会 . 中国志愿服务培训大纲 [M]. 天津：天津社会科学院出版社，2017.

[45] 李平 . 志愿服务培训教材 [M]. 北京：中国石化出版社，2015.

[46] 许莲丽 . 新时代中国志愿服务理论与实践的新探索 [M]. 北京：人民出版社，2018.

[47] 陈曦 . 大学生志愿服务 [M]. 北京：冶金工业出版社，2013.

[48] 江亦曼 . 志愿服务培训手册 [M]. 北京：国际文化出版公司，2010.

[49] 谭建光，李森 . 志愿组织管理 [M]. 广州：广州出版社，2011.

[50] 张萍 . 中国志愿者 [M]. 北京：北京出版社，2014.